Hermann Güntert

Von der Sprache der Götter und Geister

Verlag
der
Wissenschaften

Hermann Güntert

Von der Sprache der Götter und Geister

ISBN/EAN: 9783957005861

Auflage: 1

Erscheinungsjahr: 2015

Erscheinungsort: Norderstedt, Deutschland

Hergestellt in Europa, USA, Kanada, Australien, Japan
Verlag der Wissenschaften in Hansebooks GmbH, Norderstedt

VON DER SPRACHE DER GÖTTER UND GEISTER

BEDEUTUNGSGESCHICHTLICHE
UNTERSUCHUNGEN ZUR HOMERISCHEN
UND EDDISCHEN GÖTTERSPRACHE

VON

HERMANN GÜNTERT

HALLE (SAALE)
VERLAG VON MAX NIEMEYER
1921

An allen Orten soll meinem Namen geräuchert und ein
reines Speisopfer geopfert werden; denn mein Name soll
herrlich werden unter den Heiden, spricht der HErr Zebaoth.

Prophet Maleachi I. 11.

'Ο ἄναξ, οὗ τὸ μαντεῖόν ἐστι τὸ ἐν Δελφοῖς,
οὔτε λέγει οὔτε κρύπτει, ἀλλὰ σημαίνει.

Heraklit.

Die Stimme GOttes.
Die Creaturen sind deß Ewgen Wortes Stimme:
Es singt und klingt sich selbst in Anmuth und im Grimme.

Angelus Silesius, der Cherubinische Wandersmann, 1657, I, 270.

Freiherrn Ludwig von Heyl zu Herrnsheim

zugeeignet

in dankbarer Erinnerung an unvergeßliche, von herzlichster Freundschaft

durchsonnte Wormser Jugendtage

Vorbemerkung.

Wer vom Titel verführt von den folgenden Blättern
etwa mystische Erbauung oder gar theosophische Belehrung
erwarten sollte, tut gut, sie ungelesen aus der Hand zu legen.
Wenn sich der Verfasser auch nicht gerade jeden Verständ-
nisses mystischer Erlebnisse für bar hält, so galt es jedenfalls
hier, einem streng wissenschaftlichen Problem mit philo-
logischer Kritik und sprachwissenschaftlicher Nüchternheit
nachzuspüren: daher der vor allen Weihrauchwölklein war-
nende Untertitel des Büchleins. Die Frage nach der Herkunft der bei Homer und in der Edda als Ausdrücke der Götter
ausgegebenen Worte, die merkwürdigerweise noch keine genauere sprachwissenschaftliche Behandlung erfahren hat, war
mir zuerst bei meinen Untersuchungen über die *ahurischen*
und *daēvischen* Ausdrücke im Awesta [1]) entgegengetreten und
hielt mein Interesse gefangen, je widersprechender gelegent-
liche, hier und dort geäußerte Erklärungsversuche, die mir
allmählich bekannt wurden, eine Antwort zu geben suchten.
Da es also nicht allein galt, die einzelnen „Götterworte“ im
besondern sprachwissenschaftlich zu wägen, sondern auch das
Problem als ganzes und allgemein zu verstehen, mußte eine
größere, religionswissenschaftlich gefärbte Einleitung meine
Ansicht von der Entstehung dieses Glaubens aus volkstümlichen Vorstellungen von der Macht des Namens und
Worts sachlich begründen. Da jedoch der Wort-„aber“-glaube
von verschiedenen Seiten schon ausgiebig behandelt ist, konnte
es sich für unseren Zweck nur darum in diesem einleitenden

[1]) Sitzungsberichte d. Heidelb. Akad. d. Wiss., 1914, 13. Abhandlung,
vgl. die Fußn. 1 auf Seite 3.

Teile handeln, auch den solchen Fragen ferner stehenden
Leser in die in Betracht kommenden primitiven Gedankengänge einzuführen und ihn zu dem Punkte zu geleiten, von
dem aus ich den Glauben an eine besondere Sprache der Götter
und Geister, ganz allgemein betrachtet, erklären zu können
glaube. Um erschöpfende Materialsammlung ist es mir also
in diesem ersten allgemeinen und grundlegenden Abschnitt
keineswegs zu tun; ich glaube aber, daß das Gebotene, das
ich aufgrund eigener Sammlungen etwas individueller zu gestalten suchte, zur Einleitung in das eigentliche semasiologische Problem der beiden nächsten Abschnitte vollauf genügen dürfte. Daß ich bei einem Stoffe, der Sprach- und
Religionshistoriker, klassische Philologen und Germanisten in
gleicher Weise angeht, in der Darstellung ausführlicher und
allgemein verständlicher sein mußte, als das bei einer rein in
ein einziges Sondergebiet fallenden Facharbeit nötig ist, lag
auf der Hand. Wenn ich auch den philologischen und reli-
gionswissenschaftlichen Fragen keineswegs auswich, so ist
doch die ganze Arbeit in erster Linie vom Standpunkt des
Sprachwissenschaftlers geschrieben, der sich besonders
für die Fragen der Wortgestaltung, Wortschöpfung und Wortbedeutung interessiert, dem aber auch die Ansichten ver-
gangener Zeiten über die Kraft der Sprache und des Worts
aller Beachtung wert erscheinen; insofern ist diese Untersuchung auch als Beitrag zur indogermanischen Altertumskunde gedacht. —

Für freundlichen Beistand bei der Drucklegung dieser
Arbeit spreche ich meinem hochverehrten Lehrer, Herrn Ge-
heimrat Prof. Dr. Bartholomae, meinen besten Dank aus; sehr
zu Dank verpflichtet fühle ich mich auch gegen meinen Ver-
leger, Herrn Hermann Niemeyer in Halle, der sich trotz der
Ungunst der Zeitverhältnisse in der entgegenkommendsten, un-
eigennützigsten Weise meines Buchs angenommen hat.

Heidelberg, im Januar 1921.

Hermann Güntert.

Inhaltsübersicht.

1.

Jm leisen Raunen und schaffenden Weben der Natur hat
die lauschende Volksphantasie seit ältesten Zeiten viel mehr
gehört als nur sinnlose Geräusche und bedeutungsleere Töne;
man empfand darin vielmehr die vernehmlichen Stimmen über-
menschlicher Mächte und Wesen, die in einer geheimnisdunklen
Rätselsprache lispeln und wispern, die den allmächtigen Welten-
schöpfer preisen, die aber auch dem Sterblichen Warnungen
und Ratschläge zukommen lassen, wenn er ihre Rede zu fassen
vermag. Höhe und Stand der religiösen Anschauungen ist
bei dieser gefühlsmäßigen Überzeugung verhältnismäßig gleichgültig; mag der Mensch sich die ganze Natur von Geistern
und Dämonen bevölkert denken, oder mag er in dem Weltall
und seinem gesetzmäßigen Kosmos selbst die wirkende Gottheit
verehren, mag er sich seinen Gott noch so geistig, dem
Menschenhirne unfaßbar vorstellen oder von der Herrschaft
des Unterbewußtseins, des „fremden Gastes" in der Menschenseele, überzeugt sein, wie ihn kürzlich MAETERLINCK geschildert hat[1]: dieser Grundüberzeugung, daß in den Stimmen
der Natur göttliche Mächte reden und verkünden, „was ewig
schaffend uns umwallt", bleibt zugänglich, wer überhaupt
gefühlsmäßigen Stimmungen Berechtigung und Zutritt in
seiner Seele zugesteht:

> *Die Himmel rühmen des Ewigen Ehre,*
> *Ihr Schall pflanzt seinen Namen fort.*
> *Ihn rühmt der Erdkreis, ihn preisen die Meere:*
> *Vernimm, o Mensch, ihr göttlich Wort!*

Jahrtausendalte Überlieferung ist es, die solche Empfindungen tief in der fühlenden Menschenbrust gefestigt und

---

[1] M. MAETERLINCK, Der fremde Gast, Jena 1919.

geborgen hat. Der gestirnte Nachthimmel in seiner Majestät erschien dem größten deutschen Denker als eine ehrfurchterregende Offenbarung des Ewigen, Grenzenlosen, und selbst der moderne, exzentrische Dichterpsycholog, der sich so gerne in der Rolle eines Gottleugners, Gottzertrümmerers gefällt, ist hochempfänglich für diese großartige Zeichensprache der Natur, für die Erhabenheit des Sonnengestirns, das er so oft redend einführt, für das beredte Schweigen der Flammenschrift am Sternengewölbe, „ewiger Bildwerke Tafel"; er fühlt seine Seele in tiefsten Tiefen erschauern, wenn seine entzückte Weisheit ein überirdisch Zeichen aus anderen Welten gleich einer stummen Rede des Alls zu gewahren wähnt:

Ich sehe hinauf —
Dort rollen Lichtmeere:
— o Nacht, o Schweigen, o totenstiller Lärm!
Ich sehe ein Zeichen —:
aus fernsten Fernen
sinkt langsam funkelnd ein Sternbild gegen mich ...

Man sage nicht oberflächlich, das sei nur dichterisches Bild, nur Gleichnis, also — Dichter-Erschleichnis! Das seelische Erleben und Schauen ist das gleiche, ob es sich nun hier mehr in religiöser, dort mehr in ästhetischer Form äußere.

In dieser Überzeugung von den flüsternden Geisterstimmen der Natur ist einer der Hauptgründe für die Weissagekunst, für die Mantik, zu sehen: im sanften Säuseln der Blätter in der Krone heiliger Bäume wie im murmelnden Geplätscher eines heiligen Quells, im Flug der Vögel wie im Körperinnern des Götteropfers, im Donnergrollen und Sturmesbrausen wie im Flimmerglanze der Sternmyriaden an der entwölkten nächtlichen Himmelskuppel, im Verhalten geweihter Tiere wie in Traumgebilden: — überall erlauschte die beobachtende, hinhorchende und kombinierende Menschenseele geheime Zeichen, versteckte Winke überirdischer Wesen, die in ihrer Art, in einer seltsam eigenen Götter- oder Geistersprache, Rätsel des Daseins entsiegeln, die Warnungen oder Ratschläge dem Kundigen erteilen, die sogar die sterblichen

Augen ewig verschleierte Zukunft, das allgewaltige Schicksal
selbst, zu eröffnen gewillt sind. Nur besonders begnadete,
hellhörige Menschen freilich, Priester und Sibyllen zumal,
aber auch die Dichter und Seher verstehen sich auf diese
Göttersprache und vermögen sie den anderen Menschen zu
deuten und zu übersetzen. Ja sogar Menschenlippen können
diese überirdische Sprache lallen, dann nämlich, wenn eine
heilige Begeisterung, eine mystische Verzückung eine Steigerung
über menschliches Maß ermöglicht: so stammelte, des Gottes
voll, die delphische Pythia rollenden Auges und mit schaum-
bedecktem Mund ihre Rätselworte, die nur dem Priester verständlich waren, so denkt sich Aischylos seine Kassandra in
unklaren Lauten gleich einer Schwalbe zwitschern,[1] so hörte
der mittelalterliche Mystiker in unmittelbarem Schauen der
Gottheit und der Engelchöre diese himmlische Sprache, so
redeten seit den Tagen des Paulus bis in unsere unmittelbare
Gegenwart schwärmerische Christen in einer besonderen Verzückung in Stimmen der Engel, so berichten geeignete Medien
im Trance-Zustand von außermenschlichen Sprachen. Auf
solche Weise kann die Rede der überirdischen Wesen unmittelbar beobachtet werden, da die Personen in ihrer Verzückung und ihrem Enthusiasmus nur das Sprachrohr, das
willen- und bewußtlose Sprachwerkzeug der Mächte sind, von
denen sie „besessen“ werden. Aber der Priester, der ja diese
fremdartigen Worte und Schreie zu deuten vermag, kann
dann auch seinerseits mittels solcher magischen Worte sich
mit den überirdischen Mächten ins Benehmen setzen: Zauberformeln und -sprüche sind nämlich, in diesem Sinne betrachtet,
ebenfalls nichts anderes als die Wörter einer Geistersprache,
mittels deren der Zauberer den Geistern zu gebieten imstande
ist. Dies wird deutlicher, sobald wir uns die Bedeutung
des Namens und Worts in primitivem Volksdenken
nur einigermaßen zu vergegenwärtigen suchen.[2]

---

[1] Agamemnon 1050 f.

[2] Ich stelle die wichtigste Literatur zusammen: TYLOR, Urgesch. d.
Menschheit, 1866, 136 ff., NYROP, Navnets magt in Mindre Afhandlinger ud-
give af det Phil.-Histor. Samfund, Kopenhagen 1887, 118 ff., FRAZER, The
golden bough I², 403 ff., v. ANDRIAN, Correspondenzbl. d. d. Ges. f. Anthropol.,
Ethnol u. Urgesch., 27, 1896, 109 ff., KROLL, Rhein. Mus. 1898, 345, GIESE-

Goethes Ausspruch, Name sei Schall und Rauch, ist nämlich eine ganz junge, moderne Auffassung und hat für ältere Zeiten jedenfalls keine Geltung. Es ist übrigens interessant, daß der Dichter, dessen gräblerischer Faust das Wort ja auch so hoch unmöglich schätzen kann, seinerseits sehr wohl ein Gefühl für jenes geheimnisvolle Etwas besaß, das selbst heute noch den Namen umgibt. Wie er nämlich in „Wahrheit und Dichtung" erzählt,[1]) schrieb einst der krittlige Herder in Straßburg an den Dichter eine Karte, in der Goethes Name nicht eben freundlich unter eine trübe etymologische Lupe genommen wurde: *„Der von Göttern du stammst, von Goten oder vom Kote, Goethe, sende sie[2]) mir."* Der Dichter fährt weiter: „Es war freilich nicht fein, daß er sich mit meinem Namen diesen Spaß erlaubte; denn der Eigenname eines Menschen ist nicht etwa wie ein Mantel, der bloß um ihn herhängt, und an dem man allenfalls noch zupfen und zerren kann, sondern ein vollkommen passendes Kleid, ja wie die Haut selbst ihm über und über angewachsen, an der man nicht schaben und schinden darf, ohne ihn selbst zu verletzen." Auch Th. Storm hat ein feines Verständnis für die besondere Bedeutung des Namens gehabt, wenn er singt[3]):

> *Denn ob der Nam' den Menschen macht,*
> *Ob sich der Mensch den Namen,*
> *Das ist, weshalb mir oft, mein Freund,*
> *Bescheidne Zweifel kamen.*

Brecht, Die alttestamentliche Schätzung des Gottesnamens, 1901, 68 ff., Heittmüller, Im Namen Jesu, Forsch. z. Rel. d. alten u. neuen Testam. II, Dieterich, Mithrasliturgie[2], 1910, 110 ff., W. Schmidt, Die Bedeutung des Namens im Kult und Aberglauben, Beilage z. Jahresber. d. Ludwig-Georgs-Gymnasiums in Darmstadt, 1912, Hirzel, Der Name, Abhandl. d. sächs. Ges. d. Wiss., XXXVI, Nr. 2. Einzelnes bei Clodd, Folk-Lore I, 1890, 272 f., Arch. f. Religionswiss. IV, 1901, 1 ff., Wellhausen, Reste arab. Heidentums[2], 1897, 199 ff., Kauffmann, Balder, 1902, 198 ff., A. Erman, Aegypt. Religion 1905, 101, 104, 155, Schindler, Aberglaube des Mittelalters, 1858, 96 ff., E. Littmann, Festschrift f. Andreas, 1916, 86 ff., Scheftelowitz, Die altpersische Religion und das Judentum, 1920, S. 57.

[1]) Aus meinem Leben, 10. Buch.

[2]) Ciceros Briefe.

[3]) In dem Gedicht „Zur Taufe". So behauptet Origenes c. Cels. I, 24 f., die Namen seien nicht θέσει, sondern φύσει geschaffen.

Eins aber weiß ich ganz gewiß:
Bedeutsam sind die Namen.

In alten Zeiten vollends ist der Name und das Wort etwas ähnliches wie eine seelische Substanz, jedenfalls etwas Reelles, Wirkliches, Seiendes, etwas, das Leib und Seele an Bedeutung als gleichwertig galt. Aus der altindischen, besonders der buddhistischen Philosophie ist der Ausdruck *nāmarūpa-* „Name und Aussehen“ zur Bezeichnung des Wesens eines Dinges bekannt,[1]) in der *Mimāṃsā*-Lehre begegnet der ähnliche Begriff *nāmaguṇa-* „Name und Eigenschaft“.[2]) Die alten Ägypter lehrten geradezu, der Mensch bestehe aus Leib, Seele, dem schattenhaften anderen Ich (*Ka*) und dem Namen.[3]) Nach ethnologischer Quelle[4]) sollen die Bewohner von Augmagsalik an der Ostküste von Grönland kurz und bündig behaupten, der Mensch sei aus drei Teilen zusammengesetzt, aus Leib, Seele und Namen. Wer den Namen eines Geistes kennt, der hat Macht über ihn, der kann kraft dieser magischen Gewalt den Dämon zitieren. Die feierlichen Anrufungen der Götter im Gebet und Zauber beschwören nach primitiver Denkungsart das überirdische Wesen; die Verbindung der Menschenwelt an das Geisterreich geschieht lediglich durch Namensnennung. Solange man eines Dämons Namen nicht weiß, kann man sich seiner nicht erwehren; er ist unangreifbar, unfaßbar, alle Abwehrmaßregeln gegen seine Tücke sind Schläge in die leere Luft. Das bekannte und weit verbreitete Märchen vom „Rumpelstilzchen“ lehrt dies aufs anschaulichste.[5]) Von Hexen in Werwolfsgestalt singt Goethes „Zigeunerlied“, das wirkungsvoll hierhergehörige abergläubische Motive verwendet. Da der Zigeuner den wahren Namen der sieben Wölfe kennt, machen sie bei

---

[1]) S. Oldenberg, Buddha⁶ 1906, 46. 262 ff. und Weltanschauung der Brāhm.-Texte 1919, 105.

[2]) Śat. Br. XI, 2, 3, 1 heißt es: „Das Weltall reicht so weit als Gestalt und Name.“

[3]) A. Erman, Aegypt. Religion, 1905, 88 ff.

[4]) v. Andrian im Correspondenzblatt d. dtsch. Gesellsch. f. Anthrop., Ethnol. u. Urgesch. 27, 1896, Spalte 115.

[5]) E. Cloth, The philosophie of Rumpelstiltskin, The Folk-Lore Journal 1888, 7, 157 ff.

der bloßen Namensnennung kehrt, weil sie sich in der Zaubergewalt des Rufenden wissen:

> *Ich schoß einmal eine Katz' am Zaun,*
> *Der Anne, der Hex', ihre schwarze liebe Katz';*
> *Da kamen des Nachts sieben Werwölf' zu mir,*
> *Waren sieben, sieben Weiber vom Dorf.*
>
> *Ich kannte sie all', ich kannte sie wohl,*
> *Die Anne, die Ursel, die Käth',*
> *Die Liese, die Barbe, die Ev', die Beth;*
> *Sie heulten im Kreise mich an.*
>
> *Da nannt' ich sie alle bei Namen laut:*
> *Was willst du, Anne? was willst du, Beth?*
> *Da rüttelten sie sich, da schüttelten sie sich*
> *Und liefen und heulten davon ...*
> > *Wille wau wau wau!*
> > *Wille wo wo wo!*
> > *Wito hu!*

Wer den zauberkräftigen Namen vergißt, hat jede Herrschaft
über die geisterhaften Erscheinungen verloren. Das zeigt
abgesehen von HAUFFS bekanntem „Kalif Storch", der auf
diesem Motiv beruht, wieder GOETHE im „Zauberlehrling",
der die Geister, die er rief, nicht mehr los werden konnte[1]):

> *„Ach ich merk' es! Wehe! wehe!*
> *Hab' ich doch das Wort vergessen!*
> *Ach, das Wort, worauf am Ende*
> *Er das wird, was er gewesen!*

Eine naive, aber in ihrer Art ganz folgerichtige Logik
liegt den primitiven Vorstellungen dieses Namensaberglaubens
zugrunde. Nach einer jüdischen Geheimlehre[2]) z. B. kann
man einen Dämon dadurch verscheuchen, daß man seinen

[1]) Den Stoff zu dieser Ballade fand GOETHE bekanntlich bei Lukian,
Philopseudes 60 ff.

[2]) Aboda zara 12 b, Pesachim 112 a, s. GIESEBRECHT, Alttest. Schätzung
d. Gottesnamens 74, HEITTMÜLLER, Im Namen Jesu, Forsch. z. Relig. d.
alten u. neuen Testaments II, 165.

Namen wiederholt ausspricht und dabei jedesmal eine Silbe
oder einen Buchstaben wegläßt: *Schabriri, briri, riri, iri, ri!*
Genau zu demselben Zweck wird z. B. der griechische Spruch
dienen [1]): ακραχαταρβα καταρβα αταρβα ταρβα αρβα ρβα βα α
λέγε ὅλον οὕτως τὸ ὄνομα πτερυγοειδῶς.

Name ist ein Teil des Wesens; es wird hier also gleichsam
von dem Wesen des Dämons Stück für Stück abgehackt, und
er flüchtet, um auf diesem Wege des Analogiezaubers nicht
völlig vernichtet zu werden. Wie man mittels magischer
Analogiehandlung eine Wachspuppe für die betreffende Person,
gegen die der Schadenzauber sich wendet, einsetzen kann, so
daß sie selbst die Mißhandlungen der Puppe am eigenen Leibe
spürt, wie eines Fingers Glied, ja nur die Fußspur genügt,
um die ganze Person in magische Gewalt zu bekommen,[2]) so
kann man mit dem Namen, der ja ein so wesentliches Stück
der dämonischen Macht ist, Herr über sie werden.[3])

Natürlich sind diese zauberkräftigen Geisternamen nicht
allgemein bekannt, sind nicht etwa dieselben, wie die gewöhnlichen Eigennamen, mit denen der Laie den Gott oder Geist
benennt. Es handelt sich also um Geheimnamen, deren
Kenntnis das Vorrecht der Priester und Zauberer ist. Schon
im ältesten Denkmal des Indogermanentums spielen diese geheimen, „wirklichen“ Namen eine Rolle, im R̥gveda. So liest

[1]) K. WESSELY, Ephesia grammata (Jahresbericht d. Franz-Joseph-
Gymnasiums in Wien) 1886, S. 28, Nr. 303.

[2]) Vgl. dazu R. ANDREE, Ethnogr. Parallelen u. Vergleiche 1889, 8 ff.

[3]) Vgl. z. B. AV II, 31, 2 f. (in der Übersetzung GRILLs Hundert Lieder
des Atharva-Veda[2], 1888, 6):

> 2. Den „Sichtbaren“ und den „Unsichtbaren“
> zerquetsch' ich, den *Kurūru* auch,
> Die *Alāṇḍu* und *Caluna*
> zermalmen alle wir durch's Wort.
>
> 3. Mit mächt'ger Waffe töt' ich die *Alāṇḍu*,
> ob sie verbrannt, ob nicht — sie sind unschädlich;
> Was übrig, wie das Abgetane, zwing ich
> durchs Wort: kein einz'ger Wurm soll übrig bleiben.
>
> 4. Den Wurm, der in dem Eingeweid.
> und was in Kopf und Rippen sitzt.
> *Avaskava, Viadhvara*
> zermalmen wir durch unser Wort.

man z. B. RV IX, 95, 2: *devó devánāṃ gúhyāni nằmāviṣ kṛṇoti barhíṣi pravằce* „der Gott (sc. Soma) offenbart der Götter geheime Namen, sie auf der Opferstreu zu verkünden". Ebenda V, 5, 10 heißt es: „Dorthin bringe die Opferspenden (*havyāni*), wo.du, Waldesherr (*vánaspáti-*), die geheimen Namen der Götter weißt."[1] Vgl. auch IX, 58, 1, wo vom geheimen Namen der Opferbutter die Rede ist. Nach Śat. Br. II, 1, 2, 11 ist *Arjuna-* ein geheimer Name Indras: *Arjuno ha vai namendro yad asya guhyanāma* 'for indeed Indra is also called *Arjuna-,* this being his mystic name';[2] *Indra* ist *indha-* der „Entflammer" VI, 1, 1, 2, *Agni* wird *Nabhas* genannt, ebenda III, 5, 1, 32. Auch im Awesta ist von dem „heiligsten Namen" der Gottheiten die Rede (z. B. Y 5, 3 und sonst), man gebraucht „den, der von den Namen der förderndste ist" (Y 36, 3); der Name der *Aməśaspentas* überwindet die Tücke der Dämonen (Y 1, 3). So wird Διόνυσος in Mysterien πυριγενής, *Lucina* mit dem Fremdwort *Ilithyia, Proserpina furva* genannt: 'mystico nomine'.[3] Kein Mann durfte in Rom, wie Cicero, de harusp. resp. 37 berichtet, den wahren Namen der *bona dea* erfahren. Rom hatte ebenfalls Geheimnamen, die man nicht einmal beim Gottesdienst nennen durfte: Serv. zu Verg. Aen. I, 277 urbis illius verum nomen nemo vel in sacris enuntiat.[4] Nach Io Lydus de mensibus IV, 25 soll der sakrale Name Roms *Flora* gelautet haben, daneben wird als ὄνομα τελεστικόν *Amor* diesem ὄνομα ἱερατικόν *Flora* gegenübergestellt. Es wird von Plin. hist. nat. XXVIII, 18 erzählt, daß dies deswegen geschah, damit Feinde bei einer etwaigen Belagerung der Stadt den Namen der Stadtgottheit nicht kennen und auf diese also nicht magisch mit Namensnennung einwirken können.[5] Arabisch *allāh* ist natürlich kein Name, die Muhammedaner dürfen ihn daher ständig im Munde führen; das Wort bedeutet nur der „Gott", der wirkliche Name Allahs

---

[1] Siehe BÜHLER bei v. Andrian a. a. O. 125, Grdr. d. indo-ar. Phil. III, 2, 47 und 170.

[2] EGGELING, Sacr. Books of the East XII, 1882, 285, § 11.

[3] Siehe Belege bei LOBECK, Aglaophamus I, 401 f.

[4] LOBECK, Aglaoph. 274, Fußn. g, W. SCHMIDT, Bedeutung des Namens, S. 45.

[5] SCHMIDT a. a. O.

ist Geheimnis[1]): wer ihn kennt, ist des größten Zaubers
mächtig. Auch bei den alten Babyloniern spielt der „heilige“,
„große“ Name eine gewichtige Rolle. *Éa* ist in diesen Sagen
der Herr der ewigen Geheimnisse, er offenbart den „allmächtigen, geheimnisvollen Namen“, dem sich auch die Höllen-
mächte beugen müssen.[2]

Der ägyptische Zauberer droht dem Gott, seinen Namen
den Menschen zu verraten, so daß er diesen dienstbar werden
müßte, wenn er des Magiers Wunsch nicht erfüllt.[3] Im
Totenbuch spricht der Tote, der zur Halle der beiden Wahrheiten gelangt, also[4]): „Gelobt seist du, du großer Gott, du
Herr der beiden Wahrheiten ... ich kenne dich und kenne
den Namen der zweiundvierzig Götter, die mit dir in der
Halle der beiden Wahrheiten sind.“ In einem anderen ägyptischen Text spricht *Isis* zu *Re*: „Sage mir deinen Namen,
mein göttlicher Vater; der Mann, dessen Name genannt wird,
bleibt leben.“[5] In einem griechischen Papyrus aus Ägypten[6])
heißt es: „Erhöre mich, denn ich werde den großen Namen
aussprechen, Thaoth, den jeder Gott verehrt und jeder Dämon
fürchtet.“[6]

Auch bei den Juden[7]) wird vom Geheimnamen Gottes
viel geredet; schon zu Jesu Zeiten durfte der wahre Wert
des Wortes יהוה nicht ausgesprochen werden; auch nur éinen
Buchstaben des niedergeschriebenen Wortes auszulöschen, galt
als Frevel. Gottes „wirklicher“ Name, richtig ausgesprochen,
bewirkte die größten Zauberkräfte, die einem Menschen be-
schieden sein können. Das bloße Aussprechen genügte, den
Gegner zu vernichten, die Naturkräfte zu beherrschen, den
Dienst der Geister und Dämonen zu erzwingen, die vor dem
magischen Wort erzittern; bei Krankheiten wird damit der

[1]) TYLOR, Urgeschichte 183, SCHMIDT a. a. O. 39, DE JONG, Antikes
Mysterienwesen[1], 1909, 143; NÖLDEKE, Tabari 183.

[2]) LENORMANT, Magie und Wahrsagekunst der Chaldäer[2], 1920, 19.

[3]) A. ERMAN, Aegypt. Relig. 154.

[4]) A. ERMAN a. a. O. 104.

[5]) A. ERMAN a. a. O. 155.

[6]) DIETERICH, Papyr. mag. 1888, 800, WIEDEMANN, Relig. d. alten
Ägypter 1890, 114.

[7]) Vgl. weitere Belege bei SCHEFTELOWITZ, Die altpers. Relig. u. d.
Judentum 1920, S. 57, Fußn. 1.

„unreine Geist" ausgetrieben.[1]) In der Erscheinung des feurigen Busches war MOSES das gewaltige Wort geoffenbart worden;[2]) er soll nach späterer jüdischer Überlieferung es auf einen Zauberstab geritzt haben — genau wie der nordische Wiking seine zauberkräftigen Runen in Stäbe eingrub. Als

[1]) Vgl. z. B. die jüdische Bleitafel von Hadrumetum, WÜNSCH, Defix. tabell. CIA Append. p. XVII: ὁρκίζω σε τὸ ἅγιον ὄνομα, ὃ οὐ λέγεται· ... καὶ οἱ δαίμονες ἐξεγερθῶσιν ἔκθαμβοι καὶ περίφοβ[οι γεν]όμενοι ...

[2]) Als praktische Proben weiterer Geheimnamen genüge eine mittelalterliche Beschwörung des Geistes Aziel, die hier nach SCHINDLER, Aberglaube des Mittelalters, 1858, 114 folgen möge: „Ich N. N. beschwöre dich Aziel mit diesen Machtworten: *El* und *Eli*, die Adam gehöret und ausgerufen, und durch den heiligen Namen Gottes *Agle*, den Loth mit seiner ganzen Familie gehöret und durch den er gesund geworden, und bei dem Namen *Jod*, den Jakob von dem Engel gehöret, der mit ihm gerungen und von der Hand seines Bruders Esau befreit hat, und bei dem Namen *Anaphlereton*, den Aaron gehöret, wodurch er beredt und verständig wurde, und bei dem heiligen Namen *Zebaoth*, den Moses genennet, wodurch er alle Wasser und Pfützen in Blut verwandelte, und bei dem Namen *Escharejah ariton*, den Moses genennet, worauf sich alle Wasser in Frösche verwandelt haben, die in den ägyptischen Häusern alles verwüsteten, und bei dem Namen *Elgon*, den Moses genennet, worauf ein solcher Hagel entstund, dergleichen von Anbeginn der Welt niemals gewesen war, und bei dem Namen *Adonai*, den Moses genennet, worauf Heuschrecken hervorkamen, sich über ganz Ägypten auszubreiten und das noch übrige Getreide zu verzehren, und bei dem Namen *Schemosamothia*, den Josua nennete, worauf die Sonne ihren Lauf verlor und stille stand, und bei dem Namen *Alpha* und *Omega*, den Daniel nennete, wodurch er den großen Drachen niederstieß und tötete, und bei dem Namen *Emanuel*, den die drei Jünglinge, *Sadrach*, *Mesach* und *Abednego* in dem feurigen Ofen gesprochen und dadurch errettet wurden, und bei den drei verborgenen Namen unseres Herrn und allmächtigen Gottes, dem Lebendigen und Wahrhaftigen, *Agle*, *Eloha*, *Tetragrammaton*: erscheine mir ganz freundlich vor meinem Kreise und bringe, was ich von dir fordere. Das gebiete ich dir, Geist Aziel, im Namen Jesu!" Das Gemisch hebräischer, griechischer und künstlicher Wörter ist sehr lehrreich. Ganz ähnlich lauten die altgriechischen Beschwörungsformeln, z. B. ἐνεύχομαί σοι κατὰ τοῦ ιαω θεοῦ Σαβαωθ θεοῦ Αδωναι θεοῦ Μιχαηλ θεοῦ Σουριηλ θεοῦ Γαβριηλ θεοῦ Ῥαφαηλ θεοῦ Αβρασαξ θεοῦ Ἀβλαναθαναλβα αχραμμαχαρι θεοῦ κυρίου ... θεοῦ κυρίου Λαβαφυεσκηρ φιχροφοσφωτωβωχ αεηιουω ωυοιηεα; s. KARL WESSELY, Ephesia Grammata (Jahresbericht des Franz-Joseph-Gymnasiums Wien). 1886, S. 22, Nr. 210. Über den „vollendeten Namen" Buddhas s. OLDENBERG, Buddha[3] 148, MAX MÜLLER, Vorlesungen über die Wiss. d. Sprache I, 28, MAASS, Orpheus 71, Fußn.

kostbarstes Erbe überließ der Prophet diesen Stab mit dem eingeschnitzten Zaubernamen, womit er seine Wunder verrichtet hatte, seinem Nachfolger Josua. Besonders oft redete man von zauberkräftigen Siegelringen. in denen der *Schem*, der magische Wundername, eingraviert war. So erzählt Josephos[1]) vom Juden Eleazar, der mit einem solchen Ring am kaiserlichen Hof in Rom Dämonen austrieb, und in der Apokalypse ist von einem Siegelring Gottes die Rede, von einer σφραγὶς θεοῦ ζῶντος, womit die Knechte Gottes aus den zwölf Stämmen „versiegelt", d. h. durch das heilige Zeichen vor allen Dämonen geschützt werden.[2]) Nach späterer jüdischer Überlieferung[3]) gab Gott den Israeliten Waffen, „worin sein großer Name eingegraben war; so lange sie in seinem Besitz waren, hatte der Todesengel keine Macht über sie".

Im Märchen hat sich, wie so oft, auch dieser Glaube besonders schön ausgeprägt; im ganzen Morgenland wird nämlich von dem wundergewaltigen Zauberring[4]) Salomonis erzählt. Er war halb aus Erz, halb aus Eisen geschmiedet, und dem König als Gnadengeschenk vom Himmel zugesandt worden. Der Geheimname Gottes war in sein Metall eingraviert, und dadurch machte dieser Talisman seinen Träger zum Beherrscher der Geister, zum Fürsten sowohl der guten Engel als der bösen *Dschinn*, die insbesondere die Eisenteile des Reifes fürchteten. Wer entsinnt sich nicht jenes Märchens vom bösen Geist aus „Tausend und eine Nacht", der in einer von Salomon versiegelten Flasche Jahrhunderte lang auf dem Meeresboden gefangen lag, und der dann seinen Befreier, den Fischer, zum Dank für die Erlösung umbringen will? Oder wer kennt nicht die Geschichte von der messingenen Stadt aus derselben Märchensammlung, wo Fischer drei kupferne, altertümliche Flaschen aus dem Meere *Karkar* heraufholen. in denen gleichfalls widerspenstige *Dschinn* durch Suleimans mächtiges Siegel festgebannt waren? Salomons Siegelring,

[1]) Antiqu. VIII, 2, 5.
[2]) 7, 2f.; 9, 4.
[3]) Šemōt R. P. 51, vgl. Scheftelowitz a. a. O. 57, Fußn.
[4]) Dölger, Sphragis, 1911, 63 ff. (σφραγὶς Σαλομῶντος), Dieterich, Abraxas 141 ff.

der Zauberspiegel Alexanders und der Wunderbecher
Dschemschids sind persischen Dichtern zufolge die drei be-
rühmtesten Kleinodien der drei gewaltigsten Herrscher des
Morgenlands. Daß man sich die Geistersprache gelegentlich
aus solch wunderwirkenden magischen Worten zusammengesetzt dachte, sagt *Gülnare*, die Prinzessin aus dem Geschlecht
der Meergeister, ausdrücklich: „Unsere gewöhnliche Sprache
ist dieselbe, in welcher die auf dem Siegelring des großen
Propheten Salomo, des Sohnes Davids, eingegrabene Inschrift
abgefaßt ist."[1] Wir sehen hier aufs deutlichste, wie der
Glauben an eine Geistersprache sich aus Vorstellungen
von der Zaubermacht des Worts entwickelt hat. -

Da der Name und sein unvorsichtiges Aussprechen magische
Folgen haben und das laute Nennen des Namens das Erscheinen
des Geistes herbeiführen könnte, so gibt es eine Menge von
Umschreibungen und Umgehungen des Namens.

> *Wenn man den Wolf nennt,*
> *kommt er gerennt*

heißt es im Sprichwort. Der Teufel wird nie beim rechten
Namen genannt, obwohl doch griech. ὁ διάβολος, auf das
Teufel zurückgeht, seinerseits euphemistisch ist und nur andeutend der „*Verleumder*" bedeutet.[2] So redet man vom
„*Gottseibeiuns*", vom „*Leibhaftigen*", dem „*Bösen*", dem „*alten
bösen Feind*"; vgl. Meister „*Urian*", engl. *Old Nick*, dän. *Drolen*
„der Schelm" (mit Anklang an den gespenstischen *Troll*!),
aisl. *skelmir* „Teufel", eigtl. „Schelm",[3] usw., schon im neuen
Testament sind Umschreibungen für den großen Widersacher
üblich[4]): ὁ πειράζων (1. Thess. 3, 5), ὁ πονηρός (2. Thess. 3,3;
Eph. 6, 16), ἄρχων τῆς ἐξουσίας τοῦ ἀέρος (Eph. 2, 2) u. dgl.
Griech. ἐχθρός, lat. *inimicus* „der Feind" im Sinne von „Teufel"

---

[1] 1001 Nacht, übers. v. Weil, III, 17. Über keltische Feensprache
vgl. man J. Rhŷs, Celtic Folklore, Welsh and Manx I, 269 (Fairy Ways
and Words).

[2] Fries. *fannen*, *fännen* „Teufel" hängt ebenso mit afries. *fandia*,
as. *fandôn* „versuchen, heimsuchen", nhd. *fahnden* zusammen. Nach Falk-
Torp a. a. O. 209 ist norw. *fanden*, schwed. *fan* „Teufel" aus dem Frie-
sischen entlehnt. Dazu gehört auch bair. *fanke(r)l* „Teufel".

[3] Siehe O. Everling, Die paulin. Angelologie u. Dämonologie, 1888,
S. 124.   [4] Falk-Torp, Norw. et. Wb. 157.

gab das Vorbild für aisl. *fjándinn*, engl. *fiend* „Teufel". Im Kleinrussischen nennt man den „Teufel" *ditko*, eigl. „kleiner alter Mann" zu *did*, abg. *dědъ* „Großvater", im Altkirchenslavischen ist *vragъ* „Zauberer" zugleich Bezeichnung des Teufels wie russ. ворогъ, poln. *wrog* „Feind, Teufel", und dasselbe bedeutet wahrscheinlich auch **čъrtъ*, russ. чертъ, čech. *čert* usw., zu *čary* „Zauberei", *črъta* „Strich" (von dem Ziehen der Zauberstriche und -kreise).[1]   Der ungarische Bauer nennt den Teufel meist nicht mit dem gewöhnlichen Wort *ördög*, sondern umschreibt seinen Namen mit Wendungen wie *a gonosz* „der Böse", *a rosz* „der Schlechte", *a rosz lélek* „die schlechte Seele", *isten-bocsáss* „Gott-vergib", *isten-örizz* „Gottbewahr", *isten-ne-adj* „Gott-nicht-gib".[2] Auch an den aus SHAKESPEARES „Lustigen Weibern von Windsor", aus MARLOWES und GOETHES „Faust" bekannten Namen *Mephistopheles, Mephostopheles*, der in letzter Linie auf hebräisches Sprachgut zurückgehen dürfte, aber dann durch gelehrte Spekulation an gr. φῶς „Licht", μή „nicht" und φίλος „lieb" angeglichen wurde, mag in diesem Zusammenhang erinnert sein. *Aŋramainyu*, der Teufel der *Zarathuštra*-Religion, wird pleonastisch der „böse" (*aŋra-, aka-, drəgvant-*) genannt. In GOETHES „Faust" gestattet der Teufel nicht einmal der Hexe die Anrede *„Junker Satan"*:

> *„Den Namen, Weib, verbitt' ich mir, . . .*
> *Du nennst mich Herr Baron, so ist die Sache gut:*
> *Ich bin ein Kavalier, wie andre Kavaliere."*

Der Name wird von rückwärts gelesen: so erhalten wir den Herrn von *Natas* in HAUFFS „Memoiren des Satans"; volkstümlich wird das betreffende Wort entstellt: so kommen Formen zustande, wie *Deicker, Döker, Düker, Deuker, Deibl, Diaxl* u. ä., franz. *diacre, diantre* statt *diable*,[3] poln. *diacheł* und *skrzabeł* (nach BRÜCKNER, KZ 48, 175 aus „Schratt" ⨯ *diabeł* kontaminiert). Damit Flüche nicht infolge der den bloßen

---

[1]) BRÜCKNER, KZ 48, 174; doch s. MIKKOLA, Wörter u. Sachen II, 218.

[2]) v. WLISOCKI, Volksglaube und religiöser Brauch der Magyaren, 1893, S. 159.

[3]) Eine Menge weiterer Belege, die hier zu häufen keinen Zweck hätte, bei NYROP, Navnets magt, Mindre Afhandlingar af det philol.-histor. Samfund, Kopenhagen 1887, 154 ff.

Worten anhaftenden Zauberkraft wirksam werden, wird ebenfalls eine lautliche Veränderung vorgenommen, wie volkstümliche Wendungen zeigen: *Ach, du meine Güte!* (für *Gott*),
Potz Blitz, eigtl. *Gottes Blitz* (treffe ihn oder es!), *Botz Wetter*,
Donnerledder statt *-wetter*, *Donnerstag noch 'nein!* d. i. „Donnerwetter fahre hinein“, *Potz Sapperment* statt *Gottes Sakrament*,
verflixt statt *verflucht*, *Kruzitürken*, *-diaxl* statt *Kruzifix*,
heiliger Bimbam oder *Strohsack* statt des Namens eines bestimmten Schutzheiligen. Norweg. *dægeren, dækeren*, schwed.
djäkelen, norw. *jekel, dekel* sind aus *djævelen* „der Teufel“
verdreht.[1] In anderen Fällen ist der Wortsinn so verblaßt,
daß man geradezu von Interjektionen reden darf: *Herrje!*
für *Herr Jesus, Jegerl, Jekus, Jemine* (< *Jesus domine*), *Jerum*,
Jessas oder *Jesses*. Scherzhaft drohend und viel harmloser
als einst gebraucht man die Redensart: *Dich soll das Mäuslein
beißen!*, ohne heute noch zu ahnen, daß man damit eigentlich
dem Nächsten die Pest an den Hals wünscht: *Mäusel* steht
für **Meisel* == mhd. *misel, miselsuht* „Aussatz“. Auch das im
neuen Testament so schwer verbotene *Narr* hat im Lauf der
Zeit seine Grundbedeutung gemildert. In wieder anderen
Fällen wird ein wesentliches Wort unterdrückt: *Da soll doch
gleich . . .!, verd . . ., Mein!* (nämlich *Gott*) usw. Das gleiche
läßt sich natürlich auch aus anderen Sprachen belegen, vgl.
nur lat. *edepol, medius fidius, Mehercle* u. dgl., deren ursprüngliche Bedeutung den Römern nicht mehr klar war. Da der
Teufel keine Macht über Gott hat, erklärt es sich leicht, daß
er und seine gespenstischen Scharen den Namen Gottes nicht
aussprechen können und vor seinem Klang entsetzt davonfliehen. Auch vor dem Gebet, in dem der Name Gottes angerufen wird,[2] flüchten alle böse Dämonen, wie schon *Zarathuštra* durch das *Ahunavairya*-Gebet den Teufel abwehrt
(V. 18, 1). Umgekehrt darf man auch an die Gewalt des
Fluchs erinnern, der um so gefährlicher ist, je größere Zaubergewalt der Verfluchende besitzt.[3]

[1] Falk-Torp, Norw.-dän. Et. Wb. 174.

[2] Das Awesta hat für eine Gottheit, deren Namen im Gebet genannt
wird, ein eigenes Adjektiv geprägt: *aoxtōnāman-*.

[3] Vgl. Radermacher über Schelten und Fluchen, Arch. f. Religionswiss. XI, 1908, 11 ff.; Bartholomae, Air. Wb. 392, s. v. *upamana-*.

Ein anderer Weg, das Gefährliche des Namens zu umgehen, führt zur Umschreibung mit ganz allgemeinen, undeutlichen Bezeichnungen, deren okkasionelle Sonderbedeutung sich erst aus dem Zusammenhang der Rede erraten läßt; man denke beispielsweise an die zahlreichen Umschreibungen für „zaubern“ durch Verba, die ganz farblos „machen“ bedeuten, wie ai. *karóti*, lit. *keréti* „jemand verzaubern“,[1] oder an die Benennung von Geistern als *Dinger*, wie lat. *bonae res*, franz. *males choses*, nhd. *Wichtelmännchen* zu got. *waihts* „Sache“. Es ist mit Grund vermutet worden, daß manche auffallende Umschreibungen von Tieren so zu verstehen sind. Meidet es doch noch heute der gemeine Mann, bestimmte Tiere mit Namen zu nennen, namentlich in der unheimlichen Zeit der Zwölfnächte „zwischen den Jahren“, weil da leicht Gespenster in Tiergestalt umgehen könnten. Statt *Mäuse* sagt man *Dinger*, *Bodenläufer*. statt *Fuchs Langschwanz*, *Loiel*, *Henading*, die Norweger umschreiben *ulv* „Wolf“ mit *graaben* „Graubein“, die Dänen *ræve* „Fuchs“ mit *skogshund* „Waldhund“ u. dgl. mehr.[2] Die Marokkaner nennen die Eule, deren Schrei Unheil bedeutet, „jener der Nacht“ mit andeutender Umschreibung[3] und dürfen am Samstag Abend Worte mit dem Sinn Ei, Schere, Nadel und Kohle nicht unmittelbar aussprechen.[4] Wenn also die Germanen den *Bären*,[5] der oft als Gespenstertier gilt, mit einer so jungen, durchsichtigen Umschreibung den „Braunen“ nannten (vgl. lit. *béras* „braun“), oder die Slaven ihn *medvédz*, d. h. „Honigfresser“ heißen, obwohl doch nach Ausweis von lat. *ursus*, gr. ἄρκτος, gall. *Arto-*, ir. *art*, ai. *ŕkṣaḥ* usw. ein altererbtes Wort vorhanden gewesen sein muß, so mögen solch abergläubische Gründe bei der Aufgabe des alten Worts mitgespielt haben.[6] Ebenso tritt im Slavischen die Umschreibung *gadz* für die alten Ausdrücke *zmij* und

[1] OSTHOFF, BB. 24, 109.

[2] Siehe NYROP, Navnets magt, 122ff.; SCHMIDT, Bedeut. d. Namens 41.

[3] E. MAUCHAMP, La sorcellerie au Maroc 158.

[4] Ebenda nach FREUDENBERG, Die Wahrsagekunst, 1919, S. 156f.

[5] Vgl. dazu E. SCHWYZER, Sprache u. Religion, Wissen u. Leben VI, 1910, 469; MEILLET, Bull. de la Soc. de Ling. 54, 152ff.

[6] Siehe J. LÖWENTHAL, Arkiv f. nord. Filol. 31, 1915, 155. Ferner F. LIEBRECHT, Zur Volkskunde, 1879, 18; SCHRADER, Reallex.², 1917, S. 81f.

aǯъ „Schlange“ ein, ein Wort. das vielleicht der „Prophet“
bedeutete. [1]) Hierher gehören weiter die oft beobachteten
Euphemismen, wie gr. *Εὐμενίδες, πόντος εὔξεινος*, lat. *Mānes*
wörtl. die „Guten“, *Bene-* neben *Maleventum*, ai. *Śivaḥ* der
„Gütige“ usw. Besonders der Orientale ist ängstlich, durch
Rühmen seines Glücks und Wohlstands den Neid des Schicksals
oder Teufels zu erregen. Gibt z. B. der Türke irgend etwas
Günstiges in Bezug auf sein oder seiner Familie Wohlergehen
zu, so setzt er deutlich hinzu: „Dem Teufel Blei in die Ohren!“,
wie wir in solchen Fällen wohl *„unberufen!“* hinzufügen. Der
Araber nennt den tödlichen Schlangenbiß beschönigend den
„lebenden Biß“ (*el karsit el haya*), [2]) und in hebräischen Schriften
wird der „Blinde“ gar der „Lichtreiche“ בני נהור genannt. [3])
Im Persisch-Arabischen heißt „nein“ خير *xeir*, das euphemistisch
eigentlich „gut, das Gute“ bedeutet. Der Zusatz „selig“ oder
„Gott hab’ ihn (sie) selig!“ bei Erwähnung Verstorbener scheint
ursprünglich ebenfalls weniger ein Wunsch für die Seele des
Abgeschiedenen, als vielmehr eine Beschwörung gewesen zu
sein in der Befürchtung, sonst könnte der Tote infolge der
Namensnennung erscheinen.

Bei primitiven Völkerschaften lassen sich ganze Wort-
reihen als *tabu* nachweisen. Bei Bewohnern des Sangir-
Archipels nördlich von Celebes gibt es eine sogen. *Sasahara-*
Ausdrucksweise. [4]) „Das *Sasahara* weicht von der Umgangssprache nur in einer beschränkten Zahl von Wörtern ab;
diese Sasaharawörter müssen auf dem Meere gebraucht werden,
angeblich, um die Geister zu verhindern, die Absichten der
Seefahrer zu belauschen und zu vereiteln.“ [5]) Die Priestersprache der Toradjas auf Celebes vermeidet ebenso bestimmte
Wörter der Alltagssprache und setzt allgemeine Umschreibungen ein, die an Kenningar der Skalden und der orientalischen
Dichter erinnern. [6]) Die Dajaks in Niederländisch Indien

---

[1]) Brückner, KZ 38, 220.

[2]) Freudenberg, Die Wahrsagekunst, 1919, 157 nach E. Mauchamp
la sorcellerie au Maroc, 157 ff.

[3]) Scheftelowitz, D. altpers. Relig. u. d. Judent., 1920, S. 63, A. 2.

[4]) Johanna Portengen, De Oudgermaansche dichtertaal in haar
ethnologisch verband, Leidener Dissert. 1919, 3. Cap.

[5]) Jellinek, Zeitschr. f. österr. Gymn. 68, 1917/18, 766.

[6]) Jellinek, a. a. O. 767.

haben geradezu zwei verschiedene Sprachen, eine alltägliche und eine rituelle, die nur aus *Tabu*-Wörtern besteht.[1])

Aber auch umgekehrt vermag ein Dämon oder sonst eine feindliche Macht nichts über einen Menschen, dessen Namen sie nicht kennt. Ein gutes Beispiel liefert uns das Eddalied vom *Fáfnir*. Als der Lindwurm Sigurds Schwert im Herzen hat, fragt er seinen Mörder nach dem Namen und der Herkunft. Der Prosatext fährt fort[2]):

Sigurþr dulþi nafns síns fyr því at þat var trúa þeira í forneskju, at orþ feigs manns mætti mikit, ef hann bǫlvaþi óvin sínum meþ nafni „Sigurd verhehlte seinen Namen deswegen, weil das der Glaube in alter Zeit war, eines Sterbenden Wort vermöge viel, wenn er seinen Feind mit Namensnennung verfluche." Jedenfalls haben solche *Tabu*-Gebote Entsprechungen bei allen Völkern und können zum Aussterben eines Worts führen (vgl. Gauthiot, MSL 16, 1910, 264 ff.).

Bedrücken Dämonen den Menschen, so rettet ihn nach weitverbreitetem Glauben in äußerster Gefahr Namensänderung, so daß die Geister irregeführt werden. Daher erklärt sich der vielerorts übliche Brauch, einem Schwerkranken einen neuen Namen zu geben.[3]) Ja es scheint persische Sitte gewesen zu sein, Kindern zunächst gar keinen Namen zu geben, wie dies wenigstens bei Firdūsī von *Ferēdūn* und *Sārw* erzählt wird.[4]) Denn dann können die Dämonen dem noch zarten, wenig widerstandsfähigen Wesen nichts anhaben. Ein namenloses Geschöpf ist nicht angreifbar, ist ein zerflatterndes Schemen. Erst der Name macht das Wesen kenntlich, am Namen ist es von anderen zu unterscheiden. Da wir solche Gedankengänge nachweislich für die alte Zeit ansetzen müssen, erscheint die Beziehung von gr. ὄνομα, lat. *nōmen*, ai. *nāma* usw. zu dem in lat. *nota* vorliegenden Stamme sehr einleuchtend.[5]) Alsdann bliebe auch die Verwandtschaft von gr. ὄνομα

---

[1]) Frazer, The golden bough I², 415 ff.; Kauffmann, Balder 198 ff.

[2]) Fáfnism. nach Str. 1 (ed. Gering² 301).

[3]) Belege bei Andree, Ethnolog. Parallelen und Vergleiche 173, Schmidt a. a. O. 22 ff.

[4]) Siehe Justi, Altiran. Namenbuch, Vorwort p. v.

[5]) *nōmen* und *-gnōmen* in *cognōmen, agnōmen* sind Reimwortbildungen, vgl. aruss. *zname̢* „Zeichen", s. dazu Verf., Reimwortbildungen S. 168 f., § 272.

mit ὄνομαι, ὀνοτός, ὀνοτάζω zu recht bestehen: die Basis
*nŏ-, *ənŏ- scheint „ein Zeichen machen" bedeutet zu haben;
im Griechischen liegt dann die Bedeutungsverengerung
„zeichnen" zu „brandmarken, tadeln, schelten" vor, was ohne
weiteres einleuchtet. In lat. *nota* darf man aber nicht mit
W. Schulze [1]) Tiefstufengestalt erblicken; ich glaube überhaupt nicht an eine ursprünglich zweisilbige schwere Basis
*onō-, wie Hirt, Abl. § 312, sondern wir haben, wie bereits
an anderer Stelle von mir betont ist,[2]) wegen finn. *nime*,
lapp. *nama*, mordwin. *ľem*, ung. *nev*, samojed. *nem*, *ńim* von
einem Wortstück *nem-* auszugehen, bzw. von dessen *o*-Ab-
tönung *nom-*. In lat. *nota* wird also ohne weiteres Normal-
stufe vorliegen, wie in ὄνομα, ὄνομαι, ὀνοτάζω usw. auch;
nō- aber kann nur Dehnstufe sein. Der irrationale Vokal,
der nicht allein in ὄνομα, ὄνομαι, sondern auch in arm. *anun*,
ir. *ainm*, cymr. *anu*, apreuß. *emmens*, abg. *imę* > *ənmen-* vorliegt, ist in den Kasus mit der Tiefstufe der Basis wegen der
Häufung von *nm* entstanden (*nm-* > *ənm-*) und dann ana-
logisch ausgebreitet worden. Hom. ὄνατο P 25 enthält Aug-
ment, vgl. ὄναται· ἀτιμάζεται, μέμφεται Hes. Der *Name* also
ist, auch rein sprachlich betrachtet, das „Wahrzeichen", das
Schibboleth, woran erst das Wesen zu erkennen ist.

Im Sanskrit bedeutet ebenso *lakṣaṇa-* n. „Merkmal, Zeichen,
Bezeichnung" auch „Name", ʑ. B. *Kālidāsa* Meghad. Str. 24.
Das hebräische *šem* „Name" hat gleichfalls die Grundbedeutung „Kennzeichen, Merkmal".[3]) Georg. *sakʿeli* „Name" ist
wörtlich das, „was Kraft gibt".[4])

Auch bei der Hochzeit kommt gelegentlich Namensänderung
der Ehegatten vor, weil lüsterne Dämonen da besonders gern
Schaden sinnen.[5]) Ein türkisches Volksmärchen[6]) erzählt so

---

[1]) ə¹ und ə² werden im Lateinischen nur zu *a*, s. Verf., Idg. Ablautprobleme, 1916, § 71 ff.

[2]) Verf., Kalypso, 1919, S. 48.

[3]) Siehe die Bemerkungen bei Giesebrecht a. a. O. 7 ff., Herzog-
Hauck, Realenzykl. f. prot. Theol.³ 13, 626.

[4]) Justi, Iran. Namenbuch V. ὄνομα im Sinn von „Schatten", dem
dämonischen Doppelgänger des Menschen nach altem Glauben, bei Eur.
Hel. 43, A. Dieterich, Mithrasliturgie², 1910, 229.

[5]) Siehe z. B. Samter, Geburt u. Tod, 1911, 106 ff.

[6]) Kúnos, Türk. Volksmärchen aus Stambul 274 ff.

von einem Paar, das sich, um die Dämonen zu täuschen, *Schah Meram* und *Sade Sultan* nennt. Bekannt ist das Verbot, chinesische Kaiser mit ihrem eigentlichen Familiennamen zu nennen; bei der Regierung und nach dem Tod erhalten sie einen neuen Namen. Auch die sonstige Annahme neuer Namen, etwa bei Päpsten oder beim Eintritt in einen Orden, wird ursprünglich viel eigentlicher gedacht sein, als man das jetzt empfindet: mit dem neuen Namen ist gleichsam die ganze Persönlichkeit eine andere geworden. Wenn wir heute ganz in uneigentlicher, formelhafter Weise Ausdrücke gebrauchen wie *im Namen Gottes, im Namen Jesu,*[1] sogar *im Namen des — Gesetzes,* werden uns diese einst sakralen Formeln erst bei genauerem Nachdenken in der alten, unmittelbaren Bedeutung lebendig; erst dann begreifen wir wieder den tieferen Sinn der Bitte: *geheiligt sei dein Name* oder des Gebots: *du sollst den Namen des Herrn deines Gottes nicht mißbrauchen!* Im Orient sind diese Anrufungen des Namens noch viel häufiger und lebendiger: man denke nur an die Formel *bi 'smi 'llāh' 'r-raḥmān' 'r-raḥīm* „im Namen Gottes, des Erbarmers, des Milden!" der Araber, Perser und Türken, an das *pa nām i dātar Ōrmazd* „Im Namen des Schöpfers O." der Parsen, an das *Śrī-Gaṇeśāya namaḥ* der Inder usw. Kein mittelalterlicher Zauberspruch ohne Anrufung des Namens Gottes, des Vaters oder Christi, oft in lateinischer Sprache. Wie wesentlich der Name einer Person ist, zeigt auch rein sprachlich der nhd. Ausdruck *Weibsen* und *Mannsen,* der aus mhd. *wîbes* und *mannes name* sich verkürzt hat.[2] —

Wenn auch im Alten Testament von einer Göttersprache nicht einmal dort die Rede ist, wo man es am ehesten erwarten könnte, bei der Schöpfungsgeschichte, so war es andererseits späterer Spekulation doch ein leichtes, zwischen den Zeilen von magischen Zauberworten manches herauszulesen.

    — Und Gott sprach: „Es werde Licht", und es ward Licht ...

---

[1] Vgl. schon Matth. 18, 20: οὐ γάρ εἰσιν δύο ἢ τρεῖς συνηγμένοι εἰς τὸ ἐμὸν ὄνομα, ἐκεῖ εἰμὶ ἐν μέσῳ αὐτῶν.

[2] Vgl. SIEBS, Mitteilungen der Schles. Gesellsch. f. Volkskunde, 1905, S. 119 f. und oben das ind. *nāmarūpam* als philosophischen Begriff (S. 5).

Mit diesen gedrungenen, schlichten Worten wird ausdrucks-
voll das Urrätsel nach dem ersten Anlaß alles kosmischen
Geschehens, nach dem Zustandekommen der ersten Kraft-
äußerung, erklärt durch den göttlichen Allmacht-Befehl: „Er
spricht, so geschieht es, er gebeut, so steht's da."[1]) In das
nächtige Chaos dröhnen mit ehernem Klang diese elementaren
Urworte, diese wahrhaft göttlichen Befehlsworte hinaus, das
Aussprechen dieser Worte war die erste Schöpfungstat, diese
Gottesworte geben Veranlassung und Anstoß zu all den weiteren
Schöpfungswundern: كن فكانَ *kun fäkān*" „es sei! und es war"
oder كن فيكون *kun fä-yäkūn* „es sei! und es ist!" sind die
Zauberworte, die persische Dichter oft erwähnen;[2]) in mittel-
alterlichen mystischen Schriften spielt das *Fiat!* eine große
Rolle.

Im Anfang war das Wort ...

Dem spekulisierenden Altertum mußte diese Kraft des
ersten göttlichen Befehls, dieses Ur-Gottesworts als ein
magischer Zauberakt von unbegreiflicher Größe und Gewalt
erscheinen. Schon der Evangelist fährt nach seinem ersten
Satze weiter:

Und das Wort war Gott,
Und Gott war das Wort.[3])

Die schwierige *Logos*-Lehre, aus der stoischen Philosophie
übernommen und mystisch weitergebildet, suchte das göttliche Schöpferwort und den göttlichen Willen oder Gedanken
gleichzusetzen. Ursprünglicher sagt der Psalmist 33,6: „Die
Himmel sind durch das Wort des Herrn gemacht und all ihr
Heer durch den Hauch seines Mundes."

Über die Beschaffenheit des Gottesworts gibt es in hellenistischer Zeit eine ganze Literatur; immer wieder begegnet
man der Auffassung, es handle sich nicht um ein eigentliches
Wort, „das durch die Luft klingt", sondern um eine geheimnis-

---

[1]) Ps. 33,9.

[2]) Im Persischen geradezu mit der Nominalbedeutung „Schöpfung".

[3]) Wir erlauben uns, hier λόγος in seiner eigentlichen Bedeutung zu
übersetzen, selbstverständlich nicht im Sinn der Stelle.

volle Kraft- und Willensäußerung Gottes. [1]) Während wir hier die philosophische Auffassung wirken sehen, [2]) erfreute sich, namentlich in der jüdischen Literatur, auch die wörtliche, eigentliche Auffassung großer Beliebtheit. Bereits in frühtalmudischer Zeit wird die Erschaffung der Welt weniger auf jenen elementaren Urbefehl selbst, als vielmehr auf die Zauberwirkung der magisch-mächtigen Buchstaben des heiligen Geheimnamens Jehovas zurückgeführt, [3]) jenes „großen und wunderbarlichen Namens, der da heilig ist“, wie es in den Psalmen heißt. [4]) In der Tat ließ sich das leicht begründen: In der Genesis wird die Entstehung der Menschensprache ausdrücklich dem Menschen selbst zugeschrieben. Zwar schuf Gott durch Namensnennung Tag und Nacht und benannte die Feste „Himmel“, das Trockene „Erde“ und die Sammlung der Wasser „Meer“. [5]) Aber nach der Erschaffung des Menschen überläßt er nach ausdrücklicher Angabe der heiligen Schrift diesem die Benennung der Dinge: „Denn als Gott der Herr gemacht hatte von der Erde allerlei Tiere auf dem Felde und allerlei Vögel unter dem Himmel, brachte er sie zu dem Menschen, daß er sie sähe, wie er sie nennte. Denn wie der Mensch

[1]) Siehe über dieses Wort Gottes KARL GRONAU, Poseidonios und die jüd.-christl. Genesisexegese, 1914, S. 69 ff., wo weitere Belege; vgl. namentl. Chalc. c. 138 zu Tim. 41 A auf S. 71. Hier stehe nur Basileios Hexahem. I, 289 A: τί οὖν ἡ φωνὴ τοῦ κυρίου; πότερον πληγὴ περὶ τὸν ἀέρα; ... ἢ ἀὴρ πεπληγμένος φθάνων μέχρι τῆς ἀκοῆς τοῦ πρὸς ὃν γίνεται ἡ φωνή; ἢ οὐδέτερον τούτων, ἀλλ' ἑτερογενής τίς ἐστιν αὕτη, φαντασιουμένου τοῦ ἡγεμονικοῦ τῶν ἀνθρώπων, οὓς ἂν ἀκούειν βούληται τῆς ἰδίας φωνῆς ὁ θείς; ὥστε ἀναλογίαν ἔχειν τὴν φαντασίαν ταύτην πρὸς τὴν ἐν τοῖς ὀνείροις γινομένην πολλάκις. Man muß sich dabei der Grammatikerdefinition erinnern; z. B. Donatus ars. gr. I: *vox est aer ictus, sensibilis auditu*, ähnlich Priscian. I.

[2]) Die Logoslehre geht bekanntlich durch die ganze griechische Philosophie und beginnt schon bei Heraklit, s. etwa AALL, Logos, 2 Bde.

[3]) Z. B. Berach 55a, s. HEITTMÜLLER, Im Namen Jesu 133.

[4]) 99, 3, s. dazu GIESEBRECHT, Die alttestamentl. Schätzung des Gottesnamens, 1901, 21 ff.

[5]) In der Vǫluspǫ́ 6 geben die Götter ebenso die Namen für die Zeiten und beseitigen damit das Chaos: *nǫtt ok niþjum nǫfn of gǫfu, morgin hétu ok miþjan dag, undorn ok aptan, ǫrum at telja* „Nacht und Neumond gaben sie Namen, Morgen benannten sie und Mittag auch, Zwielicht und Abend, die Zeiten zu messen“: „Namen geben“ heißt „erschaffen“.

allerlei lebendige Tiere nennen würde, so sollten sie heißen. Und der Mensch gab einem jeglichen Vieh und Vogel unter dem Himmel und Tiere auf dem Felde seinen Namen . . ." [1])

Die Menschensprache wird also von Adam erst geschaffen. Wenn sie vor der Sprachverwirrung auch einheitlich, rein und unverfälscht war im Gegensatz zu der späteren Rede der Menschen, [2]) so ist doch jedenfalls soviel klar, daß jene göttlichen Urworte mit dieser späteren willkürlichen Dingbezeichnung durch Adam, der da noch gar nicht erschaffen war, keine Beziehung haben konnten, es ließ sich also geradezu aus der Darstellung der Bibel entnehmen, daß die Göttersprache, die Worte, in denen der erste Schöpferbefehl erfolgte, mit der Menschensprache nichts gemein haben können, daß es also eine besondere Gottessprache, geheimnisvolle Gottesworte geben müsse. [3]) Diese kennen zu lernen, ist das heiße

---

[1]) Genes. I, 2, 19.

[2]) Vgl. dazu Leibniz, Op. philos., ed. Erdmann I, 53: lingua Adamica vel certe vis eius, quam quidam se nosse et in nominibus ab Adamo impositis essentias rerum intueri posse contendunt, nobis certe ignota est. Über das Schöpfungswort lesen wir Śat. Br. VI, 1, 1, 10: *Prajāpati* begehrte: „Möchte ich geboren werden aus diesen Wassern!" So ging er mit dem dreifachen Wissen in das Wasser ein. Daraus entstand ein Ei. Er berührte es und sprach: „Es werde! Es werde! und nochmals es werde!" Daraus ward das Gebet (*brāhma* n.) geschaffen, das dreifache Wissen." Noch mehr erinnert an die Genesis und das Schöpfungswort Gottes die Stelle Śat. Br. XI, 1, 6, 1 ff. Aus den Wogenfluten entstand zunächst das goldene Weltei, aus diesem in einem Jahr *Prajāpati*. Dann heißt es weiter: „Nach einem Jahr machte er Sprechversuche. Er sagte: *bhūḥ*, da entstand die Erde. Er sagte *bhuvaḥ*, da entstand das Himmelsgewölbe. Er sagte *svaḥ*, da entstand der höchste Himmel . . ."

[3]) Daß in der Darstellung der Bibel Gott Vater seinen Schöpfungsbefehl in der gleichen hebräischen Sprache erteilt, in der die ganze Erzählung gegeben ist, darf man nicht als einen Widerspruch mit der Erfindung der Menschensprache durch Adam ansehen, insofern also das Hebräische schon vorhanden gewesen wäre, ehe der Mensch geschaffen war (s. Benfey, Gesch. d. Sprachwissensch., 1869, S. 23). Wie hätte das im schlichten Erzählerton der Genesis anders ausgedrückt werden sollen? Aber dieser Punkt ist für die Spekulation bedeutungsvoll gewesen, da einmal, wie bereits erwähnt, die Annahme von besonderen Geheimworten Gottes entstand, wenn davon die Darstellung der Bibel auch nichts sagt. Andrerseits erwuchs daher die Vorstellung, das Hebräische sei Ursprache und Geistersprache zugleich. So sagt Hieronymus, epist. XVIII A 6, 7 (ed. Hilberg S. 82): Initium oris et communis eloquii et hoc omne, quod loquimur, Hebraeam

Streben der Mystiker von jeher gewesen; der Weg dazu ist die mystische Verzückung, die heilige unmittelbare Erleuchtung, die göttliche Offenbarung.

2.

„Wenn ich mit Menschen- und mit Engelzungen redete und hätte der Liebe nicht, so wäre ich ein tönend Erz oder eine klingende Schelle ...“

Mit diesen stark rhetorisch gefärbten Worten[1] tritt PAULUS den übertriebenen Vorstellungen von der „Gnadengabe“ (χάρισμα) des Zungenredens entgegen, das in der jungen Christengemeinde zu Korinth bei den meisten Mitgliedern als höchstes Geschenk des „Geistes“ galt. Auch für PAULUS handelt es sich zwar um eine erwünschte, segensreiche Geistesgabe, aber Selbstzweck ist ihm das Zungenreden nur in sehr bedingtem Grade; er schätzt es im Gegensatz zur Mehrzahl der Gemeindemitglieder geringer ein als die Weissagung. Was er vor allem gegen dieses Zungen-Charisma einzuwenden hat, ist die Sinnlosigkeit der Worte, die der Erleuchtete in seiner Verzückung stammelt, und die niemand versteht, wenn kein Ausleger der Gemeinde diese Geistersprache übersetzen kann (14, 28). Da also die Reden in der Engelssprache der Allgemeinheit unklar bleiben, ist diese Gabe zwar für den Verzückten selbst eine Weihe und Erbauung, der Gemeinde aber nützt er damit nichts (14, 2). Dieser einseitige Standpunkt der Zweckmäßigkeit, die Ansicht, nur deshalb sei das Weissagen ein höheres Gnadengeschenk, weil sie

---

linguam, qua vetus testamentum scriptum est, universa antiquitas tradidit. Origines 11. Homil. in numeros, 307 (= MIGNE, Patr. Gr.-lat. 12, S. 649) Manserit autem lingua per Adam primitus data, ut putamus, Hebraea, in ea parte hominum, quae non pars alicuius angeli ... sed quae Dei portio permansit. Der Midraš (Bereš. R. P. 18) sieht einen Beweis dafür, daß das Hebräische die Ursprache ist, in der Ableitung des Worts *iššā* „Weib“, eigentl. „Männin“, wie Luther übersetzt, von *iš* „Mann“, weil das Weib aus des Mannes Rippe geschaffen ist, s. SCHEFTELOWITZ, Altpers. Rel. u. d. Judent. 217.

[1] 1. Korinth. 13, 1.

in menschlicher Sprache erfolge (14, 3 und 4), war gewiß manchem jungen Christen in ihrer praktischen Nüchternheit wenig sympathisch. Denn das Reden in Engelszungen galt eben als Sprechen in der göttlichen Sprache, wie Paulus selbst zugibt (14, 2): ὁ γὰρ λαλῶν γλώσσῃ οὐκ ἀνθρώποις λαλεῖ, ἀλλὰ θεῷ· οὐδεὶς γὰρ ἀκούει, πνεύματι δὲ λαλεῖ μυστήρια· ὁ δὲ προφητεύων ἀνθρώποις λαλεῖ ... Beschrieben wird das Zungenreden als ein Sprechen in die Luft,[1] und schon hier wird es mit dem Reden in einer Barbarensprache verglichen: ἐὰν οὖν μὴ εἰδῶ τὴν δύναμιν τῆς φωνῆς, ἔσομαι τῷ λαλοῦντι βάρβαρος καὶ ὁ λαλῶν ἐν ἐμοὶ βάρβαρος (14, 11). Ohne Auslegung[2] war sie unverständlich, wie eine fremde Sprache.

Unter den Theologen ist die „Glossolalie" Gegenstand der ausführlichsten Streitigkeiten gewesen, und selbst heute scheinen alle Schwierigkeiten in den verschiedenen Darstellungen der Zungenrede an anderen Stellen des Neuen Testaments[3] noch keineswegs alle behoben.[4] Uns kann es für unseren Zweck nur darauf ankommen, daß man das Reden

[1] 14, 9: ἔσεσθε γὰρ εἰς ἀέρα λαλοῦντες.

[2] 14, 28: διερμηνευτής; 12, 10: ἑρμηνεία γλωσσῶν u. ö. Die Kunst der Auslegung galt auch als Charisma.

[3] Außer dem 1. Korintherbrief 12 ff. noch Acta 2, 1 – 14; 10, 44—48; 11, 15—17; 19, 1—7 und in dem späteren Anhängsel zum Markusevangelium 16, 9—20. Siehe auch Texts and Studies V, 1, 135.

[4] Lietzmann in seinem Handb. z. n. Test. III, J. Weiss, Der erste Kor., Meyers krit.-exeg. Komment.⁹, 1910, 383 ff., Feine in Herzog-Haucks Realenz. f. d. prot. Kirche³, 1908, XXI, 749 ff., Schiele-Zscharnack, Religion in Geschichte u. Gegenwart II, 1910, 1203 ff. Lietzmann-Dibelius, Briefe d. Paulus, Handb. z. n. Test., 1913, 138; Everling, Paulin. Angelologie 38. Hilgenfeld, Die Glossolalie in d. alten Kirche, 1850, Theologus in Preuß. Jahrb. 87 (1897), 223 ff. Besonders nützlich war mir Eddison Mosiman, Das Zungenreden, geschichtl. u. psycholog. untersucht. Teil I als Heidelberger Inaug.-Dissertation, Leipzig 1911, wo noch weitere Literatur verzeichnet ist. E. Lombard, De la glossolalie chez les premiers chrétiens, Lausanne 1910. P. Bovet, Revue de l'histoire des relig. 63, 1911, 296 ff. Von den verschiedenen Ansichten war dem Nichttheologen, der rein vom philol.-histor. Standpunkt aus Stellen des Neuen Testaments genau so zu werten sucht, wie die in irgend einem anderen Literaturdenkmal des Hellenismus, die Auffassung von Joh. Weiss a. a. O. und von Bousset, Die Schriften d. Nen. Testam. II nach 1. Kor. 12, 11 am einleuchtendsten.

in „anderen Zungen" (ἑτέραις γλώσσαις Act. 2, 4; ähnlich καιναῖς γλώσσαις Marc. 16, 17) auf ekstatisches Reden und Lallen deuten muß; die Erzählung vom Zungenreden am Pfingstfest (Act. 2, 1—13) ist gegenüber der älteren Erwähnung der Glossolalie im Korintherbrief legendarisch ausgeschmückt, wie schon das Bild von den feurigen Zungen, die sich auf die Jünger senkten, lehrt. Weil der Begriff γλῶσσα eben ein schwankender, nicht eindeutiger ist, hat der Verfasser der Apostelgeschichte, auf ältere Legenden über das Zungenreden sich stützend und sie z. T. nicht recht verstehend, ein Sprachenwunder erzählen wollen; selbst da aber deutet der Spott der Ungläubigen, die Jünger seien „voll süßen Weines" (13), darauf hin, daß es sich vorzugsweise um ein scheinbar sinnloses Lallen handelte: Keineswegs predigen die Jünger den Juden, Griechen und Römern in der betreffenden Sprache, sondern sie rühmen in „anderen" *Glossai* die Wundertaten Gottes (τὰ μεγαλεῖα τοῦ θεοῦ). Sogar Heiden können in „Zungen" reden und Gott preisen, wie es von Cornelius und seinen Freunden in Caesarea (Act. 10, 1—48) erzählt wird: ἤκουον γὰρ αὐτῶν λαλούντων γλώσσαις καὶ μεγαλυνόντων τὸν θεόν. Die Hauptschwierigkeit, die an den verschiedenen Auffassungen der Theologen schuld ist, scheint nur in dem unklaren, schillernden Begriff γλῶσσα zu liegen: übersetzen wir es mit „Zunge", mit „Mundart", mit „Sprachfertigkeit" u. dgl., so geben wir eben stets willkürlich einen Ausschnitt aus der umfassenden Gesamtbedeutung, die das Wort in hellenistischer Zeit hatte. Insbesondere war es auch grammatischer Fachausdruck: γλῶσσαι und λέξεις sind allgemein bekannte Termini der alexandrinischen Grammatik, vgl. noch nhd. *Glosse*. Indem ich auf die genaueren Erörterungen von Joh. Weiss und seinem Schüler E. Mosiman, sowie auf Bousset a. a. O. verweisen muß wegen aller weiteren Einzelheiten, die uns hier natürlich nicht weiter beschäftigen dürfen, sei es nur gestattet, der Überzeugung Ausdruck zu geben, daß mit γλῶσσαι an den älteren Stellen nichts gemeint sein kann als die Sprachen der Engel, Ausdrücke aus einer „anderen", d. h. übermenschlichen, göttlichen Sprache, worauf nicht nur das unmittelbare Zeugnis des Paulus (ταῖς γλώσσαις τῶν ἀγγέλων 1. Kor. 13, 1), sondern auch das stehende

Preisen Gottes [1]) in dieser „Zungenrede“ hindeutet. Die sinnlosen, stammelnden Worte der Verzückten galten als Reden
in einer Geister- oder Engelssprache, der Sprache insbesondere,
in welcher die Engel Gott preisen. [2]) Erst indem man diese
ἕτεραι γλῶσσαι später nicht mehr verstand — was bei dem
schillernden Begriff und der Wundersucht der Zeit gar nicht
zu vermeiden war —, deutete man das Zungenreden auch auf
ein Sprechen in einer wirklich lebendigen Menschensprache,
wie das z. B. die gewöhnliche Auffassung der Kirchenväter
gewesen ist. Und dabei hätte der Apostel doch gewiß keinen
Grund gehabt, sich in diesem Fall über die Nutzlosigkeit des
Zungenredens zu beklagen. Ja gerade deshalb stellte man in
der jungen Gemeinde zu Korinth im Gegensatz zu PAULUS
das „Zungenreden“ über die Weissagung, weil diese eben nur
in menschlicher, jenes aber in der himmlischen Sprache erfolgte. Im 2. Korintherbrief 12, 4 berichtet PAULUS von Offenbarungen, die er hatte; dabei wird von „unaussprechbaren
Worten“, die kein Mensch sagen könne, gesprochen, die er
im Paradies gehört; hatte er doch (im 1. Kor. 14, 18) ausdrücklich erklärt, daß auch er sowohl die Gabe des Zungenredens als der Weissagung besäße: καὶ οἶδα τὸν τοιοῦτον
ἄνθρωπον ὅτι ἡρπάγη εἰς τὸν παράδεισον καὶ ἤκουσεν
ἄρρητα ῥήματα, ἃ οὐκ ἐξὸν ἀνθρώπῳ λαλῆσαι.

Es kann nicht bezweifelt werden, daß in den christlichen
Gemeinden hinsichtlich der „Zungenrede“, d. h. der Gottessprache, nur Ansichten verbreitet waren, die sich in der Zeit
des Hellenismus und schon vorher über die Göttersprache
finden. Schon der Vergleich mit dem ehernen Becken (χαλκὸς
ἠχῶν) und dem Tamburin (κύμβαλον) an der Stelle des 1. Kor.-
Briefs, von der wir ausgingen, weist auf die orgiastischen
Kulte hin, wie sie im damaligen „Heidentum“ allgemein verbreitet waren, auf die dionysischen Feiern und die Verehrung
der großen Göttermutter Kybele. So haben denn auch
DIETERICH und REITZENSTEIN die Vorstellung von Götter-

---

[1]) Act. 2, 11; 10, 46. 1. Kor. 14, 2, 13.

[2]) Die Auffassung, Paulus gebrauche bloß eine rhetorische Floskel,
kann ich mir darnach nicht zu eigen machen. Mit dem Glauben an eine
„englische“ Sprache müßte man übrigens trotzdem rechnen, weil Paulus
dies Bild sonst nicht hätte gebrauchen können.

und Geistersprachen im Hellenismus nachgewiesen.[1] „Verschiedenen Dialekt sprechen heißt verschiedene Namen Gottes nennen. So haben die männlichen und weiblichen Götter, Erde und Himmel, jeder der vier Winde eine eigene φωνή, die der Gottbegnadete kennt. Diese Anschauung überträgt das Judentum auf die Engelwelt; jede ihrer Scharen preist Gott in einer anderen Sprache. So wird in den Papyri eine Ἀρχαγγελικὴ βίβλος des Moses angeführt; sie gibt eine wunderliche Buchstabenverbindung als Namen Gottes.“ Es bestätigt sich also auch hier, daß der Glaube an eine Göttersprache sich entwickelt hat aus den primitiven Vorstellungen von geheimen Gottesnamen und magischen Zauberworten. Aus dem sog. Testament des Hiob belegt REITZENSTEIN a. a. O. 57 gleichfalls die Vorstellung von einer Engelssprache: Die drei Töchter Hiobs erlangen vor dem Tode des Vaters einen Zaubergürtel (vgl. den Kräftegürtel der alten Sagen). Als die erste den Gürtel anlegt, erzählt diese Legende: καὶ παραχρῆμα ἔξω γέγονε τῆς ἑαυτῆς σαρκός ... ἀπεφθέξατο τοὺς ἀγγελικοὺς ὕμνους ἐν ἀγγελικῇ φωνῇ καὶ ὕμνον ἀνέμελπε τῷ θεῷ κατὰ τὴν ἀγγελικὴν ὑμνολογίαν. Bei der zweiten heißt es: καὶ τὸ μὲν στόμα αὐτῆς ἀνέλαβε τὴν διάλεκτον τῶν ἀρχόντων ..., bei der dritten: καὶ ἔσχε τὸ στόμα ἀποφθεγγόμενον ἐν τῇ διαλέκτῳ τῶν ἐν ὕψει ... λελάληκεν δὲ ἐν τῇ διαλέκτῳ τῶν Χερουβὶμ δοξολογοῦσα τὸν δεσπότην τῶν ἀρετῶν κτλ. In seinem Buch „Die hellenistischen Mysterienreligionen, 1910, S. 17 faßt REITZENSTEIN treffend diese Vorstellungen zusammen: „Den Namen desselben Gottes ägyptisch, syrisch, phrygisch, persisch, auch hebräisch zu nennen, wird allgemeiner Brauch, und das Bestreben, zu einer mystischen Urreligion emporzudringen, zeigt sich in dem Versuch, auch die Sprache der ‘Engel’ oder der Gotteskräfte oder bestimmter Urgötter hinzuzunehmen, und seltsam, aber doch auch leicht verständlich verbinden sich hiermit die Anrufungsformeln, die ein bestimmter, durch Wunderkraft besonders begnadeter und beglaubigter Mann der näheren Vergangenheit oder Gegenwart verwendet und gelehrt hat; viel-

---

[1] DIETERICH, Abraxas 4, 176 u. ö., REITZENSTEIN, Poimandres, 1904, S. 55 ff., JOH. WEISS, Komment. v. Meyer⁹, V, 338 ff., MOSIMAN a. a. O. 41 ff.

leicht war ihm eine besonders wirksame Sprache offenbart." [1]
In der Ascensio Jesaiae 6, 6 f. [2] wird gar behauptet, die Engel
selbst hätten verschiedene Sprachen: die des sechsten Himmels
haben eine andere als die der fünf niederen Himmel: sed non
erat vox horum, sicut vox eorum, qui in quinque coelis angeli;
nec sermo erat, sicut sermo eorum; at alia vox erat illic.
Genau dieselbe Vorstellung finden wir im Poimandres, nach
dem ebenfalls beim Aufstieg die Seele die δυνάμεις, d. h. die
verschiedenen Geister Gott in verschiedenen Sprachen loben
hört (s. Poim. I, 24—26). Die vielen ὀνόματα ἄσημα, βαρ-
βαρικά, θεσπέσια, ἱερά, φρικώδη, ἐφέσια γράμματα, die *voces
mysticae*, die *nomina sacra* oder *barbara*, wie wir sie in
Massen in Zauberpapyri erhalten sehen, [3] sind eben nichts
anderes als Wörter der Engels- und Geistersprache. [4]

Auch in der nachapostolischen Zeit war das „Zungenreden" keineswegs außer Gebrauch gekommen; besonders aus
der Zeit des Montanismus im 2. Jahrh., wo ja die Ekstase
wieder die eigentliche religiöse Betätigung war, wird uns vom
Ausstoßen fremder Worte berichtet (ξενοφωνεῖν). [5] Die Vorstellung, daß Engelscharen an Gottes Thron ununterbrochen
Hallelujah und Gloria singen aus Büchern, die in goldner Schrift
offen vor ihnen liegen, und in Gesängen und Worten, die kein
Mensch aussprechen kann, Gott preisen, ist in mittelalterlichen
Visionen, wie z. B. der des Albers Tundalus, wiederholt anzutreffen. [6] Man darf auch an die Sequenzen beim Graduale

[1] Weiteres über die Engelssprache bei REITZENSTEIN, Poimandres 267
und Historia Lausiaca 150 mit Anm.

[2] A. HILGENFELD, Die Glossolalie, 1850, S. 63 f.

[3] WESSELY, Ephesia grammata, Progr. d. Wien. Franz-Joseph-Gymn.
1886. DIETERICH, Mithrasliturgie² 36 ff.

[4] Übrigens sei auch an das *Abba*-Schreien erinnert, Gal. 4, 6; Apok.
Joh. 22, 7; Röm. 8, 15; 1. Kor. 12, 3, 16, 22. Über *verba spiritus sancti* vgl.
auch SIEBS' und HIPPES 'Wort und Brauch', Heft 12, 399, Fußn. 2.

[5] MOSIMAN a. a. O. 48.

[6] Vgl. E. PETERS, Quellen und Charakter der Paradiesesvorstellungen
in der Dichtung vom 9.—12. Jahrh., VOGTS German. Abhandl. 48, 1915,
125 und 134. Auch die Himmelsbriefe, die ja ebenfalls mit ihren Zauberwörtern Mitteilungen der Götter sind, werden mit goldenen Buchstaben geschrieben; siehe DIETERICH, Hessische Blätter f. Volksk. 1, 19 ff.; Wiener
Stud. VIII, 175 ff.; KAUFFMANN, Balder 194 u. 200.

Responsorium erinnern. die ja auf den Modulationen des Hallelujah beruhen.

Und auch in späteren Zeiten hat sich bei gesteigerter religiöser Erregung sehr häufig das „Zungenreden" eingestellt. Der heiligen HILDEGARD, die als Äbtissin des von ihr gegründeten Klosters Rupertsberg bei Bingen 1179 gestorben ist, werden Glossen aus einer unbekannten Sprache zugeschrieben, die ihr der göttliche Geist offenbart haben sollte. Bekannt ist ferner die Erregung des religiösen Gefühls bei den Camisarden in den Cevennen am Ende des 17. Jahrh., wobei das „Zungenreden" eine große Rolle spielte.[1] Ein Camisarde beschreibt seinen Zustand der Entzückung so[2]: „Stets empfand ich dabei eine außerordentliche Erhebung zu Gott, bei welchem ich daher beteure, daß ich weder durch irgend jemand bestochen oder verleitet, noch durch eine weltliche Rücksicht bewogen bin, durchaus keine anderen Worte als solche auszusprechen, welche der Geist oder der Engel Gottes selber bildet, indem er sich meiner Organe bedient. Ihm allein überlasse ich daher in meinen Ekstasen die Lenkung meiner Zunge, indem ich mich nur bestrebe, meinen Geist auf Gott zu richten und die Worte zu merken, welche mein Mund ausspricht. Ich weiß, daß alsdann eine höhere und andere Macht durch mich spricht. Ich denke darüber nicht nach und weiß nicht vorher, was ich reden werde." Das charakteristische Kennzeichen ist das Zungenreden endlich für die Irvingianer, ja die Gründung dieser ursprünglich schottischen und englischen Sekte geht auf Fälle von Zungenreden zurück, die um 1830 in Schottland vorkamen. Im Gottesdienst ereigneten sich dann immer häufiger ekstatische Anfälle der Gläubigen; nüchterne Beobachter bezeichneten diese Äußerungen des „Geistes" als „unverständliches Geschnatter", als „die Schreie und Seufzer von Verrückten."[3] Eine Untersuchung der irvingianischen „Glossen" ergab, daß sie nicht irgend einer wirklichen Sprache angehören.[4] Und noch in

---

[1] S. GOEBEL, Ztschr. f. hist. Theol., 1854, 287 ff.; MOSIMAN a. a. O. 50 ff.

[2] Nach Theologus, Preuß. Jahrb., 1897, 87, 235; WEINEL, Die Wirkungen des Geistes u. der Geister, 1899, S. 77.

[3] Nach MOSIMAN a. a. O. 57.

[4] WEINEL, Wirkungen d. Geistes 73 f. Ein reiches weiteres Material,

vielen anderen Fällen, teils bei einzelnen Personen, teils bei
Sekten, wie den Jansenisten in Frankreich, den Quakers zu
Cromwells Zeiten, den Milleriten, den Mormonen usw., ist das
Zungenreden beobachtet worden: überall handelt es sich um
dieselbe, nun von uns schon hinlänglich beschriebene Erscheinung. Mit Recht sagt W. James [1]): „Alle großen und führen-
den Geister, welche die christliche Kirchengeschichte kennt —
ein Bernhard, ein Loyola, ein Luther, ein Fox, ein Wesley —
hörten Stimmen und hatten Visionen, Verzückungen, Ein-
gebungen und Offenbarungen. Sie waren solchen Zuständen
unterworfen, weil sie besonders sensitive Naturen waren.
Menschen von solcher Gemütsanlage sind stets dergleichen
Zuständen unterworfen.“

Zum Schlusse dieser Übersicht will ich nur noch die moderne
Pfingstbewegung in Kassel und Umgebung streifen, worüber
P. Drews in der Christlichen Welt, 1908, 22. Jahrg., Nr. 11,
Sp. 271—276 und Nr. 12, Sp. 290 ff. berichtet. Das Auf-
fallendste an dieser Gemeinschaftsbewegung war wieder das
Zungenreden: „Unter starken Zuckungen und nervösen Er-
regungen, unter Niederstürzen auf den Boden bricht erst ein
einzelner, brechen dann immer mehr der Teilnehmer einer
solchen Versammlung in unartikulierte, unverständliche Laute
aus, die Worte, schließlich kurze Sätze bilden. Ein Ohren-
zeuge hielt solch ein Sätzchen fest. Er glaubte gehört zu
haben: *schello mo dal badbad wotschikrei.* Ein anderer gibt
den Satz eines Zungenredners (in Kristiania) folgendermaßen
wieder:

> *sangala, singala, sing sing,*
> *mangala, mangala, mang mang mang.*“

Noch seltsamer klingt, daß bekannte Kirchenlieder, wie
z. B. „Laßt mich gehen“, in die Zungensprache übersetzt
wurden [2]):

---

das hier zu häufen keinen Zweck hätte, bei Mosiman a. a. O. 57 ff. Einzelnes
schon bei Görres, Mystik II, 1837, 189 ff.

[1]) Die religiöse Erfahrung in ihrer Mannigfaltigkeit, übersetzt von
G. Wobbermin, 1907, 439.

[2]) Paul in der Monatsschrift „Die Heiligung“, Heft Nr. 110 vom
Nov. 1907. S. auch Österreich in den Philos. Vorträgen veröffentlicht von
der Kant-Gesellschaft, Nr. 9, 1915.

schua ea, schua ea,
o tschi biro ti ra pea
ukki lungo ta ri fungo
u li bara ti ra tungo
latschi bungo ti tu ta!

Diese Proben für das moderne Zungenreden,[1] das übrigens auch in Norwegen und Amerika wieder aufkam, mögen genügen. Der wissenschaftlich prüfende Betrachter versteht nur zu gut des Paulus Standpunkt von der Zweck- und Nutzlosigkeit solcher Äußerungen in ekstatischen Erregungszuständen, sein Hinweis auf den enthusiastischen Taumel in heidnischen Orgien und sein Betonen der Liebe:

„Wenn ich mit Menschen- und mit Engelszungen redete und hätte der Liebe nicht, so wäre ich ein tönend Erz oder eine klingende Schelle ...“

3.

Es wäre völlig irrig zu glauben, die Vorstellung von einer Geister- oder Engelssprache wäre etwas ausschließlich Christliches, nur ein Gnadengeschenk des „Geistes". Wir haben ja oben[2] bereits betont, daß die Zauberworte der Papyri in gewissem Sinn nichts anderes sind als Glossen einer Göttersprache. Wie der Zungenredner in ekstatischer Verzückung lallte, so redete auch die Pythia in unbewußtem Enthusiasmus,[3] so gaben überhaupt die Bakiden und Sibyllen ihre dionysischen Orakel. Den heiligen Wahnsinn als Gottesdienst haben wir besonders im thrakischen Dionysoskult, dessen

---

[1] Rubanowitsch, Das heutige Zungenreden, Neumünster 1907. Schopf, Zur Kassler Bewegung, Bonn 1907. Franke, Die Versammlungen im Kassler Blaukreuzhause in nüchterner Beleuchtung, Kassel 1907. Urban, Z. gegenwärt. „Pfingstbewegung", 1910. Weiteres bei Mosiman a. a. O. VIIf.

[2] S. 3 und 28.

[3] Vgl. z. B. Heraklit bei Plutarch de Pyth. orac. p. 397 A: Σίβυλλα δὲ μαινομένῳ στόματι, καθ' Ἡράκλειτον, ἀγέλαστα καὶ ἀκαλλώπιστα („ungeschminkt") καὶ ἀμύριστα („ungesalbt") φθεγγομένη.

wahre Natur uns erst Erwin Rhode wieder zu verstehen
gelehrt hat (Psyche⁴ II, 1 ff.): Wenn die schrillen Flöten
gellten, Pauken und Tamburin rasselten, tobten und taumelten
die bekränzten Mänaden und Korybanten, des Gottes voll,
in tollen Tänzen den Thyrsos schwingend unter jauchzendem
Jubelruf durch die Nacht: ἰώ, ἰώ Διόννσε (*euhoe Bacche*)! In
den „Bakchen" des Euripides ist anschaulich geschildert, wie
diese Raserei, dieser religiöse Taumel, alles mit sich fortreißt
in wildem Fanatismus und kein Machtgebot eines Herrschers
der aus Barbarenland stammenden Bewegung Einhalt gebieten
kann.

Aber auch bei kulturlosen Völkern findet sich die Auffassung, die Worte von Verzückten[1]) gehörten einer Geister- oder
Dämonensprache an: es handelt sich eben um eine allgemein
menschliche Anschauung, die in der Hauptsache an keine Zeit,
Kulturstufe und Rasse gebunden ist. Gerade in primitiven
Religionen und Kulturen spielen bekanntlich Tänze unter
gellender Musikbegleitung eine Hauptrolle; es kann also nicht
im mindesten überraschen, daß auch vom Reden in einer Dämonensprache, vom „Zungenreden", vom Schreien in unartikulierten Lauten öfters berichtet wird. In China toben bei
Tempelfesten Männer oder Weiber halbnackt in toller Besessenheit umher und stoßen dabei allerhand Laute aus, „welche

---

[1]) Vergleiche sprachliche Bildungen, wie gr. μάντις zu μαίνομαι, lat.
vātēs, gall. plur. οὐάτεις, air. *fáith* „Dichter" zu got. *wōþs* „wütend, besessen", aisl. *óþr*, ags. *wód*, ahd. *wuot* „wütend", aisl. *óþr* „Poesie", ags. *wóð*
„Gesang"; ai. *vípraḥ* „erregt, begeistert", subst. „Dichter, Seher" zu *vépate*
„bebt, zittert", θυιάς „Bakchantin" zu lat. *furo, furor* „Raserei, Verzückung".
Ai. *kavíḥ* „Seher, Dichter" hat in gr. θυο-σκόος seine etymologische und
semasiologische Stütze und dürfte, wie lat. *augur, auspex* auf die Deutung
der Zukunft aus Vorzeichen gehen (lat. *ōmen* aus *os-men zu *ōscen* „Wahr-
sagevogel"), während in aisl. *vǫlva* „Weissagerin, Zauberin" (zu *vǫlr* „runder
Stab", got. *walus* „Stab") und vielleicht in gr. Βάκις (zu βάκτρον, lat. *ba-
culum?*) die Vorstellung der mit dem Zauberstab regierenden Herren der
Geister ursprünglich der Wortschöpfung zugrunde liegen dürfte. (Vgl.
Gering, Über Weissag. u. Zauber 25, Note 17.) Seher sitzen auf Stühlen,
wenn sie ihre Orakel erteilen (vgl. die nordischen *Vǫlven*, die Pythia usw.);
so versteht man aw. *upairi-gātu-* „Seher, Visionär", vgl. Bartholomae,
Wb. 395 s. v. Mit dem gr. ἔνθεος, ἐνθουσιασμός, nhd. *besessen* vgl. man
ai. *yātudhāna-, yātudhānī*, s. Oldenberg, Weltanschauung d. Brāhm.-Texte,
1919, 131. Σίβυλλα ist nichtgriechischer Herkunft.

dann durch Leute, die solche Göttersprache zu verstehen behaupten, verdolmetscht werden".[1] „In Polynesien werden die Priester von ihrem Gott besessen; sie werden rasend, die Muskeln krampfhaft, das Gesicht verändert sich, die Augen verdrehen sich, sie schäumen am Munde, werfen sich auf den Boden, und unter dem 'göttlichen' Einfluß äußern sie gellendes Geschrei, heftige und oft unverständliche Worte, indem sie den Willen des Gottes offenbaren. Andere Priester empfangen die Mysterien und legen sie den Leuten aus."[2] Von den Bataks auf Sumatra wird berichtet, daß sie von einem Geist in ekstatischem Zustand besessen seien, der sich einer besonderen Sprache bediene. Bei Tänzen der Indianer, bei afrikanischen Medizinmännern, bei den Teufelstänzen in Indien, bei den tanzenden Derwischen — überall[3] finden wir dieses Lallen und Reden in unartikulierten Lauten, das die Gläubigen als ein Sprechen in einer überirdischen Sprache auffassen. „Bei den Makusi-Indianern in Guiana werden die Blödsinnigen mit besonderer ehrfurchtsvoller Scheu behandelt, da es allgemein Überzeugung ist, daß diese Armen in inniger Verbindung mit dem guten Geiste stehen, weshalb auch ihre Worte und Handlungen für Aussprüche der Gottheit gehalten werden. Die Buschneger am Maroni in Guiana, die möglicherweise solche Vorstellungen den Indianern entlehnten, halten Krüppel und Idioten für heilig und nennen sie *gado pikin* „Gotteskinder"; und auch die brasilianischen Indianer behandeln Blödsinnige rücksichtsvoll, man schreibt ihnen einen besonderen Zusammenhang mit verborgenen Kräften und prophetischen Gaben zu."[4] Sogar bei den Russen und Muhammedanern herrscht derselbe Wahn: „man glaubt, daß sie die Gabe besitzen, Gott und überirdische Dinge zu schauen, wobei natürlich ihr Blick für irdische Dinge getrübt wird."[5]

Ja, es kommt gar nicht so selten vor, daß ein Reden in

---

[1] De Groot in Chantepie de la Saussayes Lehrb. d. Relig.-Gesch.³ I, 89.

[2] Mosiman a. a. O. 63 aus W. Ellis, Polynesian Researches, London 1853, I, 373 f.

[3] Belege bei Mosiman a. a. O. 63 f., auf die der Kürze wegen hier verwiesen sei.

[4] R. Andree, Ethnogr. Parallelen u. Vergleiche, Neue Folge, 1889, 3.

[5] Andree a. a. O. 5.

einer unbekannten, jedenfalls der großen Menge unverständlichen Sprache einen wesentlichen Bestandteil eines religiösen Kultus bildet. Bei den Tänzen der Azteken um die Pyramiden von Cholula in Mexiko wurden nach VATER, Mithrid. III, 3. 90 alte, dem Volk ganz unverständlich gewordene Gesänge gesungen. Solche Verwendung unklarer, kaum den Priestern selbst noch verständlicher Sprachformen beim Gottesdienst findet sich beim Shintokultus in Japan, auch auf den Südseeinseln, besonders in Otaheiti, und bei den Toradjas auf Celebes.¹) Die alten Hymnen des Ṛgveda sind den meisten Priestern, die sie praktisch beim Gottesdienst verwenden, und sicher den Laien, die daran teilnehmen, recht unklar. Die römischen *carmina Saliorum* waren den Priestern selbst nicht mehr verständlich,²) im veralteten Saturnier soll *Faunus* seine Orakel gegeben haben.³) Aber ist das schießlich bei uns anders? wo noch in der Gegenwart im katholischen Ritus das Latein eine so wichtige Bedeutung hat, also eine Sprache, die der großen Menge der gläubigen Katholiken ganz unklar und unverständlich ist? Mußte doch KARL DER GROSSE in einer besonderen Verfügung⁴) dem allgemeinen Urteil seiner germanischen Untertanen entgegentreten, das Latein sei die einzige Sprache, in der man sich allein an Gott wenden dürfe.⁵) Der gemeine Mann, der die Priester stets diese ihm unklaren Worte murmeln hörte, dem man gar das Auswendiglernen des Vaterunsers und apostolischen Glaubens in der lateinischen, also ihm völlig dunklen Fassung zumutete, konnte gar nicht anders, als diese lateinischen Sprüche mit seinen heid-

---

¹) Einzelne Belege bei J. G. MÜLLER, Gesch. d. amerikan. Urreligionen, Basel 1855, S. 458 f.; JELLINEK, Zeitschr. f. österr. Gymn. 68, 767.

²) Quintil. I, 6, 40: Saliorum carmina vix sacerdotibus suis satis intellecta.

³) Varro de l. l. VII, 36: versus antiquissimi, quibus Faunus fata cecinisse hominibus videtur, Saturnii appellantur.

⁴) Frankfurter Capitular vom Jahre 794.

⁵) Bekanntlich ist es die Lehre der Muhammedaner, daß der Koran nur in der arabischen Sprache seine heilige Kraft besitzt, in einer Übersetzung verliert er seine Heiligkeit. So kommt es, daß das Arabische als die heilige Sprache sich überall dort ausbreiten mußte, wo der Islam als Religion herrschte; s. BENFEY, Gesch. d. Sprachwissensch., 1869, S. 187 und 837.

nischen Zauberformeln auf eine Stufe stellen und als ein-
zigen Grund jenes uns ganz unbegreiflichen Gebots annehmen,
an die lateinischen Worte selbst und ihren Klang sei ein besonderer Zauber gebunden: Gott erhöre gleichsam nur den,
der ihn in seiner eignen Sprache anrufen könne.[1] Bekanntlich erklärt man so meist die üblichste Zauberformel *Hokuspokus* als eine Entstellung von *hoc est corpus* (meum) im
Laienmunde, weil beim Abendmahl diese Worte so oft ge-
murmelt werden;[2] sie erinnerten allzu sehr an die volkstümlichen Hexenmeister-Formeln *hax. max, pax* oder *hakes, pakes*.
Im griechisch-katholischen Ritus behält man die altbulgarische
Fassung der heiligen Schrift bei, die wegen der dialektischen
Färbung und ihres Alters einem modernen ungebildeten Slaven
viel Unklarheiten bietet, und auch die Bibelübersetzung
LUTHERS enthält trotz der kräftigen, treuherzigen Über-
setzungsart, die jedem Protestanten gefühlsmäßig zusagt, gar
manche Schwierigkeiten und Unklarheiten für moderne un-
gebildete Leser, wie das wegen ihres Alters gar nicht anders
sein kann. Aber gerade das gibt diesen Texten ihren Reiz:
es ist nur erwünscht, wenn hier nicht alles so klar ist wie
in der Alltagssprache, die Dunkelheiten verleihen ihnen etwas
Mystisches, was seine gefühlsmäßige Wirkung ausübt und aus-
üben soll.

In alten Zeiten besteht das Ansehen des Priesters und
Zauberers, des Medizinmanns oder Schamanen[3] zum guten Teil
darauf, daß er die Formeln und Worte der Geistersprache kennt
und versteht, und dieses höhere „Wissen" wurde auch fast
überall ängstlich geheim gehalten: sowohl Druiden als Brahmanen und Schamanen wußten genau, worauf ihre Macht be-
ruhte. Von einem ägyptischen Oberpriester heißt es, er sei

---

[1] RAUMER, Einwirkung des Christentums auf die ahd. Sprache 248;
STEINMEYER, Denkmäler II, 325; KÖGEL, Gesch. d. d. Litt. I, 243; A. FREDER-
KING, Wiss. Beih. z. Zeitschr. d. allgem. Sprachvereins III, 14/15, 152.

[2] Auch wenn es zunächst nur der Name eines Gauklers gewesen
sein sollte, wäre doch diese Benennung erst aus jenem Zauberwort abgeleitet, vgl. KLUGE, Et. Wb.⁷, 1910, 211; HEYNE, Wb. II², 1906, 189 ff.;
WEIGAND, Wb.⁵, 1909, 883 und unten über griech. ὀμ-πάξ und latein.
(interj.) *pax!*

[3] Über den finnischen Zauberer s. COMPARETTI, Kalewala, 1892, 212 ff.

eingeweiht „in die Gottesworte und Gottesdinge“; er habe
„eine laute Stimme, wenn er den Gott preist“.[1]) Einen besonders schönen Fall von dem Geheimnis einer Göttersprache,
die nur den Priestern bekannt war, vermag ich aus dem alten
Inkareich beizubringen: Die königliche Familie — die gewiß
priesterliche Funktionen ausübte — kannte eine besondere
Sprache, die sonst niemand erlernen durfte, weil sie für göttlich
galt.[2]) Von dem indischen Brahmanen heißt es ausdrücklich, er
müsse sowohl die göttliche als die menschliche Sprache beherrschen (Kāṭh. 14, 15; Nir. 13, 9), er kennt die vierfache
Art des Worts (RV 1, 164, 45).[3]) Von dem Zauberspruch und
der magischen Formel (ai. *bráhman-* n. zu mir. *briht* „Zauberspruch“) hat der Brahmane (*brahmán-* m.) seinen Namen; denn
die Vorstellung vom Brahman ging aus von der des heiligen,
zauberkräftigen Worts, der heiligen Formel, „um sich dann
freilich zu einem Ausdruck für die ganze dem Brahmanen und
dem Opfer innewohnende mystische Kraft zu erweitern“.[4])
Bṛhaspáti- ist der Herr des zaubermächtigen Worts, der vergöttlichte, zum Gott erhobene Priester.

Wenn Wahnsinnige für besondere Lieblinge *Manitus* bei
den nordamerikanischen Indianern galten, so verstehen wir nach
den vorausgehenden Gedankengängen dies jetzt ohne weiteres.
Daß man das Stammeln unklarer Worte, unartikulierter Laute
aber nicht in alter Zeit für das nahm, was es ist, nämlich
für eine anormale, unwillkürliche Ausdrucksbewegung in ge-
steigertem exzentrischem Erregungszustand, die dem Verdrehen der Augen, dem krampfhaften Verziehen der Glieder-
muskeln usw. ganz gleichgeordnet ist, sondern daß man dieses
Lallen auf eine überirdische Geistersprache bezog, daran ist
nur der alte Glaube von der Zaubermacht des Namens und

---

[1]) Nach der Übersetzung bei A. ERMAN, Ägypt. Religion, 1905, Hand-
buch d. kgl. Mus. z. Berlin IX, 57.

[2]) Nach dem Zeugnis von GARCILASSO DE LA VEGA: Y es de saver
que los Incas tunieron otra langua particular que hablaran entre ellos que
no la entendian los demas Indios, ni les era lícito aprenderla, como lenguage
divino, s. v. TSCHUDI, Kechua-Sprache, 1853, I, 12, Fußn. 2.

[3]) A. WEBER, Ind. Stud. 10, 1868, 97; über Ähnliches von den Druiden
vgl. WINDISCH, Táin bó Cúalnge, 1905, XLIII.

[4]) OLDENBERG, Weltanschauung d. Brāhmana-Texte, 1919, 131.

des Worts allgemein schuld, von dem wir ausgingen. Die Vorstellungen von besonderen Götter- oder Geistersprachen sind also nach unseren vorausgehenden Untersuchungen erwachsen aus der allgemeineren Anschauung älterer Zeiten von der magischen Kraft, die einem Wort als solchem innewohnt, sie sind nur ein Seitenschößling des Wortaberglaubens.

Wir müssen uns ja heute erst künstlich vergegenwärtigen, was nicht nur der Name, von dem wir oben vorwiegend sprachen, sondern auch das Wort allgemein einer primitiven Denkweise bedeutete. Am ehsten haben für unser modernes Gefühl Wörter wie *Hallelujah, Sela* und vor allem *Amen*, deren wirkliche Bedeutung als hebräische Formen den wenigsten Gläubigen ja bekannt ist oder wenigstens zum Bewußtsein kommt, noch einen mystischen Charakter. Das entsprechende arab. *amin* dient wirklich im Märchen geradezu als Zauberformel.[1] Namentlich der Orientale führt den Namen Gottes oder eines Heiligen ständig im Mund; man denke nur an persische Formeln wie *bismillāh* „in Gottes Namen", das bei Beginn einer jeden Handlung, einer Mahlzeit, einer Reise usw. verwendet wird, oder an Ausrufsätze wie *allāhu akbar* „Gott ist groß!", *yā 'Alī* „o Ali!", *inšāllāh, māšāllāh, xudāyū šukr, alhamdulillāh!*, um nur die allergewöhnlichsten zu nennen.[2] Das bloße Wort wirkt magisch: ein Star hatte die Worte *Ave Maria* sprechen lernen; als ihn einst ein Habicht verfolgte und ihm die zwei Worte entfuhren, wurde er gerettet.[3] Daher sprechen Muhammedaner bei Tagesanbruch ein glückbringendes Wort aus (wie *salem, mubarek* usw.), dann wird man Glück haben; deshalb stellt der Inder an die Spitze seines Buchs ein gutes *maṅgalám*, dann wird er alle Hindernisse beseitigen. In römischen Soldatenlisten mußte ein Name von guter Vorbedeutung die Reihe eröffnen: *nomina* sind *omina!*

Über Zauberformeln noch weiteres hier zu sagen, ist unnötig, ihre Bedeutung ist allgemein bekannt.[4] Das „Be-

---

[1] Siehe KUNÓS, Türk. Volksmärchen aus Stambul 266.

[2] Viele andere findet man bei S. BECK, Neupers. Konv.-Gramm., 1914, S. 302, 395 ff. u. sonst.   [3] SCHINDLER, Aberglaube d. Mittelalters 97.

[4] Vgl. die vielen Belege bei WUTTKE, Der deutsche Volksaberglaube³, 1900; ferner HÄLSIG, Der Zauberspruch bei den Germanen, Leipz. Dissert.,

sprechen“ war schon in ältesten Zeiten, auch bei den Indogermanen, üblich, vgl. Wendungen wie gr. ἐπῳδή „Zauberlied“, ἐπῳδός „Zauberer“, lat. *incantāre* „verhexen“, frz. *enchanter*, ahd. *bigalan* „besprechen, verhexen“, aisl. *galinn* „verzaubert“, *galdr* „Zauberlied“, *fascināre* : βασκαίρω, *fascinum* : βασκάνιον, γόης „Zauberer“ zu γόος „Schrei“,[2]) engl. *spell* „Zauberei“ aus ags. *spell* „Rede“, nhd. *besprechen, beschreien*, slav. *člověkъ* „Zauber“ zu *vlъnǫti* ‘balbulire’ (< *u̯olso-), lit. *raĩdyti* „besprechen“ zu *vaĩdas* „Wort, Rede“, *žadéti* „besprechen“, abg. *bajati, obавати* „besprechen, zaubern“, *vračь* „Arzt, Zauberer“ zu griech. ῥῆμα, ῥήτωρ, ai. *abhigāyati* „bezaubert“, wörtl. „besingt“, vgl. auch ungar. *megigéz* „beschrieen“ usw. Der Zauberer und Hexenmeister wird nicht nur dunkle Zauberformeln murmeln, auch seine Kräuter, Geräte und Werkzeuge benennt er mit seltsamen Namen.[1]) „Wo sind“ — heißt es in WALTER SCOTTS Altertümler III, 5 — „wo sind Ihre Amulette, Ihre Platten, Siegel, Talismane, Zaubersprüche, Kristalle, Pentakel, wo der magische Spiegel oder die geomantischen Figuren, wo Ihre Bannformeln, wo Ihr *Abracadabra*, Freund? Wo Ihr Maifarrenkraut, wo Ihr Eisenkraut?

> *All Ihre Kröten, Krähen, Drachen, Panther,*
> *Sonne, Mond, Tierkreis und Firmament,*
> *Wo Lato, Azoch, Zernich, Chibrit, Heautarit,*
> *Nebst Tränken, Pulvern, all dem Apparat,*
> *Ob deren Namen schon ein Mensch könnt’*
> *   närrisch werden?“*

Die Gaukler und Geisterbeschwörer wußten eben sehr wohl, welch einen mystischen Eindruck gerade die geheimnisvollen Worte bei ihrem Treiben machten: so scheinen sie der Geistersprache mächtig zu sein und können den Geistern in ihrer eigenen Sprache gebieten und sie zitieren.

1910, PRADEL, Griech. u. süditalien. Gebete, Beschwörungen u. Rezepte d. Mittelalters (Rel. Vers. u. Vorarb. III), 1907, HEIM, Incantamenta magica graeca latina, 19. Suppl. d. Jahrb. f. Phil., 1892, GRILL, Hundert Lieder des Atharvaveda², 1888, sowie überhaupt die Lit. zum AV., SCHEFTELOWITZ, Die altpers. Relig. u. d. Judentum, 1920, 23 (awest. Gebete).

[1]) Siehe FALK-TORP, Norw.-dän. et. Wb. 295. SCHRADER, Reallex.² 974 ff.

[2]) Siehe unten Beispiele aus der griech. u. röm. Priestersprache.

Wir meinen heute, auf den Sinn des Gebets komme es an, und man soll beim Beten „nicht plappern wie die Heiden“: aber nach primitivem Glauben wird durch häufige Wiederholung die Zauberkraft des Worts nur vermehrt; so kommt es zu solch seltsamen Einrichtungen wie den tibetanischen Gebetsmühlen. Aber wohl gemerkt, die Reihenfolge der Worte oder der Zauberformel darf nicht geändert werden, sonst ist die Wirkung umsonst; namentlich mußte der römische Priester genau auf den Wortlaut und die richtige Wortfolge und Aussprache achten. [1]

Hier läßt sich auch die Bedeutungsentwicklung von lat. *folium* und die dadurch bedingte unseres deutschen *Blatt,* frz. *feuille,* engl. *leaf* von „Baumblatt“ zu „Papierblatt“ erwähnen: die sibyllinischen Weissagungen waren tatsächlich auf Baumblätter geschrieben, wie ja Palmblätter im Orient ein gutes Schreibmaterial abgeben. Interessant ist, daß dieser Zusammenhang von „Baumblatt“ mit „Blatt Papier“ im Rumänischen noch eigenartig empfunden wird: Am Anfang rumänischer Volkslieder nämlich wird jedesmal ein „Blatt“, *frunză verde,* einer solchen Pflanze angerufen, die mit dem Inhalt des Liedchens in einem allegorischen Zusammenhang steht, z. B. ein Eichenblatt bei Heldenliedern, ein Jasminblatt bei Liebesliedern usw. [2] Im alten Indien verwandte man glänzende Baumblätter, die man zudem mit Schmalz bestrich, als magische Spiegel; indem man auf das Blatt den Blick starr heftete, trat eine Art Hypnose ein, und man glaubte, jetzt auf dem Blatt die Zukunft lesen zu können. [3]

Bekannt ist ferner, daß Zettel mit magischen Wörtern geradezu verschluckt werden, z. B. um sich kugelfest zu machen; denn auch das geschriebene Wort hat höchste Zauberkraft. [4] Man denke nur an die Amulette und vor allem an die

---

[1] Vgl. W. Schmid, Arch. f. Religionswiss. 19, 273 ff.; Fr. Pfister, Berl. phil. Wochenschr., 1920, Nr. 27/28, 650.

[2] Vgl. Wechsler, Prakt. Lehrbuch d. rumän. Sprache², 1895, 183.

[3] Freudenberg, Wahrsagekunst im Spiegel der Zeit und Völkergeschichte, 1919, 11 nach R. Schmidt, Fakire und Fakirtum im alten und modernen Indien.

[4] Vgl. Wuttke, D. dtsch. Volksaberglaube³ 243 f., Schmidt, Bedeutung des Namens 32.

„Himmelsbriefe". Wie körperlich und sinnfällig man sich die Zauberworte und ihre magische Kraftsubstanz dachte, zeigt nichts besser als die nordische Darstellung, daß in den Dichtertrank *Óþrerir* die Runen der Dinge geschabt und in dem Met umgerührt worden seien (Sigrdr. 18: *allar þœru af skafnar þærs þœru á ristnar ok hverfþar við enn helga mjöþ*; vgl. auch Hǫvam. 141). So bereitet die Walküre dem Sigurd einen Zaubertrank, in den die 'Runen', d. h. die magischen Naturkräfte der verschiedensten Dinge, eingerührt sind: wer einen solchen mit Runen durchdrungenen Trank in sich aufnimmt, wird Herr über die so magisch mit ihm verbundene Welt.[1] Sobald eine üble Rune abgeschabt ist, hört auch ihre schädliche Wirkung auf, weil eben die dämonische Substanz beseitigt ist. Amulette enthalten oft mystische Zeichen, deren Zauberkraft vor allem Unheil feit. Man denke wieder an die Gebetsfähnchen und Gebetsmühlen der Buddhisten, die das heilige *Om mani padme hum!* ebenso unheilabwehrend abhaspeln, als würden diese heiligen Worte gesprochen; man denke an die Hieroglyphen der Ägypter, die in den Tempeln an Wand und Säule, an Tisch und Tempelgerät als heilige Wesen angebracht waren: heißen diese Schriftzeichen doch geradézu Gottesworte,[2] der ibisköpfige *Thoth*, der Gott aller Wissenschaft und Weisheit, hatte sie den Priestern offenbart. Näher liegt uns der Runenzauber der alten Germanen. Auch hier hat ein Gott, Odin, der Vater aller Magie, diesen gewaltigen Zauber zwar nicht erfunden, aber doch von Mimirs Haupt[3] unter den größten Opfern erlauscht und den Menschen offenbart. Die *Hǫvamǫl* vor allem, aber auch viele andere Quellen reden leider von dem Runenzauber und seiner Verwendung nur im allgemeinen, ohne daß uns ein tieferer Einblick in das Wesen dieses Glaubens oder eine genaue Probe eines Zauberspruchs gegeben würde. Ursprünglich muß *rúna* im Altgermanischen „geheimnisvolles Raunen, Murmeln" bedeutet haben und ging also zunächst auf das Zauberwort, nicht auf das eingeritzte

---

[1] Siehe dazu namentlich KAUFFMANN, Balder 184 ff.

[2] A. ERMAN, Ägypt. Religion, 1905, S. 12.

[3] Zu den Sagen vom prophezeienden abgeschlagenen Menschenkopf vgl. man LIEBRECHT, Zur Volkskunde, 1879, S. 289 ff. Auch in einem bekannten Märchen aus „Tausend und eine Nacht" kommt das Motiv vor.

Schriftzeichen [1]): vgl. got. *rūna* „Geheimnis“, as. *rūna* „heimliches Flüstern“, ags. *rún* „heimliches Beratschlagen“, mhd. *rūne* „Flüstern, heimliches Beratschlagen“, nhd. *Raunen*, ahd. *girūno* „heimlicher Ratgeber“, got. *garūni* „heimliches Beratschlagen“, aisl. *rúni* „vertrauter Freund“, *rún(a)* „Freundin“ zu *rýna* „vertraulich flüstern“, ags. *rúnian*, engl. *roun*, nhd. *raunen* usw.[2]) Besonders wichtig ist ir. *rún* „Geheimnis“ für diese Grundbedeutung. Das finnische *runo*, aus dem Germanischen entlehnt, bedeutet gleichfalls „Zauberlied“ und niemals ein Schriftzeichen.[3]) Keine Frage also, daß die gewöhnliche altnordische Bedeutung als „Schriftzeichen“ sich erst spät und sekundär entwickelt hat;[4]) im übrigen bedeutet auch im Aisl. das Wort allgemeiner „Lehre, Weisheit, Lied“ usw. Berühmt und oft behandelt ist die Stelle der Skírnismọl 37, wo die Verwünschungen, die *Skírnir* in *Freyrs* Auftrag der schönen Riesentochter Gerd antut, schließlich durch das Einritzen dreier Runen bekräftigt werden. Es scheint dabei nicht jeder beliebige Stab geeignet gewesen zu sein, wenigstens erklärt *Skírnir* ausdrücklich (32):

> *til holts ek gekk ok til hrás viþar,*
> *gambantein at geta:*
> *gambantein ek gat.*

„ich ging zu Holze und zum grünen Baum, einen Zauberzweig zu finden: den Zauberzweig fand ich.“[5]) Vielleicht mußte das Zweiglein ungefähr der Gestalt der Hauptrune gleichen, die darauf eingeritzt werden sollte? Oder mußte der Baum eine besondere Richtung haben, wie dies offenbar Sigrdrifum. 10 angedeutet wird: *á berki skal rista ok á barri viþar es lúta austr limar* „auf die Borke soll man sie (die *limrúnar*, d. h.

---

[1]) Die umgekehrte Bedeutungsentwicklung läßt sich bei mhd. *liezen* „Weissagung, heimliches Murmeln“ beobachten, das ahd. *liozan* = ags. *hléotan* „das Los werfen“ fortsetzt.

[2]) Ich erinnere dabei an den athenischen Heros *Psithyros*, den „Flüstergott“, der das Raunen der Gebete fördert, s. USENER, Kl. Schriften IV, 468.

[3]) COMPARETTI, Kalewala od. d. tradit. Poesie d. Finnen, 1892, 262 ff.

[4]) Vgl. auch E. MOGK in Hoops RL. IV, 580 f.

[5]) Das Schlagen mit dem Zauberzweig, Str. 26 (*tamsvendi þik drepk*) erinnert an das Schlagen mit der „Lebensrute“.

Astrunen) ritzen und das Gezweig des Baumes, der nach Osten seine Äste streckt"? Wir wissen das alles nicht näher. Das Ritzen war aber jedenfalls sehr wesentlich; denn das Abschaben der Zeichen genügte, um den Schadenzauber wirkungslos zu machen. So erklärt *Skirnir*, er werde auch, was er eingeschnitten, nötigenfalls wieder abschaben.[1] Es ist kaum anders denkbar, als daß die Runenzeichen, ähnlich den ägyptischen Hieroglyphen späterer Zeit, als Verkörperung dämonischer Wesen und Kräfte anzusehen sind. Genauer gesagt, man glaubt an eine „mystische Kraftsubstanz", die nicht nur einem Wort oder einer Formel innewohnt, sondern die überhaupt Menschen und Gegenstände „heilig" machen kann; eine unpersönliche Zauberkraft erfüllt alles Heilige und Geweihte, sie ist es, die dem Wort sowohl als dem mystischen Zeichen, dem Amulett und der Schrift innewohnt.[2] Auch die Wortbedeutung kann im Zauber als solche magische Macht angesehen werden: die Pflanze *Apāmārga-*, deren Name wörtlich „Abwischung" zu bedeuten scheint, wird nun als apotropäisches Zaubermittel benutzt, das alles Unheil beseitigt, „abwischt". Einen hundsköpfigen Dämon, der Krankheit bringt, verjagt man durch Würfelspiel; denn der „Spieler" heißt im Sanskrit *śvaghnín-*, wörtlich „Hundetöter".[3] Dämonen sind Wesen mit „üblem Namen" (*durṇāman-* AV II, 25, 2). Zauberworte sind denn auch greifbar deutlich und konkret vorgestellt worden. Als dem finnischen Helden *Wäinämöinen* drei Zauberworte fehlen, um ein Schiff zu bauen, sucht er sie im Gehirn der Schwalben, im Kopfe der Schwäne, im Nacken der Gänse, auf der Zunge der Renntiere, im Munde des Eichhorns und findet Hunderte von Zauberwörtern, wenn auch nicht die.

---

[1] Vgl. auch Saxo Gramm. 79 und Egils Heilung des Bauernmädchens in Vermland, Egils. cap. 73 (s. u. S. 47).

[2] F. Pfister, Berl. Phil. Wochenschr., 1920, Nr. 27/28, 646 ff. schlägt den Namen *Orenda* (nach einem Irokesenwort, die Melanesier nennen diese magische Kraft *Mana*) für diese δύναμις, dieses zauberische Fluidum vor. Vgl. noch Söderblom, Das Werden des Gottesglaubens, 1916, Oldenberg, Weltansch. d. Br.-T. 133 ff., wo lichtvoll über das *bráhman-* gehandelt ist, Ders., Nachr. d. Gött. Ges. d. Wiss., 1916, 715 ff., Moak, Ilbergs Neue Jahrbücher 22, 1919, 102.

[3] Siehe Oldenberg, Relig. d. Veda 515, A. 1, Weltanschauung 128.

welche er braucht (Kalewala Run. 16, 125 ff., s. COMPARETTI,
Der Kalewala, 1892. 263). Dadurch, daß der heilige Name
gesprochen und gar auf eine bestimmte Stelle eingeritzt wurde,
nötigte man also die durch Kenntnis des Namens beherrschte
geisterartige oder dämonische Kraft. dort zu weilen und zu
wirken, wo ihr charakteristisches Wesen, ihr Name. angebracht wird: wenn Skirnir einen Thurs, d. h. die Rune Þ,
einritzt, so ist das nicht eine bloße Abkürzung des Worts für
„Riese". sondern damit werden die Riesen gleichsam magisch
gezwungen, zu erscheinen und die vorhergesprochene Verwünschung auszuführen (Str. 35)[1]:

„Hrimgrimnir heißt der Thurse.
Der dich haben soll
An des Totenreichs Tor;
Zu der Frostriesen-Halle
Sollst hinfort du täglich
Verhungert hinschleichen.
Verhungert hinkriechen!"

„Sinnrunen" (aisl. *hugrúnar*) nennt der Isländer diese
wichtigste und älteste Art der Zeichen (Sigrdrif. 12); Mimirs
Haupt, das bekanntlich auch Odin die Zauberweisheit lehrte.
hatte „weise das erste Wort gesprochen und sagte richtige
Stäbe".[2] Wenn es nun in den folgenden Versen (Str. 15—17)
weiter heißt, diese Runen seien eingeritzt auf dem Schild vor
dem Sonnengott, auf dem Ohr und Huf seiner beiden Sonnenrosse, auf dem Rade Odins, auf *Sleipnirs* Zähnen und *Bragis*
Zunge, auf dem Schnabel des Adlers. den Pranken des Bären.
den Pfoten des Wolfs, auf dem Nagel der Norne und dem
Schnabel der Eule usw., so ist, wie man längst erkannt hat,[3]
hier von einem tatsächlichen Einritzen von Schriftzeichen
keine Rede, sondern diese Sinnrunen sind mystische, amulettartige Zeichen, welche die Kräfte der betreffenden Wesen

---

[1] Nach der trefflichen Übersetzung von GENZMER, Edda II, 1920,
S. 31 f.

[2] Ebenda 14: *þá mælti Míms höfuð fróþlikt et fyrsta orþ ok sagþi
sanna stafi.*

[3] Siehe z. B. UHLAND, Zur Gesch. d. Dicht. u. Sage VI, 1868. S. 265,
KAUFFMANN, Balder, 1902, 196 ff.

mystisch verkörpern, wie bei den ältesten Hieroglyphen der
Ägypter und vor allem wie bei den hieroglyphartigen Symbolen der mittelamerikanischen Völker: dem geheimnisvollen
Wort, dem Geheimnamen, von dem wir schon so oft sprachen,
tritt hier das Geheimsymbol zur Seite, dessen Kenntnis, dessen
Niederschreiben magischen Einfluß auf die Kraft selbst ausübt. Ein altnordischer *stafr* in ältester Bedeutung war gewiß
ein mit einer Rune als dem Anfangsbuchstaben und zur Ersetzung des ganzen Worts versehener Holzstab, genau wie Moses'
und Josuas Zauberstäbe nach spätjüdischer Vorstellung (s. o.
S. 10). Aus solchen Runenstäben besteht dann die Weisheit
des Zauberers. In dem „Fluch der Busla" werden die „sechs"
(Runen) auch als geheimnisvolle Zauberzeichen angesehen;
rät der König sie nicht, so verfällt er der Zauberin. Es
möge der Schluß dieses Fluchs hier folgen [1]):

> *Sechs kommen hier:*
> *Sag ihre Namen,*
> *Entziffre alle!*
> *Ich zeige sie dir.*
> *Rätst du sie nicht,*
> *Wie ich's richtig heiße,*
> *So fahre hin zur Hel,*
> *Von Hunden zerfleischt.*
> *Deine Seele aber*
> *Sinke zur Hölle!*

Es heißt ausdrücklich, Mimir habe am Brunnen der Urd das
„erste Wort und richtige Stäbe" geoffenbart, d. h. den Geheimnamen und sein runisches Symbol. Daß Wort und Zauberhandlung (Runenschneiden) sich ergänzen müssen, meint doch
wohl auch die dunkle Stelle im Rúnatal (Hǫvam. 142):

> *orþ mér af orþi orþs leitaþi,*
> *verk mér af verki verks*

„Wort führte mich von Wort zu Wort, Werk mich von Werk zu
Werk." [2]) Wahrscheinlich konnten auch in ältester Zeit Opfer

---

[1]) Edda von F. Genzmer, 1920, II, 182.

[2]) Wahrscheinlich ist an die magische Bindung der einzelnen Runen
durch die Alliteration gedacht; dadurch wird Wort mit Wort verknüpft.

an die betreffenden dämonischen Wesen den Zauber unterstützen. Dies kann man daraus schließen, daß die Runen mit
Blut gerötet wurden. Wichtig ist dafür die metrisch isolierte
Strophe Hǫvamǫl 145:

> *Veiztu hré rista skal, reiztu hré rápa skal?*
> *reiztu hré fá skal, reiztu hré freista skal?*
> *reiztu hré biþja skal. reiztu hré blóta skal?*
> *reiztu hré senda skal. reiztu hré soa skal?*

„Weißt du, wie man ritzen soll, weißt du, wie man raten
soll, weißt du, wie man färben soll, weißt du, wie man erproben soll. weißt du, wie man wünschen soll. weißt du, wie
man opfern soll, weißt du, wie man senden soll. weißt du,
wie man schlachten soll?“ Hǫvam. 158 sagt Odin: „so ritze
ich und färbe die Runen“ (*svá ek rist ok í rúnum fák*). Ähnlich
79. 3 und 143. Wenn man später Mennig benützte, so ist das
deutlich ein Ersatz für die einstigen blutigen Opfer: wir erwähnen diesen nebensächlichen Zug hier nur, weil unser Wort
Zauber da seinen Ursprung hat: aisl. *taufr*. ahd. *zoubar* gehört bekanntlich zu ags. *téafor* „Mennig“.

Endlich sei noch betont, daß der Gebrauch der Allitération, der „Stäbe“. zweifellos erst im Zauberspruch üblich
war als eine geheimnisvolle Bindung der Zauberkräfte und
von da erst als poetischer Schmuck allgemein verwandt wurde.
Odin, der Vater, des Zaubers, gewann zugleich auch den Dichtermet, den begeisternden Rauschtrank, Mimir[1]) fand nicht nur
das erste Wort. sondern auch richtige „Stäbe“, und bei jener
Verwünschungsformel der Skirnismól. von der wir ausgingen,
finden wir neben dem Runenritzen auch die Alliteration im
Zauberspruch:

> *þurs ristk þér ok þria stafi:*
> *ergi ok óþi ok óþola*

„einen Thurs ritze ich dir und der Runen dreie: Lüsternheit,
Leid und Liebesrasen“.[2]) Hier sieht man den Stabreim noch
deutlich in seiner eigensten magischen Bedeutung: Wie der

---

[1]) Mit Mimirs Haupt vergleiche man den Schädel eines etruskischen
Sehers, von dem Plin. nat. hist. 28, 4 berichtet. Über einen Pferdekopf im
Orakel vgl. WEBER, Ind. Stud. I, 384 Anm. [2]) Nach GENZMER S. 32.

Reim,[1] so ist auch der Stabreim zuerst im Zauberspruch aufgekommen und hatte hier eine besondere
geheimnisvoll bindende Kraft. Erst sekundär sind dann
beide Arten des Wort- und Redeschmucks allgemeiner in
poetischer Sprache angewandt worden.[2]

Daß die vielen Verwendungsarten des Runenzaubers, wie
sie uns die Liederedda, namentlich in der Hǫvamǫl und Sigrdrifum., lehrt, keine poetischen Phantasien darstellen, sondern
tatsächlich von den alten Nordländern geübt wurden, das
zeigen die Schilderungen der Sagas. Die Egilssaga ist besonders reich an Beispielen für Runenzauber: wie die Walküre
ihrem Sigurd Bierrunen lehrt, so schützt sich Egil durch
Runen, die er in ein Horn mit vergiftetem Trank einritzt
und mit seinem eignen Blut rötet, vor der Gefahr, vergiftet
zu werden. An anderen Stellen ist von Runen die Rede,
welche die zauberkräftige Wirkung der Pferdeschädel auf
einer Neidstange erhöhen.[3] Wir hören ferner in Sagas davon, daß Schwerter mit Runen siegkräftig werden. daß ein
Mann durch eine Baumwurzel ums Leben kam, auf die eine
Hexe Runen geritzt hatte[4] u. dgl. m.[5] Besonders bekannt

[1] Siehe dazu unten 4. Abschnitt.

[2] Vgl. dazu LILIENKROHN, Zur Runenlehre 17. R. M. MEYER, Alt-
german. Poesie 494, COMPARETTI, Kalewala 262 ff. Man entsinne sich in
diesem Zusammenhang an die Bedeutung der vedischen Metren im altindischen Kult; *Jagati, Triṣṭubh* usw. werden ja als Gottheiten angesehen,
sie heißen *dáiryāḥ prajāḥ* „göttliche Geschöpfe“, *deryáḥ* oder *derikāḥ*
„Göttinnen“. „Nicht bloß die Handlungen der Menschen, auch die eignen
Handlungen der Götter selbst bedürfen zu ihrem Gelingen des Beistandes
und des Schutzes der Metra. Durch sie haben dieselben ihre jetzige Würde
erlangt“ (Belege für diese Angaben bei A. WEBER, Ind. Stud. 8, 1863, 10f.).
Der Sinn dieser ganzen Spekulationen ist doch nur der, daß in den metrisch
gebundenen Zaubersprüchen eine mystische, allbezwingende Kraft liegt.
Die Metren tragen den Göttern das Opfer zu, sie heißen *devayānaḥ panthāḥ*
„Götterpfad“. Der alte Glaube vom Wortdämon ist auch hier immer wieder
leicht zu erkennen. Auch die Runen sind göttlicher Herkunft, Hǫvam. 79
rúnar reginkunnum.

[3] Cap. 57 (= Sagabibl. III, 189) und Vatnsdœla s. (Forns. 54 u. 56).

[4] Grettissaga 79 ff. (= Altn. Sagabibl. VIII, 274 ff.).

[5] Man vgl. etwa UHLAND, Schriften VI, 225 ff., B. MAGNUSSON ÓLSEN,
Runerne i den oldislanske literatur, Kopenhagen 1883, 6 ff., GERING, Über
Weissagung und Zauberei im nord. Altertum, 1902, 20f., MOGK in Hoops
Reallex. IV, 581.

und außerordentlich lehrreich für die sinnfällige Auffassung
der Runenkraft ist jener Bericht der Egilssaga,[1] der von
der Heilung eines kranken Mädchens durch den runenkundigen
Skalden handelt: er entdeckt nämlich unter dem Kopfkissen
der Kranken einen mit üblen Runen geritzten Fischkiemen.
Die unheilvollen Zeichen werden von ihm abgeschabt und
vernichtet, und dafür schneidet er segenspendende Heilrunen
ein: des anderen Morgens ist das Mädchen genesen. Wenn
es also heute so harmlos klingt: *ich schnitt es gern in alle
Rinden ein . . .,* so ist das ein Rest alten Runen- und Liebes-
zaubers, der sich bis heute gehalten hat: die Namen der
Liebenden und damit ihre Herzen werden magisch zusammen-
gezwungen.

Vor allem aber wurden Worte und Runen, die auf Stäbe
geritzt waren, zur Weissagung und zu Orakeln benutzt. Eine
nordische Schwanenjungfrau heißt *Olrún* „die Alraune“, weil
sie die Zukunft versteht wie jene Donaunixen, die Hagen im
Nibelungenlied das Ende der Nibelungen weissagen. Für die
Germanen bezeugt es uns TACITUS an einer oft behandelten
Stelle der Germania;[2] aber auch für Griechen, Römer[3] und
Gallier[4] sind Losorakel bezeugt.[5] Rein sprachlich erklärt
sich ja so die Bedeutung des Worts *Buchstabe* „buchener
Runenstab“ und vor allem die Etymologie von gr. λόγος
„Wort“. Dies gehört natürlich zu λέγειν, aber dessen Grund-
bedeutung war nach Ausweis von lat. *lego, colligo, legio* usw.
auf alle Fälle „sammeln“; wie nun eben lat. *lego* „ich sammle“

---

[1] Cap. 73, 9 (= Sagabibl. III, 240f.).   [2] Cap. 10.

[3] In Praeneste wurden zu den *sortes* eichene Stäbe mit Schriftzeichen
benutzt, ganz wie die nordischen Runen, s. GÖTTE, Delph. Orakel 299, Fußn. 1.

[4] *sortes* „Losorakel“ gab es vor allem in Praeneste, später auch in
Patavia (Sueton Tib. c. 14), Antium (Sueton Calig. c. 57) und Tibur (Stat.
silv. I, 3.). Finnisch sagt man *lyödä arpaa* „Los erraten“ wie ahd. *hliozan*
„wahrsagen, zaubern“ zu *hlioz* „Los“.

[5] Plin. hist. nat. XXV, 105: es ist vom Eisenkraut (*verbenaca*) die
Rede: *utraque sortiuntur Galli et praecinunt responsa.* Auch für Perser,
Skythen und Slaven gibt es Belege (vgl. SCHEFTELOWITZ, Altpers. Rel. u.
d. Judent., 1920, 91, § 34), so daß diese Art des Orakels schon den Indogermanen bekannt gewesen sein mag, wie denn auch viele primitive Völker
das Stäbchenwerfen und Losschütteln kennen, vgl. TYLOR, Primit. Culture
I⁵, 125f. Weitere sprachliche Belege bei Verf., Kalypso 248, Fußn. 2.

und dann „ich lese“ lehrt, wie ebenso — unter dem Einfluß von lat. *legere* — unser deutsches *lesen* eigentlich „zusammenlesen“ (z. B. Holz), „sammeln“ beweist. bedeutete λόγος das „Wort“ im Sinne des „gelesenen“ Orakels. Man vgl. auch nhd. *erzählen* oder lat. *sortilegium*, *sortārius*. franz. *sorcier*. So zeigt die Bedeutungsentwicklung von gr. λόγος besonders schön den Zusammenhang von Wort, Zauber und Weissagung. Ich erinnere auch an ai. *mántra-* „Spruch, Zauberspruch, Lied“, dem im Iranischen aw. *maϑra-* „heiliges Wort“, pāmird. *mutr* „Zauberspruch“, aber im Griechischen die Sippe von μάντις, μαντεύομαι, Μαντώ ‚Name einer Seherin‘ entspricht. Lat. *ōrāculum* gehört natürlich zu *ōs* und bedeutete ursprünglich den als Prophezeiung gedeuteten Wortschwall verzückter Seher oder Seherinnen.[1]

Das Ergebnis der Wort-Prophezeiungen. sei es mittels Wortorakels, sei es auf Grund des in Verzückung stammelnden Propheten, ergab das „Gesagte, Gesprochene“, d. h. das *fātum* (zu *fārī*, gr. *φημί*), also das „Schicksal“; ähnlicher Herkunft sind lat. *fās* und *nefās*, ein Ausdruck, der demnach gleichfalls auf die Offenbarung göttlicher Rechtssatzungen geht.[2] Im Isländischen, besonders der Liederedda, werden die Götter oft genug *regin* „die Ratmächte“ genannt; aber dieses Wort ist mit tochar. A *rake*, B *reke* „Wort“ und abg. *reką* „spreche“ engstens verwandt: serb. *rokъ*, *narokъ* „Schicksal“ bedeutet also eigentlich nur der „Ausspruch“. vgl. russ. роковóй день „Schicksalstag“; die bulg. *Naręčnici* (eigentl. „Besprecherinnen“) „Schicksalsfrauen“ gehören ebenfalls hierher.[3] It. *ditta*, span.

---

[1] Siehe dazu oben S. 32 Fußn.

[2] Der Begriff von ai. *vratá-*, aw. *urvāta-* scheint ebenfalls in solchen Vorstellungen seinen Ausgangspunkt zu besitzen („göttliche Satzung“), weil es mit lat. *verbum*, nhd. *Wort* wurzelverwandt sein dürfte; später entwickelt sich mehr die Gesamtbedeutung „Gesetz, Pflicht“, vgl. lat. *fās*; s. OLDENBERG, Weltansch. d. Br.-T. 188; Verf., Kalypso 257 ff. und 248 ff., wo weitere sprachliche Belege. Auch an die römischen *Fatuae* sei erinnert; nach irriger antiker Etymologie soll sogar *Faunus* seinen Namen von seinen Orakeln haben; Serv. Aen. VII, 47. 81: *Faunus* ἀπὸ τῆς φωνῆς dictus, quod voce, non signis, ostendit futura, s. OTTO, RE² VI, 1909, 2058, Verf., Kalypso 256. Man ziehe auch gr. θέσ-φατος, θεσπέσιος heran.

[3] Vgl. KRAUSS SREĆA, Glück u. Schicksal i. Volksglauben d. Südslaven, 1886, 127 f., SCHRADER, Ilbergs Neue Jahrb. 22, 1919, 77, Verf., Kalypso 249.

dicha „Glück“ ist die Fortsetzung eines vulgärlat. *dicta* „das
Gesagte“ im Sinne des als Schicksal Geoffenbarten. Nähert
sich hier das „Wort“ schon einer gewaltigen Schicksalsmacht,
so scheint man geradezu zu einer göttlichen Verehrung des
Worts gekommen zu sein; dabei denke ich nicht nur an den
ja konkret gedachten *Logos* der griechischen, speziell hellenistischen Philosophie, sondern auch an die *Vāc* der Inder,
der bereits ein eigener Rigvedahymnus (10, 125) gewidmet ist.
Aus den Gewässern ist sie entstanden (v. 7) als erste Ema-
nation, ihr Sohn ist *Prajāpati*. So wird *Vāc* als Göttin
(*devī*) verehrt, ihr häufigster Beiname ist *Sárasvatī* „die Hin-
gleitende“[1]) Natürlich hat das Opfer auch die göttliche *Vāc*
den Menschen geschenkt: RV 10. 71, 3: „Mit dem Opfer
gingen sie auf der Sprache Spur. Sie fanden sie auf, die in
die Seher eingegangen war. Sie brachten sie her und ver-
teilten sie an vielen Orten. Die sieben Sänger jauchzten ihr
zusammen zu.“[2]) Nach späterer Spekulation stammen die
Geschöpfe aus der Ehe zwischen *Prajāpati* und der *Vāc*.
Kāṭh XII. 5: „*Prajāpati* allein war dieses Weltall: er hatte
Vāc zu seiner Genossin und vereinigte sich mit ihr … sie
gebar diese Geschöpfe.“ Ebenso Śat. Br. VI, 1, 2, 7.[3]) Man
darf auch an den awestischen *Maθra Spənta*, den vergöttlichten
„heiligen Spruch“, das göttliche Wort, die als Gottheit an-
gesehene Offenbarung, und an *Ahuna Vairya*-, das Hauptgebet
der Zarathuštrier, erinnern.[4]) Ja, in einem gewissen Sinne
darf man bezweifeln, ob PLATONS Lehre von den „Ideen“
möglich gewesen wäre, wenn nicht der Wortsinn dem nur
seine Muttersprache kennenden Philosophen eine Vergöttlichung des Wortbegriffs, eine Vergöttlichung der Worte, nahe-
gelegt hätte: PLATONS „Ideen“ sind im Grunde, wenn man
sie einmal von diesem einseitigen Standpunkt beurteilen darf,
nichts als vergöttlichte Worte und Wortbegriffe. Darf man
es der bekannten homerischen Formel von den ἔπεα πτερόεντα
entnehmen, so scheint man sich in altgriechischer Zeit die

---

[1]) Siehe dazu A. WEBER, Ind. Stud. 9, 1865, 473 ff.; DEUSSEN, Gesch.
d. Philosophie I, 1, 1894, 147 f. OLDENBERG, Weltansch. d. Br.-T. 78 ff.

[2]) HARDY, Ved.-brahman. Periode, 1893, 132.

[3]) DEUSSEN a. a. O. 206, DILGER, Erlösung d. Menschen. 1902, 151.

[4]) Siehe dazu DARMESTETER, Essais Orientaux 197.

Wörter gelegentlich als geflügelte Wortdämonen vorgestellt zu
haben, als Boten und Mittler zwischen Göttern und Menschen.
Je konkreter und anschaulicher man sich aber einen solchen
Wortdämon denkt, um so begreiflicher wird seine Anrufung
im Zauber: wenn bei einem bestimmten Zauberwort sich etwa
eine Felsenpforte öffnet,[1]) so wird gleichsam ein Geist, dessen
Namen man kennt und der deshalb gehorchen muß, zitiert,
um diese Handlung auszuführen.[2]) Somit kommen wir eben
wieder zum Grundgedanken von einer zaubermächtigen Geistersprache, von magischen Geheimnamen, welche dem, der sie
versteht, entweder die Geheimnisse der Zukunft enthüllen,
oder ihm, wenn er sie selbst spricht, Gewalt über die Geister-
welt verleiht, weil er in der Geistersprache selbst seine Be-
fehle erteilen kann: wer die Geister- und Dämonensprache
versteht, ist also ein Prophet und Zauberer zugleich, je nach-
dem er Geheimnisse belauscht oder die Worte selbst spricht.

Anderer Herkunft schließlich sind die mystischen Berichte
über Geistersprachen, die aus moderneren oder mittelalterlichen Quellen geschöpft sind. Schon Jacob Böhme soll in
Worten einer höheren Sprache, der „Natursprache“, geredet
haben. So sagt er an einer Stelle[3]): „Welcher Mensch nun
den Verstand hat der Sensuum, als der Geister der Buchstaben, daß er verstehet, wie sich die Sensus in der Lust
haben komponieret, der verstehet’s in der Fassung des Wortes,
wenn sich das zur Substanz fasset, der kann die sensualische
Sprache der ganzen Kreation und verstehet, woraus Adam
hat allen Dingen Namen gegeben ... Da alle Völker haben
in einer Sprache geredet, da haben sie einander verstanden;
als sie sich aber der sensualischen Sprache nicht wollten gebrauchen, so ist ihnen der rechte Verstand erloschen; denn
sie führeten die Geister der sensualischen Sprachen in eine
äußerliche grobe Form und fasseten den subtilen Geist des

---

[1]) *„Sesam, öffne dich!“* im Märchen von Ali Baba und den 40 Räubern;
„Berg *Semsi,* tu dich auf!“ im Märchen vom Simeliberg (bei Grimm Nr. 142).

[2]) Man vgl. dazu Polívka, Anm. zu Grimms Märchen III, 138 ff.

[3]) Seraphin. Blumen-Gärtlein 1700, c. 35, 57 ff. (Neudruck von A. v. d.
Linden, 1918, S. 221). Man vgl. auch das Kapitel „Von der Kraft der
Eigennamen“ in Agrippas v. Nettesheim „Geheimer Philosophie“, I, 70.

Verstandes in eine grobe Form … kein Volk verstehet mehr
die sensualische Sprache, und die Vögel in Lüften und die
Tiere im Walde verstehen sie nach ihrer Eigenschaft." Manch
arme Hexe des Mittelalters murmelte in unbekannten Sprachen
und mußte dies sich als schweres Verbrechen anrechnen lassen:
denn dies war natürlich nach dem sachkundigen Urteil der
Inquisitoren und der Henker nicht die Engels-, sondern die
Teufelssprache der Hölle! So wird in den Akten als Probe
z. B. folgende Aufzählung mystischer Namen als Beleg angeführt:

Anrin, Lalle, Sabalos, Audo, Pater, Aziel,
Adonai, Sado, Vyggoth, Agra, Jad, Baphra![1])

In Königsberg wurde ein Schwärmer nach gräßlichen
Martern verbrannt, der sich als Vertreter Gottes auf Erden
ausgab und ein Rundschreiben mit folgendem Anfang verbreitet hatte[2]): „*Wir Johann, Albrecht, Adelgreif, Syrdos,
Amata, Kunemata, Kilkis, Mataldis, Schmalkilimundit, Sa-
brandis, Elioris, Hypererzhohepriester und Kaiser, Friedens-
fürst der ganzen Welt, Obererzkönig des heiligen Himmelreichs*"
usw. Vor allem aber sind es geeignete Medien, die in ihrem
abnormen Zustand Worte aus „übernatürlichen" oder ihnen
sonst völlig fremden Menschensprachen gesprochen haben
sollen. Auch durch Tischklopfen und durch die Planchette,
sowie Mitteilungen in „Geisterschriften" glauben Spiritisten
Offenbarungen aus dem Geisterreich, Geistermitteilungen erhalten zu haben.[3]) Diese Dinge interessieren uns weniger
als die sehr genauen Angaben Swedenborgs über die Sprache
der Engel, wie er sie am klarsten in seiner bekannten Schrift
De coelo et eius mirabilibus, Londini MDCCLVIII ausführlich
beschreibt.[4]) Es wird zunächst betont, daß die Engel mit
denselben Organen und in ähnlicher Weise wie die Menschen,

---

[1]) B. Sidis, The Psychologie of Suggestion, 1899, 341 ff., Mosiman,
a. a. O. 60, Horst, Zauberbibliothek 4, 333 f.

[2]) Arnold, Gesch. d. Kirche u. d. Ketzertums bei Mayo-Hartmann,
Wahrheiten im Volksaberglauben, Leipzig 1854, S. 60.

[3]) Wer Belege wünscht, sehe etwa bei Lehmann, Aberglaube und
Zauberei, 1898, S. 254 ff. nach, wo weitere Literatur.

[4]) Wir zitieren nach Tafels Übersetzung, 1869, S. 182 ff., § 234.

wenn auch einsichtsvoller, redeten, und daß die hörbaren Sätze
ebenfalls in Wörter zerfallen. Alle Himmelsbewohner sprechen
nur eine Sprache und verstehen sich demnach sämtlich untereinander, freilich gibt es doch eine Art Dialektverschieden-
heit oder Ausdrucksverschiedenheit zwischen den Engeln des
himmlischen Reiches und des geistigen Reiches des Herrn
(§ 241): die himmlischen Engel reden in Wörtern, in welchen
die Vokale *a*, *u* und *o* vorherrschen, für die geistigen Engels-
worte sind dagegen *e* und *i* bezeichnend. Vor allem wird
dann von dem schwedischen Geisterseher behauptet, die Engelssprache sei ganz Gefühl, unmittelbarer Gefühlsausdruck: „Die
Sprache wird hier nicht erlernt, sondern ist jedem eingepflanzt;
sie entfließt unmittelbar ihrem Gefühl und Denken; die Be-
tonung der Rede entspricht ihrem Gefühl und die Gliederungen
des Tones, welche die Wörter sind, entsprechen den Denk-
bildern, die aus dem Gefühl hervorgehen, und weil die Sprache
ihnen entspricht, so ist auch sie geistig, denn sie ist das
tönende Gefühl und das redende Denken.“ [1]) ... „Die Engelssprache hat nichts gemein mit den menschlichen Sprachen
mit Ausnahme einiger Wörter, welche aus einem bestimmten
Gefühl heraustönen,[2]) jedoch nicht mit den Wörtern selbst,
sondern mit ihrer Bedeutung.“ Den Engeln ist es unmöglich,
so versichert SWEDENBORG, auch nur ein Wort einer menschlichen Sprache auszusprechen, und es ist interessant, wenn er
fortfährt: „Es wurde mir gesagt, die erste Sprache des Menschen auf unserer Erde sei damit zusammengetroffen, weil sie
dieselbe aus dem Himmel hatten, auch treffe die hebräische
Sprache in einigem damit zusammen.“[3]) Von den weiteren Ausführungen sei noch erwähnt, daß die Konsonanten vor allem
Denkbilder, die Vokale die Gefühle ausdrücken (§ 261, S. 205),
daß es auch eine Schrift der Engel gibt, der SWEDENBORG
ein ganzes Kapitel weiht, und daß Geister, wenn sie aus ihren
himmlischen Sphären sich zur Erde begeben und mit Menschen reden, in der betreffenden Menschensprache sprechen
können, weil sie dann in des Menschen „ganzes Gedächtnis“

[1]) § 236, S. 183 f.

[2]) Damit meint er sicher lautmalende Wörter mit starkem Gefühls-
exponenten. S. dazu unten unsere Auffassung von SWEDENBORGS Lehren.

[3]) § 237, S. 185.

eintreten; über den vermeintlichen Widerspruch mit der obigen Behauptung, kein Engel könne Menschenworte aussprechen, hilft sich Swedenborg mit dieser Erklärung hinweg, daß das Fühlen und Denken des Menschen den Engeln als ihr eignes erscheine und sie daher auch in ihrer gefühlsmäßigen Sprechart mit einem Menschen reden könnten (S. 192, § 246); ähnlich habe Gott durch Geister, die er sandte, auch mit den Propheten gesprochen. Die Sprache der höllischen Geister endlich beruht nach Swedenborg auf demselben Prinzip des unmittelbarsten Gefühlsausdrucks: da aber diese Gefühle und Vorstellungen hier natürlich unrein und böse sind, so ist den Engeln die höllische Rede „wie ein übler Geruch, der die Nase beleidigt" (§ 245, S. 191).

Diese Mitteilungen aus den Offenbarungen des berühmten Geistersehers müssen uns hier genügen, und bei aller Phantasie heben sie sich sehr angenehm von vielen anderen Enthüllungen geringerer Medien ab, die hier nicht weiter behandelt zu werden brauchen. Ein einziges in der deutschen Literatur berühmtes Beispiel muß uns alle die anderen ersetzen: ich meine die Seherin von Prevorst, deren Biographie wir Justinus Kerner verdanken. Zweimal wird hier auch von der „inneren" Sprache gehandelt[1]): „In ihrem halbwachen Zustand sprach Frau H., wie schon erwähnt, öfter eine Sprache, die einer orientalischen Sprache ähnlich zu sein schien. Sie sagte im Halbschlaf-wachen Zustand, diese Sprache liege von Natur in ihr, und es sei eine Sprache ähnlich der, die zur Zeit Jakobs gesprochen worden sei; in jedem Menschen liege eine ähnliche Sprache ... Sie konnte sie nur im halbwachen Zustand sprechen und schreiben, im wachen wußte sie von dieser Sprache durchaus nichts. Auch nur während sie schrieb, wußte sie die Bedeutung der Worte, blieb sich aber in der Schreibung immer völlig konsequent." Als Beispiel wird angeführt: *Emelachan* „Dein Geist ist ruhig und stille, deine Seele ist zart, dein Fleisch und Blut ist stark, leicht brausen die beiden, wie die Wellen im Meer, dann spricht das Zarte in dir: komm und beruhige dich!"

---

[1]) Bd. II, 203 und 229 von Kerners sämtlichen Werken, Ausgabe Reichen.

54

„Sprachkenner fanden in dieser Sprache auch wirklich hier
und da den koptischen, arabischen und hebräischen ähnliche
Worte. Das Wort *Elschaddai*, das sie öfter für Gott gebrauchte, heißt im Hebräischen „der Selbstgenügsame“ oder
„Allmächtige“. Das Wort *dalmachan* scheint arabisch zu sein.
Die Redensart *bianuchli*, die sie allein für ihren Lebensring
noch auszusprechen wußte, und auf dem Sohnesring mit
widrigem Gefühl übersetzte, heißt nach dem Hebräischen:
„ich bin im seufzen“.“

In modern theosophischen Kreisen spielt die Sprache der
Marsbewohner eine große Rolle, von der verschiedene Medien
näheres berichtet haben.[1) Auch MAETERLINCK hat in seinem
geistvollen Buche „Vom Tode“ manches Hierhergehörige gestreift[2]): wir haben für unser Problem keine Veranlassung,
mit diesen theosophischen Geheimnissen uns hier weiter zu
beschäftigen, die uns nur um der Frage selbst willen von
Interesse sind. Dagegen kann ich mir nicht versagen, unsere
Übersicht über die Ansichten und Lehren von übernatürlichen
Sprachen mit den Worten abzuschließen, mit denen IMMER-
MANN in seinem „Münchhausen“ die innere Sprache der Seherin
von Prevorst verspottet hat; denn dieses „Sanskrit von Prevorst, die Ursprache der Menschheit, die sie in ihrer Verzückung gefunden“, gehört doch nun einmal unserer deutschen
Literatur an[3]): „Als wir in den Hof kamen, hörten wir den
Knecht zur Magd sagen: ,*Schnuckli buckli koramsi quitsch,
dendrosto gerialta bnug, firdeisinu mimfeistragon hauk lauk
schnapropäg?*‘ Die Magd versetzte: ,*Fressaun dum schling-
laufsbeest, pimple, timple, simple, feriauke, meriaukemau.*‘“

[1]) Vgl. FLOURNOY, Des Indes à la planète Mars, Genf 1900, und im
Arch. de psychol. I, Genf 1902.

[2]) S. 133, Fußn. 8; auch S. 44 (,automat. Sprache‘ in den Sitzungen
mit Mrs. WRIEDT).

[3]) II. Teil, 4. Buch: Die Poltergeister von Weinsberg.

4.

Haben wir im Vorausgehenden uns im allgemeinen über das Wesen der Götter- und Geistersprache und über die Gründe zu dieser weitverbreiteten Vorstellung klarzuwerden versucht, so ergibt sich nun für uns die besondere Aufgabe, die Worte der Götter- und Geistersprache einmal vom Standpunkt der Sprachwissenschaft aus zu betrachten. Wie entstehen — so lautet unsere neugierige Frage —, wie entstehen solche Worte, solche Sprachen, die nach so bestimmten Angaben nicht von dieser Welt sein sollen? Nach welchen Gesichtspunkten lassen sie sich beurteilen und einteilen?

Zunächst haben wir da natürlich bloße Geräusche und unartikulierte Töne sowie die mächtigen Stimmen der Natur selbst auszuschalten, obwohl man auch in ihnen die Sprache der Götter nach unserer obigen Einführung gesehen hat.[1] Namentlich das Grollen des Donners hat man als Geistersprache aufgefaßt, bzw. umgekehrt wird berichtet, daß Gott oder ein Geist im Donner oder mit „Donnerstimme“ spricht. Schon KLOPSTOCK singt in der „Frühlingsfeier“:

Höret ihr hoch in der Wolke den Donner des Herrn?
Er ruft: Jehova! Jehova!

Ähnlich gebraucht derselbe Dichter an einer anderen Stelle dies Bild[2]:

War sie, die Donnerstimme, nicht eisern, mit der er uns
zurief?

Im „Messias“ ist oft von dem Donner als der zürnenden Stimme Jehovas die Rede, oder er kündet doch Gottes Reden an, z. B. I, 364:

---

[1] Siehe SCHWARTZ, Die poet. Naturanschauungen d. Griechen, Römer u. Deutschen, Berlin 1879, II, 137 und unten den Schlußabschnitt.

[2] Nur im Totenreich ist alles still und schweigend, die Toten können nicht sprechen, wenigstens so lange sie in ihrem besonderen Reich, dem „Hans des Schweigens“ weilen, s. HERTZ, Spielmannsbuch 366. Vgl. dazu Jes. 38, 18. Auch die Salamander und „Feuerleut“ haben keine Sprache. SCHINDLER, Aberglaube d. Mittelalters 15.

56

Donnerwetter
Stiegen zum wartenden langsam das Allerheiligste nieder.
Aber noch redete Gott nicht. Die heiligen Donnerwetter
Waren Verkündiger nur der nahenden göttlichen Antwort.

Vgl. XIII, 999 f.: Der *Donnerton*, mit dem er ruft, IX, 732:
so sprechen Donner und so noch oft.

In Bürgers „Wildem Jäger" heißt es:

> *Hoch über seinem Haupt herab*
> *Rief furchtbar mit Gewittergrimme*
> *Dies Urteil eine Donnerstimme.*

Nach nordischer Mythologie ist im Donnergrollen das Rufen
Thors zu sehen;[1] in Volkssagen deutet man den Donner als
Waidmannsruf des wilden Jägers, in christlichen Sagen, z. B.
solchen aus Schwaben, gilt er als Schelten Gottes: *Der Himmels-
ratterle balgt, der Himmelduttel greint.* sagt man wohl.[2] Daß
ein Gott oder Geist *mit Donnerstimme* einen Sterblichen an-
poltert, ließe sich leicht aus verschiedensten Literaturen belegen.
Wir begnügen uns hier mit einer bezeichnenden Stelle aus
der Apokalypse[3]: „Und hörete eine Stimme vom Himmel,
als eines großen Wassers und wie eine Stimme eines großen
Donners ($\varphi\omega\nu\grave{\eta}\nu$ $\grave{\epsilon}\kappa$ $\tau\circ\tilde{\upsilon}$ $\circ\grave{\upsilon}\rho\alpha\nu\circ\tilde{\upsilon}$ ... $\grave{\omega}\varsigma$ $\varphi\omega\nu\grave{\eta}\nu$ $\beta\rho\circ\nu\tau\tilde{\eta}\varsigma$ $\mu\epsilon\gamma\acute{\alpha}\lambda\eta\varsigma$).
Daß Geisterstimmen im Sausen des Sturmes, im Rauschen der
Zweige usw. gehört werden, bedarf keiner weiteren Belege.

Nur gestreift kann hier die Vögelsprache werden, die
aber in gewissem Sinne gleichfalls als eine Geisterrede an-
geschaut worden ist. Man denke nur an den nordischen
Sigurd, der nach dem Genuß des dampfenden Drachenbluts
gleichsam selbst Tier geworden ist und nun die Stimmen der
Meisen versteht, die gleich dem Schicksal selbst sein Tun
und Handeln beeinflussen,[4] man denke an den weitverbreiteten
Märchentypus vom Mann, der die Tiersprache kennt, worüber
schon Benfey gehandelt hat.[5] Man mag Stellen wie Aristoph.
ran. 93 heranziehen:

---

[1] Mannhardt, Germ. Myth. 115, Pott, Zt. f. Völkerps. 3, 1865, 344.

[2] Meier, Sagen aus Schwaben, 1852, I, 259 nach Schwartz a. a. O.

[3] 14, 2.   [4] Fafn. 31 ff.

[5] Kl. Schrift. III, 23; vgl. weiter Aarne, Der tiersprachk. Mann, 1914,
Ztschr. f. Volksk., 1914, 23, 330 und Laufer, Keleti Szemle, 1901, II, 45 ff.

> ἐπιφυλλίδες ταῦτ' ἐστὶ καὶ στωμύλματα,
> χελιδόνων μουσεῖα, λωβηταὶ τέχνης.

Die Seherin Kassandra wird in AISCHYLOS' Agamemn. 1145
eine Nachtigall genannt, der Chor vergleicht nämlich das ihm
unverständliche ekstatische Reden der Prophetin mit einer
wohlklingenden Vogelstimme:

> οἷά τις ξουθά ...
> Ἴτυν Ἴτυν στένουσ' ἀμφιθαλῆ κακοῖς
> ἀηδὼν βίον.

Vom „Schwalbenzwitschern" der Seherinnen ist oft bei LYKO-
PHRON die Rede. z. B. Alexandra v. 5 ff.:

> ... οὐ γὰρ ἥσυχος κόρη
> ἔλυσε χρησμῶν, ὡς πρίν, αἰόλον στόμα·
> ἀλλ' ἄσπετον χέασα παμμιγῆ βοήν,
> δαφνηφάγων φοιβάζεν ἐκ λαιμῶν ὄπα,
> Σφιγγὸς κελαινῆς γῆρυν ἐκμιμουμένη.

In v. HOLZINGERS Übersetzung:

> „... Denn nicht wie sonst, entrang
> in Ruhe sich der Spruch der Maid Orakelmund;
> ein ungeheuerlich Gemisch verworr'nen Schalls
> entsandte sie der Kehle lorbeerduft'gem Spalt
> und sprach prophetisch mit dem Ton der grausen Sphinx."

Ähnlich heißt es am Ende von Kassandras Prophetie v. 1460:

> σὺν κακῷ δέ τις ...
> τὴν φοιβόληπτον αἰνέσει χελιδόνα

„im Unglück wird mancher die zukunftskundige Schwalbe
ehren.". AISCHYLOS gebraucht χελιδονίζειν im Sinn von βαρ-
βαρίζειν.[1]) Die Vogelsprache wird auch bei VERGIL. Aen.
III, 361 genannt, wo der *vates* so angerufen wird[2]):

---

[1]) Fragm. 450 N, s. v. HOLZINGER zu v. 1460, S. 386. Vgl. dazu
HERODOT II, 57: πελειάδες δέ μοι δοκέουσι κληθῆναι πρὸς Δωδωναίων
ἐπὶ τοῖσδε αἱ γυναῖκες, διότι βάρβαροι ἦσαν, ἐδόκεον δέ σφι ὁμοίως ὄρνισι
φθέγγεσθαι.

[2]) Siehe dazu E. PFEIFER, Studien zum antiken Sternglauben, 1916
(= BOLLs Stoicheia II), 67.

> *Troiugena, interpres divom, qui numina Phoebi.*
> *qui tripodas, Clarii laurus, qui sidera sentis*
> *et volucrum linguas et praepetis omina pinnae.*

Ähnlich X, 177:

> *... caeli cui sidera parent*
> *et linguae volucrum ...*

Auch an die Worte des Vogelchors bei Aristophanes, av. 716 darf man erinnern:

> ἐσμὲν δ' ὑμῖν Ἄμμων, Δελφοί, Δωδώνη, Φοῖβος Ἀπόλλων.

FIRDŪSĪ redet gelegentlich davon, daß die Nachtigall im Rosengarten *Pahlavī*, d. h. älteres Persisch spreche [1]):

> *Steh' auf am Morgen, blick' auf und dicht',*
> *Hör', wie die Nachtigall altpersisch spricht!*

Diese Stelle hat offenbar PLATEN nachgeahmt, wenn er in seiner 24. Gasele singt [2]):

> *Die Nachtigall, die Parsi singet, gewannst du lieb,*
> *Sie singt ja mit verwandter Kehle dem Vaterland.*

Nach dem Bundeh. 19, 16 sprechen die seligen Bewohner von *Yimas* Paradies (*var*) die Sprache der Vögel, weil der Vogel *Karšiptar* dorthin Zarathuštras Lehre gebracht hatte.

. Daß man auch die eherne Zunge der Glocken als Geister- oder Engelssprache deutet, mag hier gleichfalls erwähnt sein; [3]) die Totenglocke ist dabei besonders wichtig.

Wenn nun aber Götter oder Geister in menschlicher Sprache reden, wie sie tun müssen, wenn sie einem gewöhnlichen Sterblichen etwas verkünden wollen, scheint man ihnen doch gelegentlich eine besondere Aussprache zugeschrieben zu haben. Wenigstens erkennt Aeneas seine göttliche Mutter,

---

[1]) v. HAMMER, Die schönen Redekünste Persiens, 1818, 25.

[2]) Gesammelte Werke bei Cotta II, 13.

[3]) Über Glockensprache vgl. Ztschr. f. Volkskunde, 1905, 15, 342, wo weitere Literatur. Das Klingen einer Glocke spielte bei Muhammeds Visionen eine wesentliche Rolle, s. NÖLDEKE, Gesch. d. Korans, 1860, 16 f. — Über Sprache der Schiffe, aisl. *skipamál*, vgl. LIEBRECHT, Zur Volkskunde, 1879, 365 f., LEHMANN-FILHÉS, Isländ. Volkss., N. F., 1891, 45. Man denke nur an die sprechende *Argo*.

obwohl diese in der Gestalt einer einfachen Jägerin sich ihm
zeigt, an der göttlichen Stimme [1]):

O — quam te memorem, virgo? namque haud tibi voltus
mortalis, nec vox hominem sonat; o dea certe …

Offenbar kann es sich nur um den süßen Wohllaut der Stimme
und Aussprache handeln, wie etwa die Musen auch „lilien-
stimmig"[2]) genannt werden. Sprachlich gehört vielleicht hierher,
daß ὀμφή, das mit unserem *singen*, got. *siggwan* usw. etymo-
logisch nahe verwandt ist, bei HOMER nur von göttlichen
Offenbarungen gebraucht wird: daher wird Ζεὺς πανομφαῖος
Θ 250 genannt. Man mag sich allerdings bei diesen Worten
auch an das singende Gemurmel von Zaubersprüchen erinnern,
für das wir bereits oben S. 38 sprachliche Belege gegeben
haben.

Dem Märchen nach zu schließen, gleicht die Stimme der
Zwerge dem Piepsen von Mäusen, die Stimme der Riesen aber
ist ein furchtbares Gebrüll.[3])

Was die Sätze der Geistersprache betrifft, so möge eine
höchst seltsame Erscheinung genannt sein, die uns in isländischen Sagen zunächst entgegentritt: das letzte Wort eines
jeden Satzes wird wiederholt. Eine Dienstmagd hatte ein
Kind ausgesetzt, dessen Seele nun umging: ein sog. *útburþr*.
Als die Magd einst zu einem Essen eingeladen war, klagt sie
beim Melken im Stall den anderen Frauen, sie habe kein
richtiges Kleid für diese Festlichkeit anzuziehen. „Da ertönt
von der Wand her eine Stimme und ruft:

móþir mín í kví, kví,
kviddú ekki því, því:
eg skal ljá þér duluna mína aþ dansa í,

<hr>

[1]) I, 328. Damit vgl. man, wie in KLOPSTOCKS Messias Selima Gott
Vater zuerst anbetend anredet, V, 110 ff.:

O Du, den ich erblicke, mit welchem Namen, o Erster,
Ach, mit welchem würdigen Namen, mit welcher Entzückung,
Nenn' ich Dich, den mein Auge nun ach zum erstenmal anschaut?
Gott! Jehova! Richter der Welt! mein Schöpfer! mein Vater!
Oder hörst Du Dich lieber den Unaussprechlichen nennen?

[2]) HESIOD, Theog. 41: ὀπὶ λειριοέσσῃ.
[3]) v. NEGELEIN, German. Mythol.[1], 1906, 22 f.

„meine Mutter im Schafpferche, Schafpferche, fürchte du nicht darum, darum; ich will dir mein Laken leihen, um darin zu tanzen". In einer isländischen Fassung der Leonorensage wird von einem Burschen erzählt, der am Christabend, wie verabredet, seine Liebste Namens Guþrún abholen wollte, um den Gottesdienst zu besuchen. Als er über einen angeschwollenen Bach setzen wollte, scheute das Pferd vor den Eisschollen, sinkt in den Fluten unter, und der Reiter wird von scharfen Eisschollen, die ihm eine klaffende Wunde am Hinterkopfe beibringen, getötet. Lange hatte das Mädchen vergebens auf ihn gewartet. Endlich spät in der Nacht kommt der Reiter, hebt sie schweigend hinter sich aufs Pferd und reitet nach der Kirche zu. Unterwegs schaut er sich um und spricht:

> *Máninn líþr,*
> *dauþinn ríþr:*
> *sér þú ekki hvítan blett i hnakka*
> *minum? Garún, Garún!*

„Der Mond gleitet, der Tod reitet, siehst du nicht den weißen Flecken an meinem Nacken? Garun, Garun!" Dem Mädchen graut es, aber sie reiten fort, bis sie vor einem offenen Grab am Friedhof bei der Kirche halt machen. Da spricht der Tote:

> *biddu hérna, Garún, Garún,*
> *meþan eg flyt hann Faxa, Faxa,*
> *austr yfir garþa, garþa.*

„Warte du hier, Garun, Garun, bis ich den Faxi, Faxi [1]) ostwärts bringe über den Zaun, Zaun." Da das Grab am Eingang des Friedhofs lag, wo im Norden häufig die Glocken hängen, gelang es dem entsetzten Mädchen noch nach dem Glockenseil zu greifen, ehe es zusammenstürzte: vor dem Klang der geweihten Glocke flüchtete das Gespenst, und das Mädchen war gerettet. [2]) Besonders interessant ist hier auch die Verdrehung des Namens *Guþrún* zu *Garun*, weil ein Ge-

[1]) Der Name des Pferds („der Mähnige").
[2]) Die beiden Sagen nach KONRAD MAURER, Isländ. Volkssagen d. Gegenwart, 1860, S. 59 u. 73 f.

spenst (isl. *draugr*) den Namen Gottes nicht aussprechen kann
(aisl. *Guþ* = „Gott"). [1]

Wie soll man sich diese seltsame Tatsache erklären?
Wenn ich eine Vermutung äußern darf, so glaube ich auf die
gerade im Norden verbreitete Ansicht hinweisen zu sollen,
daß das Echo als Sprache der Zwerge gilt; in der Herrauþs
saga ok Bosa c. 12 (FAS III, 222) und in färöischen Liedern
ist dies bezeugt, und heute heißt das Echo im Isländischen
dvergmál „Zwergsprache". Hierher gehört wohl auch slov.
malik, *malič*, das nicht nur „Kobold, Teufel", sondern auch
„Echo" bedeutet: dieses wird also als Dämonensprache aufgefaßt. [2] Das Wiederklingen der Rede im Echo kann sich
die Volksphantasie nur so erklären, daß ein Geist die Antwort
gibt, wie etwa in G. HAUPTMANNS „Versunkener Glocke" der
Waldschratt die Leute irreführt. [3] Man denke nur an den
römischen *Faunus*, *Picus* oder *Silvanus*, deren Stimme man
im Walde aus dem Dickicht zu vernehmen wähnte; [4] nach
LUCREZ (IV, 579 ff.) war es das Echo, das Anlaß zu diesem
Volksglauben gab:

> *Sechsmal, siebenmal auch, hab oft an den Orten ein Wort ich*
> *Wider rufen gehört: so warf ein Hügel dem andern*
> *Widerhallend es zu, um wieder zurück es zu bringen.*
> *Solche Gegenden träumt nun der nahewohnende Landmann*
> *Von den Nymphen bewohnt und den ziegenfüßigen Satyrn.*
> *Faunen, sagen sie, sind's, die stören mit neckischer Kurzweil*
> *Und mit schäkerndem Lärm die nächtlich schweigende Ruhe.*

Diese Ansicht scheint auch sonst zu herrschen; wenigstens
heißt das Echo in der Geheim- oder Gaunersprache *bass koll*
„Himmelsstimme" aus hebr. *bath kōl* „Tochterstimme". [5] —

[1] In einer dänischen Volksweise von 'Venil Fruva' wagt ähnlich
eine Riesin nicht das Wort „Kirche" auszusprechen und umschreibt es mit
verpi paa vigde vollen; s. E. SMITH, Maal og Minne, 1918, 9.

[2] Siehe zu dem Wort BRÜCKNER, KZ 38, 215f.

[3] I. Akt, 4. Szene: „Zu Hülfe!"

[4] Weitere zahlreiche Belege bei OTTO, RE² 1919, VI, 2058.

[5] E. BISCHOFF, Wörterbuch der wichtigsten Geheim- und Berufs-
sprachen, 7. Diese *bath kōl* ist den Talmudisten die niedrigste Form der
Offenbarung, s. PINNER, Talmud Babli 23, STOLL, Suggestion u. Hypnotismus in der Völkerpsychologie, 1894, 93.

Die einzelnen Worte, die einer Geistersprache zugeschrieben
werden. sind nun keineswegs alle des gleichen Ursprungs. Wir
müssen zunächst zwei große Abteilungen unterscheiden:

a) Willkürliche oder unwillkürliche Augenblicks-
bildungen und

b) Wörter aus tatsächlich vorhandenen Menschensprachen, die aus näher zu untersuchenden Gründen
als Ausdrücke einer Geistersprache ausgegeben werden.

Es braucht nicht betont zu werden, daß für uns die zweite
Gruppe (b) weitaus das größte Interesse beansprucht und uns
hier vor allem zu beschäftigen hat. Jene erste Abteilung kann
für den Sprachforscher nur als Beispiel für „Urschöpfungen"
in Betracht kommen; in der Hauptsache aber handelt es sich
um phantastische Gebilde, die ja unverständlich sein sollen,
soweit es überhaupt nicht bloß sinnlose, unartikulierte Schreie
und Ausdrucksbewegungen, vom bewußten Willen ganz un-
abhängige Lallmonologe der Sprachwerkzeuge sind. In der
Sprache und bei neuen Wortschöpfungen von Geisteskranken
finden sich die nächstliegendsten Parallelen für diese künstlichen mystischen Worte.[1]) Wenn Geisteskranke nicht schnell
für einen Eindruck ein passendes Wort haben, bilden sie
sich häufig ein neues, z. B. *Wuttas* für Tauben.[2]) Vor allem
aber ist oft beobachtet worden — und das gehört hauptsäch-
lich hierher —, daß bei akuten Psychosen ohne Absicht des
Kranken neue Wörter oder neue Wortbedeutungen entstehen.
worüber die Kranken nach Eintritt des ruhigen Gemüts-
zustands sich selbst wundern und jedenfalls keine Erklärung
wissen. Die Arten, wie diese Wortneubildungen Geisteskranker
entstehen, sind etwa folgende[3]): 1. Absichtliche und bewußte
Neubildungen künstlicher Art. 2. Unwillkürliche Wortneubildungen, die in akuten Phasen der Krankheit entstanden
waren, werden dauernd beibehalten. 3. Subjektive halluzina-

---

[1]) Vgl. LIEBMANN u. EDEL, Die Sprache der Geisteskranken, 1903;
STRAUSKY, Über Sprachverwirrtheit, 1905, PFERSDORFF, Zentralbl. f. Nerven-
heilkunde, 1908, und vor allem die guten Bemerkungen bei JASPERS, Allgemeine Psychopathologie², 1920, S. 137 ff.

[2]) FOREL, Archiv f. Psychiatrie, 34, 974.

[3]) Nach dem Einteilungsversuch bei JASPERS, a. a. O. 143 f.

torische Eindrücke formen sich zu den Kranken selbst unklaren Wortgebilden. 4. Artikulierte Lautgebilde ohne jeden
Sinn. „Höchst mannigfaltig sind die Erscheinungen der moto-
rischen Erregung im Sprachapparat, die man Rededrang
nennt. Die Kranken sprechen, ohne daß uns dies aus Affekten
verständlich wäre, ohne den Zweck der Verständigung und
der Mitteilung, sinnlos alles mögliche vor sich hin. Unauf-
hörlich den ganzen Tag, ja Tage und Wochen lang geht ihr
Redefluß . . .“[1]) Solche Gesichtspunkte kommen auch für
unseren besonderen Fall, den als Wörtern einer Götter- oder
Geistersprache ausgegebenen Lautgebilden, für die Erklärung
vor allem in Betracht, soweit es sich eben um unwillkürliche
Äußerungen anormaler Individuen handelt.

Im einzelnen muß es uns genügen, folgende Andeutungen
über das Entstehen von Geisterworten unserer ersten Gruppe
(a) hier zu geben.

1. Bei den sinnlosen Klangformen, Ausrufen und onomatopoetischen Gebilden handelt es sich also einfach um eine Ausdrucksbewegung infolge einer sehr starken Gefühlseinwirkung
oder abnormer psychischer Verfassung, um Äußerungen der
Sprachorgane, die zum größten Teil ohne deutliches Bewußtsein des Sprechenden oder Schreienden in seinem anormalen
Zustand der Verzückung, Hysterie oder Besessenheit unab-
hängig von seinem Willen vor sich gehen. Indem solche einzelnen Rufe von anderen Menschen, die einen Verzückten
beobachten, aufgenommen oder diesem selbst deutlich bewußt
werden, können feststehende Formeln erwachsen, wie etwa
das εὐάν, εὐάν, εὐοῖ, lat. *euhan, euan. euhoe* der Bakchantinnen
(s. o. S. 32). Für den Sprachforscher interessant ist es nun aber,
daß aus den so gelegentlich entstandenen Sprach„wurzeln“
wirkliche Wörter abgeleitet werden können, wie das Partizipium εὐάζων, lat. *eu(h)ans* „euhan rufend“, εὐάς, lat. *euhias*
„die Bakchantin“, Εὐάδες. Ja geradezu Götternamen können
in dieser Weise gelegentlich entstehen, wie des Dionysos Beiname Εὔιος, lat. *Euhius.*[2]) oder wie Ἴακχος nach dem Vorbild

---

[1]) JASPERS, a. a. O. 141.
[2]) S. dazu R. M. MEYER, Wörter u. Sachen I, 63; A. NEHRING, Mitteil.
d. Schles. Ges. f. Volkskunde 18, 1916, 23.

von Βάκχος (zu βαβάζειν), mit dem es reimt, zu ἰάχω, ἰαχή, ἰαχέω, ἰαχάζω gebildet ist. [1]   Aber diese Wörter scheinen ihrerseits auch mit Ausrufen wie ἰαί, αἰαί, ἴα usw. engstens zusammengestellt werden zu müssen, vgl. ἰάζω, ἰάλεμος, jon. ἰήλεμος, αἰάζω, wie εὐάζω gebildet; davon kann wieder ἴαμβος nicht getrennt werden, das mit θρίαμβος, διθύραμβος, ἴθυμβος, *εὔιαμβος in Εὐαμβεύς reimt. Vom Refrain αἴλινον, αἴλινον des Threnos scheint sich die Gottheit Λίνος entwickelt zu haben, wie die estnische Gottheit Ligo aus dem Kehrreim der Sonnwendlieder līgo, līgo (zu līgot „sich schaukeln") entstanden ist. [2]   Eine andere solche Wortsippe ist griech. ὀλολυγή, ὀλολύζω, ἐλελίζω, ἀλαλάζω, die kürzlich C. Theander, Eranos XV, 99 ff. mit Erfolg und Scharfsinn behandelt hat. Die Interjektion liegt in ἐλελεῦ, ἐλελεῦ (z. B. Aisch. Prometh. 877) vor; mit Recht führt Theander den Gigantennamen Ὀλυκτωρ auf *Ὀλολύκτωρ zurück (a. a. O. 123). [3]   Ein weiterer Beiname des Dionysos ist Σαβάζιος, das man sicher auf den kultischen Ausruf σαβοῖ, σαβεῖ zurückzuführen hat. Ähnlich ist Παιών als Beiname Apolls aufgrund des ἰηπαιήον entstanden, Hom. Hymn. an Apollo Pyth. II, 94, 322, 339; [4] vgl. auch ἰήιε Παιάν, τήνελλα καλλίνικε usw. So scheint die awestische Gottheit Sraoša- mit dem vedischen śrauṣaṭ nicht nur lautlich zusammenhängen, das ein heiliger Ausdruck des Kultus ist [5]): astu śrauṣaṭ!, das Sāyaṇa mit śravaṇaṃ bharatu! „Hören möge sein!" glossiert, entspricht dem awestischen sraošō iδa astū „Hören möge sein!" Ys. 55, 1, und dem Sinne nach dem griech. εὐφημεῖτε, lat. favete linguis! Aus einem Ausruf ist medius fidius zu einer Gottheit geworden, es wird als deus sanctus mala avertens glossiert. [6]) Von den Interjektionen οἴ, ὄ, οἴμοι stammen οἰμώζω, οἰμωγή, οἴμωγμα usw. So wird Weh und

[1]) Verf. Reimwortbildungen, 1914, S. 220, § 344.

[2]) Nehring, a. a. O.

[3]) Ob freilich auch Ὄλυμπος oder gar Ὀδυσσεύς hierhergehört, ist mir doch fraglich geblieben.

[4]) Vgl. über den Gott Paian vor allem L. Deubner, Ilbergs Neue Jahrb. 22, 1919, 400 f. In diesem schönen Vortrag findet man auch gute Bemerkungen über ἀλαλά „Schlachtruf", ἐλελεῦ (S. 387).

[5]) Siehe Spiegel, Eran. Altertumskunde II, 1873, 90.

[6]) Loewe, Prodromus 379.

Ach bei uns ja ebenfalls substantiviert, und Ableitungen wie *ächzen* fanden sich ein: ähnlich im Griechischen αἴλινος „Klagegesang" oder ἰάλεμος. Von den eigentlichen *voces mysticae* gehören Formen hierher wie ανλαλαλαιγαια (78),[1] ταλλαλα, αλλαλα, ὀντταλαλα (302), ιλιλλονι (307), αλαρακολ, βαλαλαχ, αθαλαχ (338) usw.

2. Eine andere recht zahlreiche Gruppe mystischer Worte, Geheimnamen u. dgl. will aber dunkel sein: diese unterscheiden sich also von den Gefühlsäußerungen der vorigen Abteilung deutlich, weil man in möglichst phantastischer Weise fremdklingende Worte schaffen will. Die meisten *voces mysticae* der Papyri scheinen mir hierher zu gehören. An Namen und Sätzen, wie ιαεοβαφρεεμοννοθιλαριχριγι αεναα φιρχιγαλι θοννομενεργαβοι ναιχααχ φνεοχηφ φιχροφννφο φαχαβοχ αφβαθα γραμμηγιβαω χενη μεω, um eine ganz beliebige Stelle aus WESSELYS Sammlungen (Nr. 331) herauszugreifen, dürfte ein Indogermanist sich vergebens die Zähne ausbeißen, wollte er ernstliche etymologische Versuche anstellen.[2] Eher möchte wohl ein Kenner der ägyptischen und semitischen Sprachen ferne Anklänge hier und dort feststellen. Aber in der Hauptsache sind dies künstliche und spielerische Lautgebilde, deren fremdartiges Aussehen gerade beabsichtigt war. Im einzelnen erkennt man gelegentlich die Wege, die zur Bildung eines solchen Wortungeheuers führten. Buchstabenmystik, Vokalspiele und Bildung von Palindromen sind häufig festzustellen, z. B. ιαοαι (101) mit der symmetrischen Anordnung, verdreifacht ααα ηηη οιοιοι ιιι ααα οιοιοι (125, 207), durcheinandergestellt (20), in allen möglichen Permutationen zusammengekettet und durch Konsonanten getrennt. Sodann spielen sinnlose Silbenpermutationen eine große Rolle, wie z. B. φορβορφορβορ βοροφ (30), οχ-μαρ-μα-χοι (294), χοραχαριαχωχ (297), αβρωχ : βραωχ (306), βαθααθαβα (287), wobei der Sprachforscher sogar dissimilatorische Bestrebungen erkennt, z. B. βελβαλι (148) gegen βερ-

<hr>

[1] Die Nummern beziehen sich auf WESSELYS Sammlung.

[2] Vgl. übrigens dazu A. DIETERICH, Mithrasliturgie[2] 36 ff., auch G. SCHMIDT, Gnostische Schriften in koptischer Sprache, Texte u. Unters. VIII, 1. 2, 146 ff. Weitere κρυπτὰ ὀνόματα findet man im Papyr. Paris v. 1609, s. Denkschr. d. Wien. K. Akad. d. Wiss., Bd. XXXVI, 1888 u. XLII, 1893, v. 569.

βαλι (149) usw., und spielerische Ablautklänge,¹) wie βαρβερβιω
(445), μασκελλιμασκελλω (244), βαρβαριηλ : βαρβαραηλ (94),
lat. *butubatta* (448); Reimformen sind mir besonders aufgefallen:
πααχμιαχ (431), ρουμιλλον : βιομβιλλον (3), ιλαουχ : οβριηλουχ
(9), σεμεσειλαμ : εμεσιλαμ (18), φωχ-ρω-βωχ (42), αθθουν :
ιαθουν (75), θαθαβαθαθ : βαθαριβαθ (93), αθθαβαθθα (96),
ουριηλ : σουριηλ (113) : θουριηλ (114); ιρραηλ : ιστραηλ (114),
αραρα-χαραρα (121), σαμμωθ : σαρβαωθ : ταβαωθ (163), ιαωθ :
σαβαωθ : αρβαθιαωθ (196), ιωσηθ : ιωκρβηθ (233), μηχ-ουσιρι :
φληχ-ουσιρι (289), σαρα-φαρα (300), χαλκουμ : χαρχρουμ (320),
φωχ-ωβοχ (331), θενωβ : τιθελωβ (535) u. dgl. m. Reimende
Formeln begegnen ja auch sonst häufig, worüber ich an anderer
Stelle bereits gehandelt habe.²) Hierher gehörten vor allem
Catos Zauberformeln *daries : dardaries : astutaries* und *ista :
pista : sista* (Nr. 447) oder die athenische Brunneninschrift:
ἴε : κίε : ὑπέρχει, die altindischen Zauberworte *chindhi : bhindhī*
usw. Dem bekannten *Abracadabra* des Mittelalters (*Serenus
Sammonicus*) läßt sich das griechische Zauberwort θαθθάββαι
(241) vergleichen. Andere mittelalterliche Formeln lauten *Ami :
reli : beli* und *hax : max : pax*.³) Auch beim Zungenreden spielt
die Reimassoziation die größte Rolle.⁴) So bemerkt der Pastor
Paul bei seinen Selbstbeobachtungen in der von ihm heraus-
gegebenen Monatsschrift „Die Heiligung", Nov. 1907: „Ein
jeder kann an diesen Worten sehen, wie sich alles so merk-
würdig reimt. Das Lied „Laßt mich gehen" war also in
klangvollen Reimen übertragen worden." Auch bei dem Lied
„Jesu, geh voran" habe die Übersetzung in der „neuen"
Sprache mehr Reime als in dem deutschen Original. Es ist
interessant, daß auch Immermann in seiner Parodie des „Sanskrit von Prevorst" unbewußt in Reime verfällt.⁵)

---

¹) Originell ist das Ablautspiel der Vokale in einem türkischen Volksmärchen aus Stambul (bei Kúnos S. 69 und 231 ff.) verwandt: *Dews*, also
Dämonen, beherrschen mit einem Zauberwort aus ihrer Sprache den Stein
zu einer Höhle: sagen sie *čanga*, so öffnet sich der Stein, auf den Befehl
čungu aber schließt er sich wieder.

²) Reimwortbildungen S. 216, § 340.

³) Schindler, Aberglauben des Mittelalters 261 u. oben S. 35.

⁴) Vgl. das obige Beispiel S. 30 f.

⁵) Siehe oben S. 54 *hauk, lauk; pimple, timple, simple*.

Ebenso habe ich bereits früher die Ansicht vertreten,[1]) daß als eine Hauptquelle für die Entstehung des Reimes und seine Verwendung in der Poesie die Zauberformel und der Zauberspruch, sowie magische Formeln anzusehen seien, und ich brauche also hier nicht weiter darauf zurückzukommen.[2]) Auch wurde dort von mir bereits auf die vielen reimenden Götternamen aufmerksam gemacht, wodurch die Macht des Gleichklangs in der sakralen Sprache gleichfalls bewiesen wird; es seien beispielsweise hier nur erwähnt[3]): gr. Σφίγγες:

[1]) Über Reimwortbildungen im Arischen und Altgriechischen, 1914, S. 216 ff., § 340 ff. S. auch BARTELS, Ztschr. d. Ver. f. Volksk. V, 1895, 37.

[2]) GOETHES poetische Ansicht, daß die Liebe die beste und erste Lehrmeisterin des zarten Reimspiels war, hat übrigens schon in einem durch RÜCKERTS Übersetzung bekannten persischen Gedicht ihre seltsame Entsprechung. Die Griechin Helena findet die reimende Rede des Lynkeus „seltsam und freundlich“ und bittet Faust um nähere Unterweisung:

> *„Ein Ton scheint sich dem andern zu bequemen,*
> *Und hat ein Wort zum Ohre sich gesellt,*
> *Ein andres kommt, dem ersten liebzukosen.“*

Faust meint, die Wechselrede locke das Reimspiel hervor:

> Helena: *So sage denn, wie sprech' ich auch so schön?*
> Faust: *Das ist gar leicht: es muß vom Herzen gehn.*
> *Und wenn die Brust von Sehnsucht überfließt,*
> *Man sieht sich um und fragt —*
> Helena: *Wer mitgenießt.*
> Faust: *Nun schaut der Geist nicht vorwärts, nicht zurück.*
> *Die Gegenwart allein —*
> Helena: *Ist unser Glück.*

So lehrt die Harmonie der Empfindung auch den Einklang der Worte! Der persische Dichter erzählt so von der liebenden Sklavin *Dileram*, welche jedes Wort ihres Herrn, des Schahs *Behram*, gleich einem Echo nachklingen ließ, genau wie die Empfindung in ihr widerhallte:

> *„Dileram!“ So schloß er stets,*
> *Und stets schloß sie: „Schah Behram!“*
> *Und so war der Reim entblüht,*
> *Wie der Held zur Huldin kam. —*

Man gestatte diesen Nachtrag zu meinen „Reimwortbildungen“ als einen poetischen Beleg zu der dort vertretenen Ansicht, daß gleiche Empfindungen und Bedeutungen auch gern durch ähnliche Lautgebilde ausgedrückt werden.

[3]) Siehe Reimwortbildungen S. 219; Idg. Ablautprobleme S. 75, Fußn. 1, wozu hier neue Ergänzungen treten.

Στρίγγες. Δαμάτηρ : Γαμάτηρ, Μαία : Γαία. Μήνη : Σελήνη,
Μεροπή : Στεροπή, Βάκχος : Ἴακχος, lat. *Mutinus* : *Tutinus*, *Jovis* :
Vejovis, *Carmentu* : *Larenta*, *Abeona* : *Adeona*, *Pavor* : *Pallor*,
Picumnus : *Pilumnus*, *Anna* : *Peranna*. aisl. *Alfǫðr* : *Vulfǫðr*,
die Riesenmädchen *Fenja* und *Menja*, die Walküren *Hrist*
und *Mist*, die Zwerge *Vitr* und *Litr*, *Dóri* und *Óri*, *Skirfir*
und *Virfir*, *Fíli* und *Kíli*, *Góinn* und *Móinn*, *Náinn* und *Þráinn*
usw.,[1]) die Hunde *Ruska* und *Luska*, die awestischen Vögel
Amru- und *Čamru-*, die arabischen Engel *Hārūt* und *Mārūt*
im Koran,[2]) die hebräischen Dämonen *Ūšakē* und *Būšakē*[3])
und die ungarischen Zwerge *Pilinko* und *Tilinko*.[4]) Diese
Belege dürften genügen, um die Reimbildung bei Götternamen
zu beweisen. Zweifellos handelt es sich, namentlich bei den
nordischen Namen, zum guten Teil um rein künstliche Gebilde, die erst der Reim erzeugt hat. Dies zeigt uns in lehr-
reicher Weise ein volkstümlicher Andreassegen.[5]) Will ein
Mädchen seinen zukünftigen Mann sehen, so braucht es nur
am Andreasabend Hafer und Lein in die vier Ecken seiner
Kammer zu streuen und folgendes Sprüchlein zu murmeln:

> *Eas, Keas,*
> *Mein lieber Andreas,*
> *Ich sä', ich säe Haberlein,*
> *Daß mir mein Herzallerliebster erschein' …*

Die beiden ersten Namen sind nur Reimvariationen zum
Namen des Heiligen. — Das Musterbeispiel eines Palindroms
sei die *rox mystica* βαιτχοιοιοιχοιοιοιχριαβ (173). Auch die
Alliteration spielt gelegentlich eine Rolle, wie z. B. bei dem
charakteristischen Wort πεπερπερπεμπιπι (98), gebrochene Re-
duplikationen wie im Gebilde *Briklibrit* in GRIMMS Märchen
usw. Auch dreimalige und noch öftere Wiederholung derselben Silbenreihen läßt sich oft beobachten. Wenn also der
Sprachforscher auch schon manche Kräfte wirken sieht, die
beim Schaffen solcher grotesken Gebilde wirksam waren —

---

1) Siehe auch GRIMM, Myth.⁴ 375.
2) LITTMANN, Festschrift f. Andreas, 1916, 70 ff.
3) SCHEFTELOWITZ, Die altpers. Rel. u. d. Judent., 1920, 60.
4) v. WLISOCKI, Volksglaube u. relig. Brauch d. Magyaren, S. 33.
5) Vgl. SCHINDLER, Aberglaube 259.

in der Hauptsache wird er erkennen müssen, daß bei diesen höllischen Fratzen ein methodisches Forschen und Etymologisieren ganz unangebracht ist. Das gilt auch von den altindischen *voces mysticae*, wie *hiṅ* und *om*,[1] während *vauṣaṭ, vaṣaṭ, vauk* (Śat. Br. I, 7, 2. 21), *svāhā* verständlicher sind: *vaṣaṭ* ist Aorist von *vah-*,[2] *svāhā* entstand aus *su-āhu, vauk* ist wohl aus *vauṣaṭ* und *vāk* vermengt. In der Formel *hiṅ bhūr bhuvaḥ svar om!* Āśv. S. I, 2, 3 sind *Prajāpatis* drei Schöpfungsworte, die wir oben kennen lernten (S. 22, A. 2), von den beiden mystischen Worten *hiṅ* und *om* eingefaßt. Während *hiṅ* sprachlich eine gewöhnliche Interjektion, so gut wie ai. *hum, huṅ, hīṣ, huduk, phaṭ. hummā* usw. darstellt. dürften bei der Bildung von *om* wohl die Substantive *ómā* m. „günstig, helfend", *omā* m. „Gunst", *omyā* „Schutz" zu *ávati* „fördert, schützt" (= lat. *avēre*) eine Rolle gespielt haben. Es ist ein seltsam Spiel des Zufalls, daß die gleiche Silbe auch in den eleusinischen Mysterien beim Schluß des Gottesdienstes den Fortgehenden zugerufen wurde: κόγξ ὄμπαξ.[3] Aber selbstverständlich ist die Ansicht, dieses ὄμ- sei das indische *om*, unhaltbar. mahnen doch auch die sicher unverwandten Wörter hebr. *amen* und lat. *ōmen* zur Vorsicht.

[1] Über diese Silbe *om*. die oft als vierlautig *aum* und nasalischer Nachklang aufgefaßt wird, findet man in den Upaniṣaden die abenteuerlichsten Lehren. Es genüge hier eine kleine Stelle aus dem Nṛsiṃha-Tāpanīya Up. 2, 1, wo Prajāpati den Göttern das Wort *om* auslegt: „*Om*, diese Silbe ist dieses All. Seine Erklärung ist: Das Gewesene, Seiende, Zukünftige, dies alles ist das Wort *om*. Und was noch anderes, über die drei Zeiten Hinausgehendes es gibt. auch das ist das Wort *om*: denn dies alles ist *bráhma* (n.)." A. Weber, Ind. Stud. 9, 126. Oder a. a. O. 1, 22: „Die erste *mātrā* des Wortes, das *a*, ist die Erde, die Luft ist der *u*-Laut, der Himmel der *m*-Laut, die Halb-*mātrā* am Ende ist die Mondwelt" (*a* + *u* + *m* + nasal. Nachklang = *om*). A. Weber a. a. O. 90; auch Ind. Stud. I, 255. Ähnlich soll in *Abracadabra* A = *ab* „Vater", B = *ben* „Sohn" und R = *ruah* „Geist" bedeuten.

[2] Vgl. dazu Eggeling, Sacr. Books of the East XII, 88, Fußn. 2. A. Weber, Ind. Stud. 9, 1865, 92, Fußn. 1.

[3] Lobeck, Aglaoph. I, 775 ff., Dieterich, Mithrasliturgie[2] 216. κόγξ und πάξ sehen wegen des bezeichnenden *s* bzw. *ξ* am Ende aus wie onomatopoetische Lautgebilde des Typus von nhd. *Kribs, Krabs, Klaps, Bums. pardautz*, lat. *pax!* „basta" (s. o. S. 35) u. dgl. Dieselbe charakteristische Bildung auf *ξ* haben wir in dem *Apollobex* des Leydner Papyrus (ägypt. *bak* „Sperber", nach Wiedemann. Religion der alten Ägypter, 1890, 145).

πάξ erinnert auch an das mittelalterliche *hax, max, pax*, vgl.
endlich den Ausruf nhd. *Flix, Flax, Floria* (z. B. in ZELLERS
„Vogelhändler“). Für das Awesta begnüge ich mich, auf das
„kabbalistische Gemengsel“[1]) an der Stelle Y 11,9 zu verweisen.

3. Als besonders wichtigen Faktor nennen wir die Zahlen-
mystik und Onomantie: Da die Buchstaben im Griechischen
und in den semitischen Sprachen auch Zahlen bedeuten, ist
hier seit den Zeiten der Pythagoräer manches Geheimnis zu
enträtseln gesucht worden. Der große Zaubergott Ἀβραϭάξ
ergibt die Zahl 365 $(\alpha = 1) + (\beta = 2) + (\varrho = 100) + (\alpha = 1) +$
$(\sigma = 200) + (\alpha = 1) + (\xi = 60)$.[2]) In dem Namen des persischen
Mithras entdeckte spätere Spekulation in der Schreibung *MEI-
ΘΡΑΣ* die Zahl 365, und man deutete dies auf den Jahres-
lauf des Sonnengottes.[3])

Namentlich in den Lehren der Kabbala spielt die Buch-
stabenversetzung, Permutation, Wortbildung aus Anfangs- oder
Endbuchstaben von Bibelsprüchen eine seltsam-phantastische
Rolle. Um nur ein Beispiel zu nennen, so entsteht aus den
ersten Worten der Genesis: „es werde Licht, und es ward
Licht“: יהי אור ויהי אור durch einfache Aneinanderreihung der
Anfangsbuchstaben dieser vier Worte der neue Gottes- und
Geheimname יאוא *Jara*. Die 72 Gottesnamen des sog. *Schem-
hamphoras*, des „geteilten Namens“, entstehen in ähnlicher
Weise aus drei Versen[4]) mit 72 Buchstaben aus dem zweiten
Buch Mosis.[5]) Sprachwissenschaftlich ließen sich aus einer
ganz anderen Welt die neuen Wortschöpfungen vergleichen,
die durch Zusammenfügen von Anfangssilben oder -lauten
fester Wortverbindungen gerade in unserer Zeit so beliebt
sind, wie *Kaweco*-Federhalter (= K. W. Comp.), *Ila* (= Inter-

nationale Luftschiffahrt-Ausstellung), *Ufa*(=Union-Film-Aktien-
gesellschaft), *Hapag* usw. Da ferner die hebräischen Buchstaben
zugleich Zahlenwert haben, ein Wort also auch als Zahl gelesen werden kann, kam man auf den Gedanken, Wörter von
gleichem Zahlenwert miteinander gleichzusetzen und zu ver-
tauschen. Endlich gibt es sehr verwickelte Lehren von der
Permutation, d. h. Buchstabenversetzung, wie z. B. die „Kabbala
der neun Kammern", wodurch neue künstliche Gottes- oder
Engelsnamen entstehen. Sprachwissenschaftlich haben alle
diese spitzfindigen Methoden einer künstlichen Wortschaffung
nach den kabbalistischen Methoden der drei Grundarten *Ge-
matria*, *Notariqon* und *Temura* weiter kein Interesse und
mußten hier nur des Prinzips wegen erwähnt werden.[1])

Hier möge auch die seltsame Ansicht von der Bildung
des Namens *Adam* ihre Stelle finden, wie sie in einem im
Mittelalter weitverbreiteten lateinischen Text, den M. Förster,
Archiv f. Religionswissenschaft 11, 1908. 481 ff. behandelt hat,
vertreten wird: c. IV. Cum factus fuit Adam et non erat
nomen eius, vocavit dominus quattuor angelos suos et dixit
eis: „ite, querite nomen istius hominis!" Angelus Michael
(h)abiit in oriente et vidit stellam, cuius nomen *Anatholim*.
et tulit inde A et adduxit ante dominum. Angelus Gabriel
abiit in occidente et vidit stellam, cuius nomen erat *Disscis*.
et tulit inde D et adduxit ante deum. Angelus Raphael abiit
in aquilone et vidit stellam, cuius nomen erat *Archtus*, et tulit
inde A et adduxit ante dominum. Angelus Uriel abiit in me-
ridiano et vidit stellam, cuius nomen erat *Mensebrion*, et tulit
inde M et adduxit ante dominum. Et dixit at Uriel dominus:
„lege litteras!" et dixit Uriel: ADAM. Et dixit dominus:
„sic vocabitur nomen eius!"

Mittelalterliche Mystiker werden nicht müde, in diesem
Sinn die Geheimnisse eines Namens zu entschleiern. Es muß
uns als Probe eine Stelle aus Jacob Böhmes Seraphinisch
Blumengärtlein 1700, cap. 35. 51[2]) genügen, wo der Name

---

[1]) Vgl. E. Bischoff, Die Kabbalah. Einführung in die jüd. Mystik
u. Geheimwissenschaft, 1903, und die Elemente der Kabbalah, 1515.

[2]) Neudruck von A. v. D. Linden (in den Geheim. Wissenschaften 16),
1918, S. 219. Wer solche schwindelerregende Phantastereien nur dem
Mittelalter zutraut, der lese G. v. Lists „Ursprache der Ario-Germanen u.

Jesus so erklärt wird: „Der innerliche Verstand in den fünf Vocalibus ist dieser: I ist der Name IESUS. E ist der Name Engel. O ist die geformte Weisheit oder Lust des I, als des IESUS, und ist das Zentrum oder Herz GOTtes. V ist der Geist, als das SUS an dem IESUS, welcher aus der Lust ausgehet. A ist der Anfang und das Ende, als der Wille der ganzen Fassung, und ist der Vater."

Erwähnt werden mag als Gegenstück zu solcher Art von Namenzerlegung die Art, wie in spiritistischen Sitzungen durch Klopflaute Sätze gebildet werden: „Derjenige, welcher Mitteilungen wünschte, zeigte der Reihe nach auf die Buchstaben eines gedruckten Alphabets. Klopflaute gaben dann die Buchstaben an, welche die Antwort bildeten. Auf diese Weise konnten Namen oder ganze Sätze schnell zusammenbuchstabiert werden." [1])

4. Der Gefühlswert des reinen Klanges spielt bei den Geister- und Engelssprachen die größte Rolle. Kühne Wortschöpfungen, die in Augenblicken dichterischer Begeisterung geboren waren, sind ja auch in der Literatur belegt. Um nur ein bekanntes Beispiel zu nennen: DEHMEL schuf im „Trinklied" so sein *dagloni gleia glühlala*; das erste Wort ist ein Beleg dafür, daß einem Dichter die gewöhnliche Sprache einfach nicht genügt und er rein gefühlsmäßig — nicht nach irgendwelchen formalen oder grammatischen Vorbildern — ein völlig neues begeisterungtrunkenes Wortgebilde prägt:

> *Singt mir das Lied vom Tode und vom Leben,*
> *dagloni gleia glühlala!*

ihre Mysteriensprache" oder sein „Geheimnis der Runen" oder E. TIEDES Ur-arische Gotteserkenntnis, 1917 nach, wo er z. B. belehrt wird, daß alle germanischen Runenzeichen in dem „achtflächigen Kristallsiegel", dem „Saphir" und „Stein der Weisen" enthalten sind (S. 133 ff.). Es ist lehrreich, Kräfte auch in unserer „modernen" Zeit wieder am Werk zu sehen, die in früheren Tagen sich viel ungehemmter auswirken konnten.

[1]) A. LEHMANN, Abergl. u. Zauberei[2], 1898, 248 f. Über Buchstabenzauber vgl. im übrigen DIETERICH. Rhein. Mus. 56, 77 ff. = Kl. Schriften 202 ff.: BOLL, Sphaira 469 ff.; MOGK in Hoops Realenc. IV, 580, WEBER. Ind. Stud. 2, 315 ff. Auch erinnere ich an die bekannte *Sator arepo*-Formel. s. FRITSCH, Ztschr. f. Ethnol. XV, 1883; Verhandl. d. Berl. anthrop. Gesellsch. 535 und zuletzt SELIGMANN, Hess. Blätter f. Volkskunde XIII, 1914, 154 ff.

Kling klang, seht schon knicken die Reben,
aber sie haben uns Trauben gegeben.
walla hei!

Singt mir das Lied vom Tode und vom Leben.
dagloni; Scherben. klirrlalu!
Klingklang: neues Glas! trinkt! wir schweben
über dem Leben, an dem wir kleben, hei!

So ähnlich dürfte das *Optinipoga* „du mußt schlafen" der Seherin von Prevorst zu werten sein. Die suggestive Wirkung des Wortklangs auf Visionäre und Ekstatiker läßt sich häufig beobachten. Wenn Franz von Assisi den Namen „Bethlehem" aussprach. empfand er eine Süßigkeit im Mund. wenn er den Namen „Jesus" nannte, schmatzte er mit den Lippen: labia sua, cum puerum de Bethlehem vel Jesum nominaret, quasi lingebat lingua, felici palato degustans et deglutiens dulcedinem verbi huius. [1]

Die Anhänger einer Sprachmystik würden hier zu ihrem Recht kommen, insofern sie überzeugt sind, daß stets bei einem Wortgebilde der lautliche, akustische Klangeindruck in inniger Beziehung zum Wortbegriff stehe — nicht nur in der verhältnismäßig geringen Gruppe der lautnachahmenden Schallwörter. Solche Mystiker wähnen, die feinsten Färbungen und Schattierungen der Bedeutung aus dem bloßen Wortklang herauszuhören, mehr wie das: sie glauben, wie sich dies z. B. auch Jacob Böhme zutraute. nur am lautlichen Klang eines ihnen fremden Worts seine Bedeutung erraten zu können. Dann gäbe es eigentlich nur éine wesentlich lautmalende Sprache. die „innere" oder „höhere" Sprache. wie man sie wohl nennt. die „Natur-" oder „sensualische Sprache" wie sie Jacob Böhme heißt; alle wirklich gesprochenen wären nur Zweige und Schößlinge jener allgemeinen Ursprache, hätten sich aus ihr entartet. weil das Gefühl der Menschen sich in ihrer kulturellen Entwicklung änderte und differenzierte und sich so auch jener engste natürliche Zusammenhang von Wortklang und

---

[1] Siehe O. Stoll, Suggestion u. Hypnotismus i. d. Völkerpsychologie. Leipzig 1894, 292 u. 377. Andere haben Farbenempfindungen beim Aussprechen von Worten, „Schallphotismen", s. Stoll. a. a. O. 476 ff.

Wortbedeutung unter dem abnutzenden, zerstörenden Wirken des Alltaggebrauchs allmählich verlor oder doch verdunkelte.[1]) Jedenfalls ist mir nicht zweifelhaft, daß SWEDENBORGs oben kurz dargelegte Ansichten über die Engels- und Teufelssprache[2]) durchaus auf dieser Vorstellung beruhen, wenn auch alles verfeinert und veredelt erscheint. Man könnte offenbar diese SWEDENBORGsche Engelssprache, wenn ich anders ihn recht verstehe, einer trefflichen Komposition vergleichen, die mit dem Ausdrucksvermögen und Gefühlsgehalt der Töne eine bestimmte Empfindung oder einen bestimmten Sinn bis zum völlig eindeutigen Ausdruck zu bringen imstande wäre, da Wort und Sinn, Wortklang und musikalischer Ton bis zur höchsten Vollkommenheit einander angepaßt wären. In ähnlicher Weise sagt KERNER in der „Seherin“: „Soll es denn nicht eine Sprache geben, welche die Potenzen und Gradationen der Naturdinge ebenso in den Charakteren und Wörtern ausdrückte, wie die schaffende Natur, so daß beim Hören und Lesen des Wortes zugleich auch alle die wesentlichen Dinge selbst zur Vorstellung gelangen?“ Wir verstehen, warum nach SWEDENBORG die Sprache der Engel keine harten Konsonanten kennt, warum keine Konsonantenhäufungen sich finden und sie so überreich an Vokalen ist (a. a. O. § 241, S. 189): sie gleicht einer im *dolcissimo* erklingenden, das reine und schuldlose Gemüt der Engel eindeutig und restlos wiedergebenden sanften Melodie. So nur wird schließlich verständlich, warum nach SWEDENBORG auch jedem Menschen eine ähnliche Sprache wie die der Engel eingepflanzt ist: „da sie aber bei dem Menschen nicht, wie bei den Engeln, in die dem Gefühl analogen Worte fällt, so weiß der Mensch nicht, daß er in ihr ist; jedoch liegt hierin der Grund, warum der Mensch, sobald er ins andere Leben kommt, sofort dieselbe Sprache mit den Geistern und Engeln daselbst gemein hat, sie zu sprechen weiß, ohne daß ihn jemand lehrte“ (§ 243, S. 190).

Glauben wir so die Träume unseres Geistersehers wohl begreifen zu können, so ist gegen jene Theorie, die ja auch in der Sprachwissenschaft eine Rolle spielt und selbst einen

---

[1]) Vgl. dazu oben S. 50.   [2]) S. 52.

Jacob Grimm betört hat, das Walten des Begleitgefühls entgegenzuhalten, des zarten Seelchens, das nicht abgenutzten, unverbrauchten Worten ihre individuelle Färbung, ihre zarte Leuchtkraft und ihren feinen Duft verleiht. [1] Subjektivem Werten und nicht zu geringem Phantasiespiel wird man aber mit nüchternem Hinweis auf den Gefühlswert stets einen schlimmen Stand haben. Zur näheren Beleuchtung der Ansichten moderner Mystiker über die göttliche Sprache begnüge ich mich mit einer bezeichnenden Stelle aus Saint Jean de la Croix. La Nuit obscure de l'Ame II, 17 [2]): „Wir empfangen diese mystische Erkenntnis Gottes nicht durch Bilder oder bildliche Darstellungen, deren unser Geist sich sonst bedient. Da nun die Sinne und die Einbildungskraft nicht mit im Spiel sind, so erhalten wir durch diese Erkenntnis weder Gestalt noch Zeichen; auch können wir keinen Bericht darüber geben noch etwas als Gleichnis heranziehen; und doch dringt diese geheimnisvolle und süße Weisheit tief in unsre innerste Seele. Man denke sich einen Menschen, der etwas zum erstenmal in seinem Leben sieht. Er kann es verstehen, gebrauchen und genießen, aber er weiß es weder zu benennen noch zu beschreiben, obwohl es nur ein reines Sinnending ist. Um wieviel weniger wird er das können, wenn es über die Sinne hinausgeht. Das ist die Eigentümlichkeit der göttlichen Sprache. [3]) Je innerlicher, geistiger und übersinnlicher sie ist, je mehr geht sie über die Sinne hinaus, sowohl über die inneren als über die äußeren und erlegt ihnen Schweigen auf. Die Seele fühlt sich dann wie in einer großen, tiefen Einsamkeit, zu der nichts Geschaffenes Zugang hat, in einer unendlichen, grenzenlosen Einöde, einer Einöde, die um so köstlicher ist, je einsamer sie ist. In diesem Abgrund der Weisheit wächst die Seele, indem sie aus den Quellen der Erkenntnis der Liebe trinkt und erkennt, daß unsere Worte, so erhaben und gelehrt sie auch sein mögen, doch ganz gemein, nichtssagend und ungeeignet sind, wenn wir sie auf göttliche Dinge anwenden wollen." Das musikalische Element, das wir

---

[1]) Verf., Sitzungsber. d. Heidelb. Ak. d. Wiss., 1914, 13. Abhdl., S. 13 ff.

[2]) James-Wobbermin, Die religiöse Erfahrung, Leipzig 1907, S. 378 f.

[3]) Von mir gesperrt.

in Swedenborgs Beschreibung der Engelssprache zu empfinden glaubten, treffen wir auch sonst in Beschreibungen der Mystiker an, wenn sie von der Geistersprache reden. Man vergleiche H. P. Blavatsky, The Voice of the Silence[1]): „Wer die Stimme der Nada, den 'klanglosen Klang' hören und verstehen möchte, der muß die Natur der Dharana kennen lernen … Wenn ihm seine eigene Gestalt unwirklich erscheint, wie beim Erwachen die Gestalten der Träume, wenn er aufhört, das Viele zu sehen, kann er das Eine erkennen — den inneren Klang, der den äußeren verstummen läßt. Denn dann wird die Seele hören und das Gehörte behalten. Und dann wird die Stimme des Schweigens zu deinem inneren Ohre sprechen. Und nun ist dein Selbst im Selbst verloren, du selbst in dir selbst, aufgegangen in dem Selbst, von dem du zuerst ausgegangen bist. Sieh, du bist das Licht und der Klang geworden, du bist dein Meister und dein Gott. Du selbst bist der Gegenstand deines Suchens: die ungebrochene Stimme, die durch die Ewigkeiten hindurchklingt frei von Wechsel und Sünde, in der die sieben Töne vereinigt sind, die Stimme des Schweigens. Om tat sat." So spielt, wie schon erwähnt (o. S. 58, A. 3), das Klingen einer Glocke in Muhammeds Offenbarungen und Visionen eine große Rolle.[2])

5. Der Wortrhythmus und die Satzmelodie sind gleichfalls von großer Wichtigkeit: so klingt der Rhythmus bei dem oft gebrauchten Zauberwort αβλαναθαναλβα oder in den Sechssilbern ραβουκακαρφορβα (323), μασκελλι-μασκελλω (oft gebraucht), καμπεκριλελαμμα (337), χορβαιουαχαρσω (127), θαμθυλαχιαω (51), ακτεβορεγερση (97), ακραμμαχαμαρη (459) jedem, der rhythmisches Gefühl besitzt, in das Ohr. In dem *Abracadabra* ist neben dem Reim der Rhythmus nicht zu verkennen. Auch kann man auf die oben (S. 30) angeführten Worte eines Zungenredners hinweisen:

> *sangala, singala, sing sing,*
> *mangala, mangala, mang mang mang.*

wo neben Reim und Ablautspiel vor allem der Rhythmus

---

[1]) James-Wobbermin a. a. O. 392 f.
[2]) James-Wobbermin a. a. O. 442, Nöldeke, Gesch. d. Korans, S. 16.

auffällt, jener volkstümliche Vierheber, den schon die Kinder bei ihrem Spiel stets anwenden: × × × × ×.

6. Der Spieltrieb, wie er sich in sog. „Streckformen" und künstlichen Sprachspielen wie der *po-*, *ff*-Sprache[1]) u. dgl. äußert, kommt auch für die Geisterworte in Betracht: z. B. βαρβαριηλ βαρβαραιηλ θεὸς βαρβαραηλ βηλβουηλ (94), φορφωρφωρβα βωρφορφορβα φορφορφορβα βωρβορβορβα βορβορβορβα (373). Ein besonders lehrreiches Beispiel entnehme ich der ungarischen Literatur.[2]) J. Arany, läßt in dem Gedicht „Jóka ördöge" einen Teufelsbeschwörer so sprechen: *turgudorgod mirgit forgogargadttárgál? argadórsogorgom margargadttárgál.* Streicht man nun nach dem System der sog. 'Vogelsprache' in jeder Silbe *rg* + Vokal, so bleiben zwei ganz gewöhnliche Sätze: *tudod mit fogattál?* „weißt du, was du versprochen hast?" *adósom maradtál* „mein Schuldner ist geblieben".

7. Nachahmung eines allgemeinen Sprachcharakters in der Wahl besonderer Vokale oder Konsonantengruppen, vor allem auch mit üblichen Endungen, wie wir sie oft in der Studentensprache beobachten (*Buckelorum* „Buckliger", *Hallorum, Schlinkschlangschlorum. Fidibus* usw.)[3]) Hier scheint bei den *roces mysticae* das Semitische, vielleicht auch Ägyptische eine besonders vorbildliche Rolle gespielt zu haben: viele Worte haben eine semitische Klangfarbe, z. B. αλαμ (21), βοχορ (82), ιρραηλ : ιστραηλ (114), οχνουν (100), δαμουτ (150), βοεφι (261), ερου (276), λαυλαμ (278), θαχολ (287) usw.: das sind alles natürlich nur subjektive Eindrücke. Bei der Kassler Pfingstbewegung ist ein slavischer Einfluß nicht zu verkennen: *rotschikrei* usw. Hier spielen zweifellos unbewußt fortwirkende Gehörseindrücke eine Rolle. Dem Sprachforscher macht die mittelalterliche Formel *Ananisapta* einen indischen Eindruck, sicherlich mit Unrecht.

Sehr interessant ist es, bei einem über ganz Europa verbreiteten Märchen,[4]) wie dem „Rumpelstilzchen", zu beobachten.

---

[1]) Neue Proben s. Mitteil. Schles. Ges. f. Volkskunde, 1918, S. 215.

[2]) Siehe Emerich Kövi, PBB 32, 1907, 554.

[3]) Siehe Kluge, Deutsche Studentensprache, 1895, 40 f. Belege für allgemeine Nachahmung bietet das Persische bei Aristophanes.

[4]) Siehe die Anmerkgn. v. Bolte--Polívka z. d. Märchen, 1913, 495.

wie der Name des seinem Wesen in allen Varianten stets
gleichbleibenden Kobolds je nach der betreffenden Sprache
sich ändert, wie man also bei der Übernahme des Märchen-
stoffs den Geisternamen nach dem betreffenden Sprachgefühl
umgewandelt hat [1]):

a) Gewöhnliche Namen: dithmarsch. *Gebhart*, schlesw.
Hans Donnerstag, oldenb. *Vater Fink*, österr. *Felix*, franz. *Dic
et Don*, bask. *Kirikitom*.

b) Ablautende Namen: franz. *Riedin Riedon*, engl. *Tom
Tit Tot*, čech. *Tingl-Tangl*, schles. *Friemel, Friemel, Frumpenstil*.

c) Reimformen: poln. (drei Frauen) *Ciucia Łucia, Łup-
cup-cup pro drodze*, nsächs. *Holzrührlein, Bonneführlein*, silt.
Ekke Nekke-pen, ostpreuß. *Ettle Pettle*.

d) Umschreibungen: sizil. *ligna di scupa*, ungar. *Varga-
luska*, westfäl. *Hoppeltinken*, hess. *Rumpelstilzchen*, pomm.
Doppeltürk, swaart Hex, österr. *Springhunderl, Kruzimugeli,
Ziliguckerl*, tirol. *Kugerl, Kistl im Körbl, Purzinigele, Hahnen-
kikerle, Spitzbartele, Waldkügele*, harz. *Fidlefitchen*, opfälz. *Spitz-
bärtl*, schlesw. *Knirrficker*, deutschung. *Winterkölbl*, niedsächs.
Verlefränzchen, Joppentienchen, antwerp. *Kwispeltolje*, hess.
Flederflitz, olausitz. *Cyketaruśk*, schott. *Fittletot, Whuppity,
Stoorie*, čech. *Kulfaček*, harz. *Pampernelle*.

e) Phantasienamen: franz. *Racapet*, ital. *Tarandò, Zoro-
bubù*, westfäl. *Zirkzirk*, schwed. *Titelituri*, lothr. *Ropiquet*, franz.
Virlouvet, Mirkikerir, Rodomont, deutsch (dial.) *Hippche*, isländ.
Gilitrutt usw.

Es ist höchst reizvoll, diese künstlichen „Urschöpfungen"
eines Koboldnamens stets durch den allgemeinen Sprach-
charakter des betreffenden Volkes bedingt zu sehen.

8. An letzter Stelle dieser ersten Hauptgruppe von Götter-
und Geisterworten möge eine Deutung einzelner Wörter aus
der unbekannten Sprache [2]) der heiligen HILDEGARDIS versucht
werden, die im Jahre 1179 als Äbtissin des Klosters Rupertsberg
bei Bingen gestorben ist (s. o. S. 29). Es ist bekannt, daß diese

[1]) Belege der Namen bei POLÍVKA, Ztschr. f. Volkskunde 10, 1900,
S. 254 ff., 382 ff.

[2]) Abdruck der Glossen bei ROTH, Geschichtsquellen aus Nassau III, 1880,
S. 457 ff. und bei STEINMEYER, Althochd. Glossen III, 390 ff. Die anderen
Werke bei MIGNE, Patrologia latina, Bd. 197, 1855.

außerordentliche Frau, die als Dichterin und Philosophin, als Ärztin und Naturforscherin in ihrer Zeit hervorragte, Visionen hatte und als Seherin bei ihren Zeitgenossen großes Ansehen genoß. So soll sie im Jahre 1141, als sie im 43. Lebensjahre stand, plötzlich ein Licht umleuchtet haben, und sie glaubte den überirdischen Befehl zu hören: „Du gebrechlich Geschöpf, Staub von Staub und Asche von Asche, sprich und schreibe, was du siehst und hörst. Sprich und schreibe nicht nach menschlicher Rede, nicht nach menschlicher Einsicht, nicht nach menschlicher Darstellungsweise, sondern so, wie du es in Gott vernimmst, so, wie der Schüler die Worte des Lehrers wiederholt!“ [1]) In einem Brief an den Mönch Wibert von Gembloux teilt sie Genaueres über die Art ihrer Visionen mit [2]): „Wie der Spiegel, der alles reflektiert, in einen Rahmen gefaßt wird, so hat Gott die menschliche Vernunft in den Rahmen des Körpers eingeschlossen. Durch sie schaut der Mensch die Geheimnisse Gottes wie in einem Spiegel ... Von meiner Kindheit bis zu dieser Stunde, da ich über siebzig Jahre zähle, gewahre ich ununterbrochen jenes Licht in meinem Innersten. In diesem Licht erhebt sich meine Seele auf Gottes Geheiß zur Höhe des Himmels, in die Lüfte und zu den Wolken, zu den entferntesten Orten und ihren Bewohnern. Ich sehe alles bis ins Kleinste. Aber ich vernehme es nicht durch die fünf Sinne meines Körpers, ich erreiche es nicht durch intensive Gedankenarbeit, sondern alles steht klar vor meinem Geiste. Meine Augen sind offen, keine Ekstase umfängt mich. Ich schaue es Tag und Nacht, wachend und nicht träumend, aber oft todkrank und sterbensmatt. Das Licht, welches ich erblicke, ist an keinen Raum gebunden. Aber es ist heller als die Wolke, welche die Sonne trägt. Es hat weder Länge noch Breite noch Tiefe. Ich nenne es den „Schatten des lebendigen Lichtes“. Wie Sonne, Mond und Sterne sich im Wasser spiegeln, so spiegelt sich in ihm Schrift und Wort, Tun und Lassen der Menschen. Was ich in diesem Lichte schaue, verstehe ich sofort und behalte es lange Zeit. Was ich aber nicht in diesem Lichte

---

[1]) JOH. MAY, Die heilige Hildegard von Bingen, 1911, 45.
[2]) MAY a. a. O. 46.

erkenne, bleibt mir fremd, da ich keine gelehrte Bildung besitze. Was ich in diesem Lichte sehe, höre oder schreibe, bringe ich in formlosen lateinischen Worten vor, so wie ich sie in der Vision vernehme. Ich schreibe nicht, wie die Philosophen, meine Worte erklingen nicht wie die menschliche Stimme, sondern sie gleichen einer zuckenden Flamme, einer Wolke, die in klarer Luft schwebt. Die Gestalt des Lichts umfasse ich so wenig, als ich die Sonnenkugel mit meiner Hand umspannen kann. Manchmal, jedoch nicht häufig, sehe ich in der Lichtwolke ein anderes helleres Licht, das ich das 'lebendige Licht' nenne."

Liest man diese Schilderungen und berücksichtigt man, wie interessant und wertvoll gerade für den Sprachforscher die Pflanzennamen in den Physica der HILDEGARDIS sind, [1]) so bringt man den Mitteilungen über die unbekannte Sprache lebhaften Anteil entgegen, um leider bald enttäuscht zu werden. Denn es handelt sich bei einer ganzen Anzahl der rund 900 Glossen, aus denen diese lingua ignota per simplicem hominem Hildegardem prolata in dem Wiesbadener Codex Blatt 459 ff. besteht, nicht, wie man etwa erwarten sollte, um gefühlsdurchtränkte Lautgebilde als Ausdruck eines übermächtigen seelischen Erlebnisses und verzückten Schauens, sondern um — spielerische Verdrehungen deutscher und lateinischer Worte. Es ist schon bemerkenswert und unbestreitbar, daß die „unbekannte Schrift" der HILDEGARDIS nichts als eine offenkundige spielerische Entstellung der damals üblichen Schriftzüge darstellt, indem der Lautwert der Buchstaben nur versetzt und ein paar Häkchen und Strichlein an die üblichen Formen gefügt sind; [2]) auch wird man von vornherein enttäuscht, statt einer Beschreibung ganzer Sätze und grammatischer Formen nur Glossen zu finden. Seltsam und befremdend für unser Gefühl wirkt auch die Verwendung vereinzelter Glossen als Götterworte in den sonst lateinisch geschriebenen Hymnen der Heiligen, z. B. (in dedicatione ecclesie Nr. 54): *O ecclesia orzchis armis divinis precincta et iacincto ornata tu es caldemia stigmatum loifolum et urbs scienciarum*

---

[1]) Vgl. z. B. Ztschr. f. d. Wortforschung III, 300.
[2]) W. GRIMM, Ztschr. f. d. A. 6, 1848, 324 ff.; MAY a. a. O. 234 f.

o o tu es eciam crizanca in alto sono et es chorzca gemma.
Wenn die Glossen ferner im seligen, lichtverklärten Schauen
himmlischer Geheimnisse entstanden wären, dann verstünde
man nur schwer, daß eine verstandes-, nicht gefühlsmäßige
Logik in manchen Bildungen von Götterworten herrscht. So
z. B.: *Maiz* 'mater' : *Hilzmaiz* 'noverca', *Peueriz* 'pater' : *Hilz-
peueriz* 'nutricus', *Peuors* 'patruus', also von *Peueriz* wie
putruus von *pater* abgeleitet, ähnlich *Maizfia* 'matertera' von
Maiz ‚mater', *Peuearrez* 'patriarcha' zu *Peuors, Peueriz, Pha-
zur* 'avus' und *Kulzphazur* 'attavus': hier war unbestreitbar
das Lateinische unmittelbares Vorbild.

Gehen wir aber von solchen allgemeinen Erwägungen zu
einer kritischen Prüfung der Einzelheiten über, dann erinnern
die Glossen der HILDEGARDIS nicht an die Sprache der Seherin
von Prevorst und ähnliche gefühlsgeschaffene Lautgebilde,
sondern — an Geheimsprachen spielerischer Art, wie wir sie
auch sonst aus der mittelalterlichen Literatur kennen.[1]) So
werden z. B. in den Schriften des Grammatikers VIRGILIUS,
'De duodecim latinitatibus' folgende besondere Methoden, Geheimworte zu bilden, unterschieden: 1. die usitata latinitas,
2. statt des ganzen Worts wird nur ein Buchstabe geschrieben,
3. die Neubildung 'nec tota usitata nec tota inusitata', wie z. B.
gilmola für *gula,* 4. spielerische Umformungen von Zahlwörtern:
nim 'unus', *dun* 'duo', 5. 'metrofia, hoc est intellectualis'. ut
dicantabat id est principium, sade id est iustitia, 6. statt
eines Wortes steht ein ganzer Satz, 7. statt eines Satzes ein
Wort, 8. Vertauschung der Casus und Modi, 9. eine Silbe
erhält die mannigfachsten Bedeutungen, 10. 'pro uno fono
usitato multa ponuntur', 11. 'spela, hoc est humillima, quae
semper res terrenas loquitur, 12. polema, hoc est superna,
quae de superioribus tractat'. Zu diesen wunderlichen Spielereien bemerkt GOETZ mit Recht: „Wir haben hier systematisch
durchgebildete Geheimsprachen, die aber nur im Schatten der
Schule ein dunkles Dasein führten, den Esoterikern ein geistreiches oder geistloses Spiel, den Exotikern gegenüber ein
Mittel, sich prahlerisch geheimnisvoller Weisheit zu rüh-

---

[1]) Vgl. GOETZ, Über Dunkel- und Geheimsprachen im späten und
mittelalterlichen Latein, Ber. d. Verh. d. Sächs. Ges. d. Wiss., 1896, 48, 62 ff.

men.“ [1]) Ähnliche Weisheit, die uns in die Technik bei der
Bildung von Geheimwörtern einführt, findet man in Schwenters
„Steganologia et Steganographia aucta Geheime, Magische,
Natürliche Red vnnd Schreibkunst“ aus der Zeit um 1620:
die Silben- und Buchstabenänderung und ihre Vertauschung
spielt dabei die Hauptrolle. [2]) Daß wir an solche Spielereien
auch bei den meisten Glossen der Hildegardis zu denken
haben, zeigt die Beobachtung, daß viele „Götterworte“ in
enger Abhängigkeit von lateinischen und deutschen Grund-
wörtern, oft mit bestimmten, häufig wiederkehrenden Suffixen,
gebildet sind. Wir unterscheiden:

a) Lateinisch-griechische Grundwörter. 1. Mit
Suffixvariation, z. B. *-libiʒ* in *Kirʒanglibiʒ* ‘missalis liber’,
Iʒimʒiolibiʒ ‘evangeliorum liber‘, *Mumiʒalibiʒ* ‘matutinalis liber’
ist lat. *libſer + iʒ*; folglich enthält *Libiʒamanʒ* ‘liber’ nur noch-
malige Suffixerweiterung: *lib + iʒ + am + anʒ*, *Iuriʒ* „Richter“
= *iurſis- + iʒ*, *Agilarchiniʒ* ‘magister scholarum’ = ἀγελάρχſης
+ *in + iʒ*, *Ieuiʒ* ‘iecur’ = lat. *ieſcſuſr + iʒ* mit ausgelassenem *c*,
Maiaʒ ‘maxilla’ = lat. *maſxſiſlla + aʒ*, *Coleʒia* ‘collum’ = *col-
ſlum + eʒ + ia*, *Rubianʒ* ‘sanguis’ = lat. *rubſer + ianʒ*, *Dormel*
‘culus’ = *dorſsuſm + el*, *Kolinʒia* ‘colu’ = *colſu + inʒ + ia*,
Gulʒia ‘faux’ = *yulſa + ʒ + ia*, *Hascutil* ‘nasus’, sicher Schreib-
fehler für *Nascutil*, vgl. *Nascu-ʒirʒ* ‘naseloch’, also *nasſus + cu*,
Cosinʒia ‘costa’ = „gestrecktes“ *cosſta + inʒ + ia*, *Duoliʒ* ‘nates’
= lat. *duo- + liʒ*, vgl. frz. *les deux soeurs* = ‘fesses’, *Dizol* ‘do-
minica dies’ = *diſes + solſis*, *Sanccuua* ‘cripta’ = *sanctua*, *Ceril*
‘cerebrum’ = *cerſebrum + il*, *Noʒia* ‘ulula’ = lat. *nocſtua + ia*,
Fluanʒ ‘tocium, Harn’ = *fluſere + anʒ*, *Umbriʒio* ‘tectum’ =
umbrſa + iʒ + io „Schattenspender“, *Tronischia* ‘cathedra’ =
t(h)ronſus, θρόνος *+ ischia*, *Maiʒ* ‘mater’ = *maſter + iʒ*, *Neuiʒ*
‘nepos’ = *neſpos + niʒ*, *Bosinʒ* ‘bubulcus’ = *bos + inʒ*, *Scorinʒ*
‘cor’ = *s + cor + inʒ*, *Figireʒ* ‘pictor’ = *figurſa + eʒ*, *Pillix*
‘capitellum’ = *caſpiſteſllſum + ix*, *Ipariʒ* ‘spiritus’ = *spirſitus*
mit Vokalspiel *+ iʒ*, *Abiol* ‘abbas’ = *abſbas + iol*, *Kanelis*
‘cantor’ = *canſtor*, *Karinʒ* ‘cardinalis’, *Enpholianʒ* ‘epus’ =

---

[1]) A. a. O. S. 91.
[2]) Siehe den Text bei Kluge, Rotwelsch, Quellen u. Wortschatz der
Gaunersprache u. d. verw. Geheimsprachen, 1901, I, 132 ff.

infula + *ianz*, *Cherin* 'gruz' = χαίρειν, *Aigons* 'deus', *Aiegang* 'angelus' = lat. *aefvum*, gr. αἰſών, also „der ewige“, *Osinz* 'mandibula' = lat. *os* + *ins*, *Luzeia* 'oculus', aber *Luzpomphia* 'ougappel', *Luziliet* 'cilium' = *lux* + *cilifum*, *Benizscia* 'dextra' = „segnende“, *benfed]icfens*, *Buianz* 'vesica' = *buflla* + *ianz*, *Zirzer* 'anus' = *circfulus* vom Ring im Mastdarm, *Monzchia* = *monfa]sfterium]* + *chia*, *Luicanz* 'lucerna' = *lucferna*, *Perezilinz* 'imperator' = *im]perfator* variiert, *Rifchol* 'rex' = *reg-*, wohl mit ahd. *riche* vermengt, *Gospilianz* 'dapifer' = *hospiftes*, mit Variation des Anlauts wegen *Gast*, das bei der Wortschöpfung vorschwebt, *Sparizin* „Wedel“ = *sparfgere* + *iz* + *in*, *Zimzitama* 'exercitus' = redupliziertes *exer]citfus*, *Nolischa*, *Denizimo* „November, Dezember“ variieren nur die ersten Silben der lateinischen Worte. *Auiriz* 'nauclerus' = *[n]avis* + *iz*, *Beluaiz* 'venator' = *belua* + *iz*, *Zilix* 'socius' = *so]cifus* + *lix*, *Zizim* 'circinum' = *ci[r]cifnu]m*, *Dunaz* 'responsorium' = *dufo* + *naz*,[1]) *Korischol* 'pfellel' = *corifum* + *schol*, *Kolianz* 'claudus' = χωλ[ός + *ianz*, *Peueriz* 'pater' = *p[ater r]everfendus* + *iz*, *Kelions* 'papa' = *cfaput] efccllefiae*, *Tronziol* 'patronus' = *pa]tronfus* + *zi* + *ol*, *Branizel* 'bracchium' = *brafchium* + *niz* + *el*, *Maluizia* 'meretrix' enthält *malfus* am Anfang, *Melzita* 'hunecwirz' = *mel*, *Cruniz* = *crufs* + *niz*.

2. Umstellung der Buchstaben: z. B. *Inimois* 'homo' = *hominis*, *Iur* 'vir' = *vir*, (vgl. aber *Uirlaiz* 'testiculi', *Viriscal* 'barba'), *Vrizoil* 'virgo' = *virgo* + *il*, *Loiffol* 'populus' = *populi* mit spielerischem Wandel der *p* in *f*, *Culizinz* 'villicus' = *ril[l]icus* verstellt, *Scailo* 'clericus' aus *sacfer* + *ilo* umgestellt.

b) Deutsche Grundwörter liegen vor z. B. in *Fuscal* 'pes', *Funiz* 'planta pedis', *Fuschalioz* 'bases' = *fuß* + *al*, + *niz*, *Garzinz* 'hortulanus' = *gartfen* + *inz*, *Gagria* 'anser' = *yackern* „die Schnatterin“, *Urchio* 'ciconia' = *[st]orch* + *io*, *Noifca* 'nathdegala' = *Nachtfiyall*, bzw. mit Anklang von lat. *noct-*, vgl. *Noizbiz* 'nocticorax', *Suinz* 'sudor' = *switfzen*, *Agizinix* 'magister' = *m]ayez[oyo* + *in* + *ix*, *Scraphinz* 'krephelin' = *s* + *krapfo* „Krapfen“ + *inz*, *Munchzidol* 'nummularius' = *munfiza* „Münze“ + Suffixkonglomerat, *Biminzsta* 'cos' = *Bimsstein*, *Clomischol* 'campana' = „gestrecktes“ *Glofcke*, *Zeia* 'testis' =

---

[1]) Siehe oben *dun* 'duo'.

zei/chen, zei/hen, *Kinchʒia* 'candela' = *Kien/span*, *Kinchfcalif* 'candelabrum' = *Kien* + *calix*, also „Kienhalter“, *Zinkia* 'ansa' = *ʒink/en* + *ia*, *Oir* 'auris' = *Ohr*, mit Einwirkung von *auris*, *Moniʒ* 'os' = *Mun/d* + *iz* mit Vokalvariation, *Mal/kir* 'molaris deus' = *malen*, *malmen* mit möglicher Einwirkung von lat. *molaris*, *Galich* 'membrum' = *Glied*, *gᵃlid*, ahd. *gilit*, *Dariʒ* 'intestina' = *Dar/m* + *iz*, *Bilidio* 'caelatura' = ahd. *bilidi* „Bild“, *Sterauinʒia* 'frons' *Stirn*, ahd. *stirna*, mit Vocalvariation, *Scardux* 'dux' = *Schar*, ahd. *skara* + *dux*, *Scalʒio* 'umerus' = *Schulter*, ahd. *scul/tirra* mit Vokalvariation, *Kriʒia* 'ecclesia' = *Kreuz*, ahd. *krūzi*, *Hoil* 'caput' *ho/ubit* + *il*, *Liʒo* 'saltator' = ahd. *leih* „Spiel, Tanz“, *Rabiniʒ* 'praedo' = *rauben* mit Vermischung von *rapere*, *Fulscaioliʒ* 'auceps' = im ersten Glied *fo/ga/l*, got. *fugls* „Vogel“, *Bumberiʒ* 'plaustrum' = *Bums*, onomatopoetische Bildung, *Flagur* 'flamma' = *flackern*, lat. *flagrare*.

c) Ein slavisches Grundwort scheint mir *Zuuenʒ* 'sanctus' = abg. *svętъ* „heilig“ zugrunde zu liegen, was ich der seltsamen Sprachbeziehung wegen besonders erwähne. Sogar Anklänge an Geheimsprachen neuerer Herkunft finden sich, z. B. erinnert *Miskila* 'soror' auffällig an *Meschel*,[1] *Mischl*[2] „Mädchen“ moderner Geheimsprachen. Da ich aber sonst keine weiteren beweisenden Beziehungen mit dem Rotwelsch gefunden habe, kann dies ein zufälliger Anklang sein oder auf ein gemeinsames hebräisches Wort zurückgehen. Die Übersicht über die von mir vorgetragenen Deutungen[3] dürfte zur Genüge den Beweis erbringen, daß wir es hier mit einer Art Geheimsprache zu tun haben, und daß der Spieltrieb die größte Rolle bei den Glossen der HILDEGARDIS spielt. Ich kann JOHANNES MAY, der vom katholischen Standpunkt aus

---

[1] KLUGE, Rotwelsch, 1901, 489 (Krämersprache).

[2] a. a. O. 417 (Wiener Dirnensprache).

[3] Nur etwa ein Dutzend Glossen fand ich bereits gedeutet bei GÖRRES, Mystik, 1837, II, 153, W. GRIMM, a. a. O. 339, GOETZ, Ber. d. Verh. d. Sächs. Ges. d. Wiss., 1896, 48, 92, J. MAY, a. a. O. 232, KLUGE, Unser Deutsch³, 1914, 71 ff. Eine ganze Reihe Vermutungen kann ich hier nicht weiter anführen, eine möge wegen der Kuriosität des Falles wenigstens hier folgen: *Arschia* 'culix' scheint auf einer tollen Mönchsetymologie zu beruhen, die *culix* von *culus* ableitete: *culus* wurde ins Deutsche übersetzt und mit dem auch sonst begegnenden Ausgang -*chia* vermummt.

das Leben der Heiligen schildert, im übrigen nur beistimmen,
wenn er über die „unbekannte Sprache" sich so äußert[1]):
„In freiem Spiel der Phantasie und in Anlehnung an bekannte
Worte hat HILDEGARD ihre unbekannte Sprache geschaffen ...
Daß sie selbst bei Darstellung der Geheimsprache unter dem
Einfluß übernatürlicher Erleuchtung zu stehen glaubt, ändert
an dieser Tatsache nichts. Im übrigen hatten schon die
Kluniazenser, wie später die Zisterzienser eine ausgebildete
Zeichensprache ... Nicht ganz so, aber ähnlich wird auch der
Zweck der Rupertsberger Geheimsprache gewesen sein. Zu-
nächst mußte es auf die Zuhörer einen feierlichen, tiefen Eindruck machen, wenn der Konvent in einer noch nie gehörten
Sprache verkehrte oder deren Worte in frommen Liedern gebrauchte. Sodann konnte es immerhin von Wert sein, in
einer politisch und religiös aufgewühlten Zeit ein Verständi-
gungsmittel zu besitzen, das nur eingeweihten Kreisen ge-
läufig war."

Wir kommen zu der sprachlich viel reizvolleren zweiten
Hauptgruppe von Geisterworten, nämlich zu denen, die aus
tatsächlich vorhandenen Sprachen genommen sind. Wir können
da etwa folgende Fälle absondern:

1. Formeln, Gebete, Namen usw. in der betr. Muttersprache. Wie häufig ist etwa das Vaterunser oder der Name
Gottes, Christi oder irgend eines Heiligen zugleich magisches
Zauberwort in Segen, Amuletten, Himmelsbriefen usw.[2]) Man
erinnere sich auch an das *iā Hussein* der ekstatischen Perser
am 10. Tag des Moharrém, an das *Allah* der tanzenden Der-
wische, an das *glory, glory!* in den '*jerks*' der Puritaner.[3])
Aus dem griechischen Altertum darf man an Formeln denken
wie ὑμὴν ὦ ὑμέναιε, ὦ τὸν Ἄδωνιν, ὦ διθύραμβε. Dabei
haben naturgemäß viele der Namen einen für den gemeinen
Mann fremdartigen Klang. Besonders lehrreich ist es, daß
nach nordischem Volksglauben die Trolle im Hallingdal sich

---

[1]) a. a. O. 232.
[2]) Siehe obiges Beispiel S. 10, A. 2.
[3]) Siehe S. HEDIN, Zu Land nach Indien, 1910, II, 70; O. STOLL, Suggestion u. Hypnotismus i. d. Völkerpsych. 381.

beim Schwur noch des altheidnischen altnordischen Rufs *heil*
bedienen.[1)

2. Fremde Sprachen liefern einfach Worte einer Geistersprache. Wir haben oben S. 34 f. das Latein in diesem Sinne
betrachtet, und es ist ganz richtig empfunden, wenn HAUFF
in seinem „Kalif Storch" das Zauberwort *mutābor* erfindet. Im
Hellenismus gaben echt ägyptische und aramäische, im Ägyptischen phönizisch-semitische Worte[2)] leicht Material. Daß
dabei Verdrehungen mit und ohne Absicht begegnen können,
ist selbstverständlich. Als Beispiele nenne ich *Adonai, El,
Sadai, Zebaoth, Alpha Omega, Athanatos, Tetragrammatron*
u. dgl., die in mittelalterlichen Beschwörungsformeln[3)] als
Geisterworte erscheinen, und bei den griechischen *voces mysticae*
und Zaubersprüchen treffen wir Σάραπις (25) und Σηιθ (92),
Μιχαηλ, Γαβριηλ, Ῥαφαηλ, Σαβαωθ und ’Αδωναι (z. B. 210
und oft), Ἴσις und Ὄσιρις (96), Ὧρος (182) usw.[4)] In den
oracula Sibyllina finden wir folgende ἄφθιτοι ἀγγελτῆρες in
einen Vers zusammengefaßt (v. 215, ed. Rzach):

Ἀραχιὴλ Ῥαμιὴλ Οὐριὴλ Σαμιὴλ ’Αζαήλ τε.

Bekannt ist die Erörterung der kniffligen Streitfrage, ob
die Engel griechisch oder hebräisch sprechen, die im Mittelalter ebenso ernstlich erörtert wurde, wie die Sprachart, die
Adam im Paradies gesprochen habe. Das Wichtige für uns
ist hier eben die Tatsache, daß man auch eine bestehende
Menschensprache als Paradies- oder Engelssprache ansah.
Man fühlt sich dabei an GOETHES Verse erinnert:

*und so möcht' ich alle Freunde,
jung und alt, in eins versammeln,
gar zu gern in deutscher Sprache
Paradieses-Worte stammeln.*

[1)] E. SMITH, Maal og Minne, 1918, 10. Hier finde ich auch die Angabe, daß die Bevölkerung in Kaschmir für „Menschen" das alte Sanskrit-
wort *manöš* verwende, während das ursprüngliche, einheimische von
Dämonen gebraucht wird.

[2)] So beim „Löwenzauber", A. ERMAN, Ägypt. Relig. 156.

[3)] Vgl. das obige Beispiel, S. 10, A. 2 und 51.

[4)] Vgl. DIETERICH, Abraxas 70 ff., BIANCHI, Hess. Blätter f. Volksk.,
1914, 104 ff.

Hier kann man eine bezeichnende Stelle aus dem Bihte-buoh des XIV. Jahrh., das Oberlin in Straßburg 1784 heraus-gab, einfügen (S. 77 f.): 'So vahet man denne an die heiligen messe. Die singet man mit vier slachte sprache; dv einv heizet latin; dv ander heizet kriechs, das ist *kyrielyson*; dv dritte heizet ebreisch, das ist *amen*; dv vierdv ist himelschiv sprache, das ist *alleluia*.' Vom Lobpreisen der Engel wird also die gut hebräische Form hier klar und bündig als Himmelssprache ausgegeben. Von altertümlichen Formen in sakraler Sprache haben wir oben bereits gehandelt.[1] Schon im Neuen Testament spielen Fremdwörter eine ähnliche Rolle. Mit Recht sagt E. Schwyzer[2]): „Manches Hebräische und Aramäische in der Bibel ist beabsichtigt, so gut wie das semitische Kauderwelsch der Fluchtafeln und Zauberpapyri, das für die abergläubischen Griechen ebenso verständlich war wie für uns *Hokuspokus* und *Abrakadabra*."

Fürs Germanische ist bezeichnend, daß in Märchen ge-radezu Zigeunerisch als Geistersprache zu belegen ist: In einer niederländischen Sage ist von buhlerischen Zauberweibern die Rede, die junge Burschen entführen und sie mit dem Wort *Schavakenstauen* zum Tanz auffordern.[3] Nach Laistners ansprechender Deutung[4] ist das eine Verdrehung von zigeun. *dšawa te stawen* „gehen wir tanzen". Die Zigeuner haben stets als Kenner von Zauber- und Weissagekünsten gegolten; es ist also wohl verständlich, daß ihre Sprache als dämonisch galt. Verdrehungen zigeunerischer Worte oder wenigstens Worte mit einem Zigeunersuffix finden wir, wie ebenfalls schon Laistner[5] beobachtet hat, z. B. in den Wörtern *Ge-krippen, koflippen*, die eine Waldfrau *Kare* gebraucht; vgl. zigeun. Worte auf *-əpen*, wie z. B. *bóləpen* „Himmel", *súrəpen* „Zopf", *rúndəpen* „Ball", *dúrkəpen* „Wahrsagen" usw.

Auch die bekannte Sage von *Belsazer* läßt sich in diesem Zusammenhang anführen, die durch Heines Ballade so volks-tümlich geworden ist:

---

[1] S. 34 f.

[2] Wissen und Leben, 1910, VI, 473 in einer interessanten Betrach-tung über „Sprache und Religion".

[3] Wolf, Deutsche Sagen, Nr. 344, S. 467.

[4] Rätsel der Sphinx II. 60.   [5] a. a. O. 59.

> *Und sieh! und sieh! an weißer Wand,*
> *Da kam's hervor wie Menschenhand,*
>
> *Und schrieb und schrieb an weißer Wand*
> *Buchstaben von Feuer und schrieb und schwand ...*
>
> *Die Magier kamen, doch keiner verstand*
> *Zu deuten die Flammenschrift an der Wand.*

„Das aber ist die Schrift, allda verzeichnet: *Mene, mene, tekel, u-pharsin.* Und sie bedeutet dies: *Mene,* das ist, Gott hat dein Königreich gezählt und vollendet. *Tekel,* das ist, man hat dich in einer Wage gewogen und zu leicht gefunden. *Peres,* das ist, dein Königreich ist zerteilt und den Medern und Persern gegeben." [1])

3. Sogar Wörter der Kindersprache werden gelegentlich als Geisterworte ausgegeben. In der Mühlknappensage sprechen die gespenstischen Katzen wie kleine Kinder, wenn sie sagen: er *bäft* statt er *schläft.* [2])

4. Wir wenden uns schließlich zum wichtigsten und interessantesten Fall, der den Nerv unserer Untersuchung ausmacht: als Wörter von Göttersprachen werden auch sonst übliche und belegte Formen der betr. Sprache gewählt. [3]) So ist es in den beiden bedeutungsvollsten Belegen für Götterworte in der Literatur überhaupt, von denen wir mit Absicht bis jetzt noch nicht geredet haben: bei Homer und in der *Alvíssmǫl* der nordischen Liederedda. Diesen beiden Fällen hat sich also jetzt unsere Untersuchung zuzuwenden.

---

[1]) Daniel 5, 25—28.

[2]) LAISTNER, Rätsel d. Sphinx II, 59·

[3]) Wenn im altindischen Drama die Götter Sanskrit sprechen wie Priester und Vornehme gegenüber dem Prākrit der meisten anderen Personen, so handelt es sich um Standessprachen, wie wir sie besonders im Javanischen ausgeprägt finden.

5.

Jn der sonnenheitren, klaren Welt Homers den Glauben
an eine Göttersprache,[1] ja bestimmte einzelne Götterworte,
anzutreffen, hat auf den ersten Blick etwas Befremdliches.
Denn wie unsere vorausgehenden Beobachtungen gelehrt haben,
ist man bei der grundsätzlichen Erklärung dieses Glaubens
genötigt, teils tief auf primitive Gedankengänge kulturloser
Völker zurückzugehen, teils an religiös gesteigertes Empfinden
mystisch veranlagter Schwärmer zu denken: beides Dinge, die
zu Homers Anschauungen nicht recht zu passen scheinen. Am
wenigsten der dionysische Enthusiasmus; denn wie E. Rohde
bewiesen hat, gibt es bei Homer nur eine apollinische Mantik.
Was bei den Kreisen aber, für die der Dichter sang, nicht
oder nicht mehr Glauben genoß, das mag in Volksanschauung
und religiösem Denken einer früheren Zeit lebendig gewesen
sein. Solch eine erstarrte Formel wie die ἔπεα πτερόεντα,
bei Homer nur noch rhetorische Wendung, solch eine bildliche Ausdrucksweise wie ποῖόν σε ἔπος φύγεν ἕρκος ὀδόντων;
beleuchtet blitzartig den alten Volksglauben vom geflügelten
Wortdämon, der gleich den Vögeln zwischen Menschen und Unsterblichen in den Höhen des Olymps vermittelt. Man denkt
an die Verse in Aristophanes' „Vögeln“, die von der Bedeutung der geflügelten Mittler zwischen Himmel und Erde
handeln[2]):

πάντα δὲ θνητοῖς ἐστὶν ἀφ' ἡμῶν τῶν ὀρνίθων τὰ μέγιστα ...
ἐσμὲν δ' ὑμῖν Ἄμμων, Δελφοί, Δωδώνη, Φοῖβος, Ἀπόλλων ...
ὄρνιν τε νομίζετε πάνθ' ὅσαπερ περὶ μαντείας διακρίνει·
φήμη γ' ὑμῖν ὄρνις ἐστί, πταρμόν τ' ὄρνιθα καλεῖτε,
ξύμβολον ὄρνιν, φωνὴν ὄρνιν, θεράποντ' ὄρνιν, ὄνον ὄρνιν.
ἆρ' οὐ φανερῶς ἡμεῖς ὑμῖν ἐσμὲν μαντεῖος Ἀπόλλων;

Der Grund zur Vorstellung einer Göttersprache bei Homer
muß derselbe gewesen sein, wie in all den uns bereits bekannten Analogien; aber der hellenische Dichter hat für sein
aristokratisches, aufgeklärtes Publikum, das so kühl von den

---

[1] Nägelsbach-Autenrieth, Hom. Theol.[3] 191. 435 ff., Gruppe,
Griech. Mythol. II, 884.
[2] 708 ff. Siehe auch oben über die Vogelsprache S. 57 f.

Göttern und dem Jenseits dachte, nur das allgemeine Motiv beibehalten, das ihm aus dem Volksglauben und volkstümlicher Tradition bekannt war. Dunkle Zauberworte aber konnte er nicht mehr gebrauchen, sein dichterisches Gewissen, sein Schönheitsideal ließ die Götter keine rohe Barbarensprache lallen; denn die Götter sind bei Homer nur ins Ideale gesteigerte Menschen, die sich ewiger Jugend erfreuen: seine Götter also eine barbarische Sprache reden zu lassen, ist in dieser Zeit ein Ding der Unmöglichkeit, und „barbarisch" bleibt eben jede Sprache, die nicht hellenisch ist. Aber andrerseits reizte es den Dichter doch, einzelne Proben der Göttersprache zu geben, schon im Interesse seines eigenen Standes: die hohe Weisheit des Sängers, dem ja die göttliche Muse die Verse zuflüstert, der sich so gern nur als Werkzeug der Musen fühlt, muß in strahlendstem Lichte erglänzen, wenn er gelegentlich solche Geheimnisse von der Göttersprache den anderen Sterblichen kündet. Sagt doch PLATON im Ion 534 E: οἱ δὲ ποιηταὶ οὐδὲν ἀλλ' ἢ ἑρμηνεῖς εἰσι τῶν θεῶν. Bei DIO CHRYSOSTOMOS, Or. XI, 23 lesen wir: οὐ μόνον ἐξὸν αὐτῷ (sc. Ὁμήρῳ) τὰς ἄλλας γλώττας μιγνύειν τὰς τῶν Ἑλλήνων καὶ ποτὲ μὲν αἰολίζειν, ποτὲ δέ δωρίζειν, ποτὲ δὲ ἰάζειν, ἀλλὰ καὶ διαστὶ (d. h. in der Weise des Zeus, also in der „Göttersprache") διαλέγεσθαι. [1]

Wenn demnach keine Zauberworte barbarischen Klangs für den Dichter möglich waren, wie hat er dann seine einzelnen Wörter der Göttersprache geschaffen?

Diese Hauptfrage unserer Untersuchung ist in der verschiedensten, sich oft widersprechenden Art im Altertum wie in der neuen Zeit beantwortet worden, das ganze Problem ist aber noch nicht geklärt [2]: die einen sehen in den homerischen Götterworten uralte, aus der Alltagssprache längst abgestorbene Ausdrücke, manche redeten gar von „pelasgisch" — offenbar, weil sie diese Sprache selbst vorzüglich verstanden? —, die anderen sehen gerade im Gegenteil in ihnen besonders klare und deutliche Ausdrücke, die einen sprechen

---

[1] Siehe dazu THUMB, Handb. d. gr. Dial. 314, § 290.

[2] Siehe die Kritik älterer Ansichten bei NÄGELSBACH-AUTENRIETH, Homer. Theol.³, 1884, 435 f.

von einer „hieratischen Sprache“ und einer „Tradition von Sprachaltertümern“, wieder andere von eigenen Erfindungen des Dichters. R. M. Meyer[1]) vermutete, es handle sich um ältere Ausdrücke, die mit Vermeidung der alltäglichen ursprünglich in der Ansprache an Götter und Dämonen verwendet werden mußten. „Diese kunstmäßige Verwendung ließ sie dann für den gewöhnlichen Gebrauch absterben, und man faßte dann diese für den Verkehr mit den Göttern bestimmten Worte als Idiotismen der Götter auf.“ Also handelt es sich nach R. M. Meyers Ansicht um uralte, nur in der Fachsprache der Priester versteinert erhaltene Wörter; so schön das ausgedacht ist, so dürfte auch nicht die Spur eines Beweises für diese neuste Theorie zu erbringen sein.[2]) Früher hatte Cohen[3]) gemeint: „Das alte Wort scheidet manchmal gänzlich aus der Umgangssprache, dann lebt es in der Sprache der Götter; denn die Menschen verstehen es nicht mehr. Das Schwinden eines Wortes aus der Umgangssprache und sein alleiniger Gebrauch in der Sprache der Dichtung ist der Grund für die auffallende Erscheinung, die uns bei den Griechen und Deutschen entgegentritt, daß die Götter eine eigene Sprache sprechen.“ Weitere Erklärungsversuche werden wir noch zu behandeln haben.

Den Sprachforscher lockt hier eine reizvolle Untersuchung eines in der Hauptsache semasiologischen Problems. Er wird nüchtern und sachlich festzustellen versuchen, ob die als Wörter einer Göttersprache angeführten Formen künstliche Gebilde oder wirklich echte, natürliche Sprachschöpfungen sind. In diesem zweiten Fall, der tatsächlich hier bei Homer im Gegensatz zu den vielen oben besprochenen Fällen vorliegt, gilt es den Grund zu finden, warum man ein bestimmtes Wort auf einmal der göttlichen Ausdrucksweise zugeteilt hat, wieso es ein solches Adelsprädikat verdient habe. Keine allgemeine Betrachtungen und von vornherein vorgefaßte Theorien können hier frommen. sondern Fall für Fall will für sich allein untersucht sein.

[1]) IF, 1901, 12, 51.

[2]) Oder wie sollte z. B. Ξάνθος sich dieser Theorie fügen?

[3]) Steinthals Ztschr. f. Völkerpsychol. u. Sprachwiss. 6, 239.

Wir beginnen diese Prüfung mit einem der charakteristischsten Belege aus der Odyssee. Es handelt sich um die bekannte Szene, wo Odysseus auf die Insel der Zauberin Kirke gelangt und voll banger Sorge wegen des zu langen Ausbleibens seiner auf Kundschaft ausgeschickten Gefährten sich entschließt, selbst auf die Suche auszugehen. Unterwegs erscheint ihm Hermes und berichtet dem Helden von dem seltsamen Geschick seiner Freunde, von der gefährlichen Tücke Kirkes, der Zauberin. Dann bückt er sich zur Erde, reißt eine Wurzel aus dem Erdreich und gibt dies ἐσθλὸν φάρμακον, dies kostbare Zauberkraut dem Odysseus mit dem Rate, es in den Mischtrank zu rühren, den Kirke ihm kredenzen werde. Die Stelle, κ 302 ff., lautet:

ὣς ἄρα φωνήσας πόρε φάρμακον ἀργειφόντης
ἐκ γαίης ἐρύσας καί μοι φύσιν αὐτοῦ ἔδειξεν.
ῥίζῃ μὲν μέλαν ἔσκε, γάλακτι δὲ εἴκελον ἄνθος·
μῶλυ δέ μιν καλέουσι θεοί· χαλεπὸν δέ τ' ὀρύσσειν
ἀνδράσι γε θνητοῖσι, θεοὶ δέ τε πάντα δύνανται.

Gehen wir zunächst auf das Wort μῶλυ selbst ein, so zeigt seine tatsächliche Bezeugung in der griechischen Literatur, daß es bald den Hellenen selbst in seiner scharfen Bedeutung nicht mehr recht verständlich war. Die späteren Belege sind mehr oder weniger durch Homer bedingt. Schon im Altertum haben sich die Gelehrten die Frage vorgelegt, welche Pflanze wohl mit dem *Moly* gemeint sei. So lesen wir einerseits bei Theophrast, H. pl. 9, 15, 7: τὸ δὲ μῶλυ περὶ Φενεὸν καὶ ἐν τῇ Κυλλήνῃ φασὶν εἶναι καὶ ὅμοιον ᾧ Ὅμηρος εἴρηκε, τὴν μὲν ῥίζαν ἔχον στρογγύλην προσεμφερῆ κρομύῳ, τὸ δὲ φύλλον ὅμοιον σκίλλῃ· χρῆσθαι δὲ αὐτῷ πρός τε τὰ ἀλεξιφάρμακα καὶ τὰς μαγείας.[1] Andrerseits gibt Dioskurides, De mater. med. III, 47 (S. 60, 11 ed. Wellmann) an: μῶλυ· τὰ μὲν φύλλα ἔχει ἀγρώστει ὅμοια πλατύτερα δὲ, ἐπὶ γῆν (κλώμενα)· ἄνθη λευκοῖοις παραπλήσια, γαλακτόχροα, ἴσσονα δὲ πρὸς τὰ τοῦ ἴου, καυλὸν δὲ λεπτόν, πήχεων τεσσάρων· ἐπ' ἄκρον δὲ ἔπεστιν ὡσεὶ σκορδοειδές τι· ῥίζα δὲ μικρὰ, βολβοειδής. Der Scholiast erklärt μῶλυ· τὸ ἄγριον πήγανον. Diese Stellen

---

[1] Vgl. auch Plinius' Hist. nat. XXV, 4 (8), § 26—27.

zeigen deutlich, daß den Griechen diese Pflanze μῶλυ unklar blieb; wenn der Scholiast einige Rezepte des Hippokrates und Galenos angibt, so beweist gerade dies, daß nur in der Wissenschaft das Wort eine Rolle spielte, in der Arzneikunde, wo mystische Worte für bestimmte Rezepte sehr beliebt sind. Nur auf Grund gelehrter Forschung wird das *Moly* als eine Lauchart oder als Alraune gedeutet, nicht infolge der lebendigen Kenntnis der volkstümlichen Wortbedeutung.[1]

Andrerseits freilich ist das Wort μῶλυ gut griechisch, und die immer wieder auftauchenden Versuche, dahinter ein phönizisches, ägyptisches oder iranisches Wort zu suchen oder es als eine künstliche Erfindung des Dichters hinzustellen,[2] sind nichts als törichte Phantasien. Das beweist allein schon die Ableitung μώλυζα „eine besondere Art von Knoblauch“, der nach dem Gloss. Hipp. nur eine Spitze hatte (ἁπλῆν τὴν κεφαλὴν ἔχον) und als Heilkraut (προσθεῖναι πρὸς τὰς μήτρας Hipp. 2, 595) verwendet wurde. Sehr wichtig ist der Zusatz im Gloss. Hipp.: τινὲς δὲ τὸ μῶλυ; denn daraus erhellt, daß die Alten selbst nicht an dem Zusammenhang von μῶλυ und μώλυζα zweifelten. Zugleich aber wird dadurch verraten, auf welche Weise die Botaniker die Bedeutung des homerischen μῶλυ erschlossen: es ist nur ein Rückschluß von der Bedeutung des abgeleiteten üblichen Worts auf die dunkle des homerischen. Zum Suffix von μώλυ-ζα vgl. man Formen wie κνύζα : κνύω, λακέρυζα, κόρυζα; selbst ῥίζα könnte bei der Ableitung μώλυζα von μῶλυ nicht ganz ohne Einfluß geblieben sein.

Das Adjektiv μῶλυς „träge, matt“, sowie μωλύνω, μωλύω „entkräfte“, dor. μῶλυξ hat mit μῶλυ nichts zu schaffen, wie man zu erwägen geneigt scheint;[3] diese Wörter gehören vielmehr zu hom. μέλεος, lit. *mēlas*, meist plur. *melaí* „Lüge“. Zu einem geistreichen Spiel hat diesen Anklang von μῶλυ und μῶλυς Lykophron in seiner Alexandra v. 679 benutzt, wo er von dem Kirkeabenteuer berichtet:

---

[1]) Vgl. dazu die zusammenfassenden Bemerkungen bei Murr, Pflanzenwelt in d. griech. Mythol., 1890, 208 ff.

[2]) So Nägelsbach-Autenrieth, Hom. Theol.³, 191, § 144.

[3]) Prellwitz, Et. Wb.² 305.

> ἀλλά νιν (sc. Ὀδυσσῆα) βλάβης
> μῶλυς σαώσει ῥίζα καὶ Κτάρος φανεὶς
> Νωναχριάτης Τριχέφαλος Φαιδρὸς θεός.

„Doch ihn errettet vor Schaden die entkräftende Wurzel und das Erscheinen des Totengotts aus Nonakris, der Dreikopf, der frohe Gott." Ein „etymologisches Vexierspiel" nennt es v. HOLZINGER ganz richtig. [1])

Daß *μῶλυ* ein sehr altertümliches Wort ist, lehrt andrerseits die Vergleichung mit ai. *mūlam* „Wurzel, bes. Zauberwurzel"; *mūlakárman-* bedeutet „Zauberei mittels Wurzeln". Die Vergleichung ist an sich evident, die Lautverhältnisse mit dem Ablautspiel $\bar{o}(u) : \bar{u}$ deuten auf hohe Altertümlichkeit, auf voreinzelsprachliches Alter des Worts: *μῶλυ* verhält sich hinsichtlich seines Stammvokals zu ai. *mūlam* etwa wie *μῶμος* : *ἀμύμων*, *μῶρος*, lat. *mōrus* : ai. *mūráḥ* „dumm", *κρώζω* : got. *hrūkjan* „krähen", *φωλεός* „Lager wilder Tiere" : *φῡλή* usw. [2]) Gegenüber diesen sicheren Ergebnissen der sprachwissenschaftlichen Betrachtung erscheinen alle Versuche, in *μῶλυ* ein orientalisches Lehnwort nachzuweisen, von vornherein als aussichtslos. [3])

Die sprachliche Geschichte von *μῶλυ* erzählt also von alter Zauberei mit Wurzeln, wie sie überall vorkommt.

> *Krût, steine und wort*
> *diu hant an kreften grôzen hort,*

heißt es schon in FREIDANKS „Bescheidenheit". Man braucht nur die Alraune zu nennen, was möglicherweise *μῶλυ* sogar bedeutet haben könnte. Der germanische Name der Mandragora beweist ihre Verwendung im Zauber, selbst wenn wir sonst von den „Alräunchen" und Galgenmännlein, welche aus

---

[1]) Zur Stelle S. 272 seiner Ausgabe. Man vgl. auch die Angabe der Scholien: παρὰ τὸ μωλύειν, ὅ ἐστιν ἀφανίζειν τὰ φάρμακα.

[2]) KRETSCHMER, KZ 31, 386, HIRT, Abl. 38 ff.

[3]) DE LAGARDE, Ges. Abhandl. 172 ff., R. M. HENRY, The Class. Rev. 20, 435; Fabeleien bei BRUNNHOFER, Arische Urzeit 298. Unrichtig ist auch die Ansicht, *μῶλυ* sei ein im Anklang an *μῶλυς* erfundenes Wort HOMERS, NÄGELSBACH-AUTENRIETH, Hom. Theol.[3] 191. Sogar SOKRATES hat schon über das *μῶλυ* gegrübelt und deutet es als Symbol der Vernunft, Xenoph. Apomn. I, 3, 7.

Wurzeln der Pflanze hergestellt werden, nichts wüßten [1]):
ahd. *alrūna* f., mnd. *alrūne* ist die „ganz (*al*) geheimnisvolle
Wurzel" : got. *rūna* „Geheimnis", as. ahd. *rūna* „geheime Besprechung", ags. *rūn*, aisl. *rūnar* „geheimnisvolle Unterredung,
Runen" (s. o. S. 41). Besonders wichtig ist für die Homerstelle der Sagenzug, daß die Alraune nur sehr schwer aus-
zugraben ist. Sie wird besonders gern unter einem Galgen
gefunden; im letzten Mondviertel zur Zeit der Sonnenwende
oder sonst in geeigneter Stunde wird sie unter magischen Beschwörungsformeln, oft unter Verwendung eines schwarzen
Hundes, gegraben; in dem Augenblick, da sie von der Erde
weggenommen wird, ächzt sie schauerlich auf, und dieser
klagende Aufschrei kann der suchenden Person besonders ge-
fährlich werden. [2] Die Alraunwurzel findet im Liebeszauber
Verwendung, verleiht Reichtum und Fruchtbarkeit und ver-
bürgt insbesondere reichen Kindersegen. Wir lesen bei Dioskurides geradezu: *μανδραγόρας, οἱ δὲ ἀντίμηλον, οἱ δὲ διρ-
καίαν, οἱ δὲ Κιρκαίαν καλοῦσιν. ἐπειδὴ δοκεῖ ἡ ῥίζα εἶναι
ποιητική* . . . Ähnlich finden wir bei Plinius, Hist. nat. XXV,
13, 94 die Angabe: *mandragoram alii. Circaeum vocant ... cavent
effossuri contrarium ventum et tribus circulis ante gladio circum-
scribunt; postea fodiunt ad occasum spectantes.* Also alles deutet
in der Überlieferung auf Zauber, was auch eine Betrachtung
allgemeiner Art bestätigt.

Die Kirkeepisode ist nämlich ein Märchen, der ganze Stil,
vor allem die Motivierung ist märchenhaft. [3] Die Zauberin,
des Helios Tochter, eine zweite Medea oder Hekate, wohnt
im Innern eines düstern, nächtigen Waldes in ihrem Hexen-
haus, dessen Rauch man von weitem aus den Bäumen empor-
wirbeln sieht; die Hexenverwandlungen von Menschen in Tiere,

---

[1]) Grimm, Myth. 4, 1005 ff., Horst, Zauberbibl. 6, 277 ff., Schlosser,
Sage vom Galgenmännlein, Diss. Münster 1912, Usener, Kl. Schr. IV, 131.

[2]) Söhns, Unsere Pflanzen[5], 1912, 148; Hertz, Ges. Abhandl., 1905,
259 ff.; Marzell, Zauberpflanzen, Naturw. Wochenschr., N. F., 8, 11. Ab-
bildung z. B. bei Schrader, Reallex. d. idg. Altertumsk.[2], 1917, 72. Aus
mandragoras volksetymologisch umgebildet ist frz. *main-de-gloire* einer-
und engl. *mandrake*, norw. *dragedukke*, eigtl. „Menschendrache" andrerseits,
siehe dazu Falk-Torp, Norw.-dän. et. Wb. 151 f.

[3]) Siehe dazu Verf., Kalypso, 1919, 9 ff., 17, wo weitere Literatur.

die aber ihre Menschenvernunft behalten, der stattliche Hirsch
der die Opfer in den Hexenwald locken soll (κ 158), die
Zauberpflanze, welche die in Tiere Verwandelten in manchen
Märchen erlöst, wie in Grimms Märchen von Jorinde und
Joringel, wo die von der Hexe in eine Nachtigall verwandelte
Heldin mit einer blutroten Zauberblume erlöst wird[1]): all
diese Züge beweisen den Märchencharakter der Kirkeepisode.
Jetzt verstehen wir, warum gerade Hermes dem Helden bei-
steht: nicht etwa als Götterbote vom Olymp gesandt, sondern
in seiner Eigenschaft als Gott des Zaubers. Ganz richtig
nennt Lykophron a. a. O. den Hermes den Κτάρος, d. h. den
Totengott (zu κτέρεα, κτερίζειν, διά-κτορος).[2]) Nur durch
Zauberkraft gewinnt er die Wurzel, da er sich bloß da, wo
er gerade steht, zu bücken braucht, um die sonst so versteckt
wachsende Zauberpflanze aus dem Erdreich zu ziehen: solche
Kräutlein wachsen nicht gerade am Wege, können nicht im
hellen Tageslicht mühelos gegraben werden, sie stehen im
schattigen Waldesdunkel am versteckten Ort —,

> *wo bei mistelschwerem Tannbaum*
> *die Alraunwurz heimlich aufsprießt;*

nur zur guten Stunde nach langen Vorbereitungen glückt
unter Gefahren die magische Handlung. Daher fügt auch
Homer ausdrücklich hinzu (κ 305 f.);

> *χαλεπὸν δέ τ' ὀρύσσειν*
> *ἀνδράσι γε θνητοῖσι, θεοὶ δέ τε πάντα δύνανται.*

Übrigens deutet noch eine weitere Stelle in der griechischen Überlieferung selbst darauf hin, daß das *Moly* eine
Zauberwurzel war gleich unserer Alraune oder der Spring-
wurzel unserer Märchen[3]): eine andere Zauberin, gleichfalls
eine Heliostochter wie Kirke, nämlich Pasiphae, bedient sich
in einer Sagenfassung, die deutlich von der homerischen οἴμη
der Kirke abhängig ist, einer Zauberpflanze, die Wurzel der

---

[1]) Verf., Kalypso 9, A. 4.

[2]) Nicht zu κτᾶσθαι als Gott des Gelderwerbs, wie von Holzinger
S. 125 übersetzt.

[3]) Siehe noch Marzell, Zs. f. Volksk., 1914, 24, 17; Wort u. Brauch 12,
Index s. v. Wurzel, Hehn, Kulturpfl. u. Haust.⁸, 1911, 201 ff.

Kirke, *Κιρκαία ῥίζα* genannt wird;[1]) wir lesen nämlich bei
Apollodor III, 15, 8: *Πρόκριν Κέφαλος (ἔγημεν). ἡ δὲ λαβοῦσα
χρυσοῦν στέφανον Πτελέοντι συνευνάζεται, καὶ φωραθεῖσα
ὑπὸ Κεφάλου πρὸς Μίνωα φεύγει. ὁ δὲ αὐτῆς ἐρᾷ καὶ πείθει
συνελθεῖν. εἰ δέ γε σύνελθοι γυνὴ Μίνωι, ἀδύνατον ἦν αὐτὴν
σωθῆναι. Πασιφάη γὰρ, ἐπειδὴ πολλαῖς Μίνως συνηυνάζετο
γυναιξὶν, ἐφαρμάκευσεν αὐτὸν, καὶ ὁπότε ἄλλῃ συνευνάζοιτο,
εἰς τὰ ἄρθρα ἀφίει θηρία, καὶ οὕτως ἀπώλλυντο. ἔχοντος οὖν
αὐτοῦ κύνα ταχὺν ἀκόντιόν τε ἰθυβόλον, ἐπὶ τούτοις Πρόκρις
δοῦσα τὴν Κιρκαίαν πιεῖν ῥίζαν πρὸς τὸ μηδὲν βλάψαι συνευνάζεται.* Die Ähnlichkeiten sind zu groß, als daß man Un-
abhängigkeit von der homerischen Kirkeerzählung annehmen
könnte. Obwohl aber bei Homer die ganze Pflanze, auch die
Blüte, beschrieben wird, nennt der Dichter hier nur die
Wurzel der Kirke, was *μῶλυ* nach unseren Ausführungen
eben wirklich bedeutet. Bei Eusthatios ist die Sage erhalten, das *μῶλυ* sei nach einem Kampfe der Kirke mit einem
sie bedrohenden Giganten Pikoloos aus dessen Blut entstanden.
Damit läßt sich nicht nur vergleichen, daß aus dem Samen
des Galgenmannes die Alraune entsteht, woran Schwartz[2])
erinnert hat, sondern auch die blutrote Farbe der Zauberblume im deutschen Märchen will beachtet sein.

Seit Aristarch hat man sich darüber gewundert, daß
der Name des *Moly* nicht wie in anderen Fällen von Götterworten auch in der Menschensprache vom Dichter angegeben
worden sei; der alexandrinische Gelehrte setzte die *διπλῆ,
ὅτι οὐκ εἶπε, πῶς καλεῖται παρ' ἀνθρώποις· ἐπήγαγε γοῦν
ὅτι ἀγνωστόν ἐστιν ἀνθρώποις.* Ähnlich meint der Scholiast:
*οὐκέτι προσέθηκε παρὰ ἀνθρώποις ὀνομάζεσθαι, ὑπὲρ τοῦ μὴ
ζητεῖν ἡμῖν τὴν ῥίζαν.* Gewiß war es die Vorstellung des
Dichters, daß es sich hier um ein geheimnisvolles Wort
handle, das er deswegen nicht in die Menschensprache übersetzt, weil die Menschen das magische Kräutlein nicht kennen,
sondern es nur unter Anwendung von Beschwörungen mit

---

[1]) Siehe schon Schwartz, Prähistor.-anthropol. Studien, 1884, 471 ff.,
dessen Deutung von Moly als einer „Blitzblume“ freilich Phantasterei ist;
ferner Gruppe, Gr. Myth.[2] 708 und Radermacher, Die Erzählungen der
Odyssee, Sitzungsber. d. Kais. Ak. d. Wiss., Wien 178, 1, 1915, S. 6.

[2]) a. a. O. 472 f.

dem „eigentlichen“ Namen der Göttersprache auf dem Wege des Zaubers gewinnen können.

Die sprachwissenschaftliche Nachprüfung ergibt also in diesem Falle, daß es sich um Vorstellungen volkstümlicher Art, um Wortaberglauben handelt, der bei dem märchenhaften Stil der ganzen Episode ohne weiteres von dem Dichter dieser Stelle beibehalten wurde. Das Wort selbst aber ist nicht eine künstliche *vox mystica* oder ein Fremdwort,[1]) wie sie in späterer Überlieferung, in Zauberpapyri, insbesondere auch für Pflanzen und Zauberkräuter belegt sind, sondern der Sänger wählte nur ein altertümliches, etwas verstaubtes Wort,[2]) dessen eigentliche Bedeutung nicht mehr recht klar war, und das oft im Zauber vorkommen mochte. ˙Das daraus entstandene Begleitgefühl genügte dem Dichter, um das Wort der Sprache der Götter zuzuschreiben.[3]) Die homerischen Griechen wollen von Zauberei und Hexenkunst wenig wissen, solche „Wurzeln“ wie das *Moly* wachsen nicht in der heimischen hellenischen Erde; aus fernen Ländern, aus Ägypten oder Kolchis, kommen sie her, wie das Epos selbst (δ 229) angibt:

$$\ldots \,A i\gamma\upsilon\pi\tau i\eta,\ \tau\tilde{\eta}\ \pi\lambda\varepsilon\tilde{\iota}\sigma\tau\alpha\ \varphi\acute{\varepsilon}\varrho\varepsilon\iota\ \zeta\varepsilon\acute{\iota}\delta\omega\varrho o\varsigma\ \ddot{\alpha}\varrho o\upsilon\varrho\alpha$$
$$\varphi\acute{\alpha}\varrho\mu\alpha\varkappa\alpha,\ \pi o\lambda\lambda\grave{\alpha}\ \mu\grave{\varepsilon}\nu\ \grave{\varepsilon}\sigma\vartheta\lambda\grave{\alpha}\ \mu\varepsilon\mu\iota\gamma\mu\acute{\varepsilon}\nu\alpha,\ \pi o\lambda\lambda\grave{\alpha}\ \delta\grave{\varepsilon}\ \lambda\upsilon\gamma\varrho\acute{\alpha}.$$

Eine Art magischer Speise ist auch ἀμβροσία und νέκταρ, der die Götter nach homerischer Anschauung allein ihre Unsterblichkeit verdanken. Wenn diese Wörter auch gerade nicht ausdrücklich als Bezeichnungen der Göttersprache genannt werden, so ist doch in Wahrheit das tatsächliche Verhältnis dem Gebrauch von μῶλυ nicht unähnlich. ἀμβροσία und νέκταρ bedeuten beide als Synonyme „Unsterblichkeit“, welche die Götter also unmittelbar in Form einer Fäulnis und Todeskeim zerstörenden Zaubernahrung — in Form eines

---

[1]) R. M. Henry, The Class. Rev. 20, 435 vergleicht sachlich mit Recht Stellen aus Zauberpapyri und faßt Hermes richtig als Gott des Zaubers in der Kirkeepisode; seine Schlüsse auf die sprachliche Natur des Worts μῶλυ aber sind ganz verfehlt.

[2]) Man könnte etwa unser *Wurz* für *Wurzel* (hinsichtlich des Begleitgefühls) vergleichen in *Springwurz, Hauswurz* u. dgl.

[3]) Man vgl. das *heil* der Trolle von Hallingdal oben S. 58 f.

φάρμακον — zu sich nehmen; an andrer Stelle [1]) habe ich
schon betont, wie naiv und realistisch sich die homerischen
Griechen die Wirkung dieses Kräutleins gegen den Tod dachten:
es war eine die Fäulnis und Verwesung vernichtende, daher
ewig jung und gesund erhaltende Panacee, und nur diesem
Universalmittel allein verdankten die homerischen Götter ihre
Vorzugsstellung vor den Sterblichen, denen eben jenes Lebens-
elixir, jene krankheitsvernichtenden Säfte der Götterspeise
nicht zugänglich waren. Auch die germanische und keltische
Mythologie kennt ebenso wie altorientalische Sagen die leben-
und jugendspendenden Äpfel vom Baum des Lebens, und die
Gewinnung vom Wasser des Lebens ist ein weitverbreitetes
Märchenmotiv. So begegnet in der nordischen Literatur ein
Kraut, das abgehauene Glieder vor Verwesung schützt, Fas.
III, 396, [2]) und selbst Odins Dichtermet scheint ursprünglich
nur mehr ein solches Lebenselixir gewesen zu sein; [3]) Runen,
die eingemengt wurden, hatten ihn zauberkräftig gemacht,
wie es Sigrdrif. 18 heißt:

> *allar vǫru af skafnar þærs vǫru á ristnar*
> *ok hverfþar viþ enn helga mjǫþ*
> *ok sendar á víþa vega.*

„Abgeschabt waren alle, die eingeritzt waren, und in den
'mächtigen Met' (d. i. eben *Óþrœrir*) gemischt und weiten Weg
gesandt" (s. o. S. 40).

Da die Götter der homerischen Welt also grundsätzlich
und im Wesen sich von den Sterblichen nicht unterschieden,
erklärt sich aus dieser gleichen, nüchternen Auffassung der
Unsterblichkeit als krankheitsfreies Beharren in einem Jugend-
zustand dank jener allheilenden Medizin der Götterspeise ohne
weiteres die Einschränkung des Worts ἰχώρ auf das Blut der
Unsterblichen im Gegensatz zum menschlichen αἷμα. Die
Götter enthalten sich aufs strengste jeder Menschennahrung:
also, so folgert der in in diesen Dingen sehr rationalistisch

---

[1]) Verf., Kalypso S. 158 ff., über meine Etymologie von *νέκταρ* S. 161 f.

[2]) Vgl. GERING, Über Weissagung und Zauber im nord. Altertum,
Kieler Prorektoratsrede 1902, S. 21.

[3]) HEUSLER zu GENZMERS Edda, 1920, II, 169, Fußn. 4. Über den
heiligen Met vgl. auch KAUFFMANN, Balder 192.

denkende aufgeklärte Jonier der homerischen Zeit — also
können die Götter auch nicht denselben Blutstoff besitzen
wie die „brotessenden"[1]) Sterblichen. Der Götterleib besteht
an sich nicht etwa aus feineren Substanzen und Elementen,
die homerischen Götter sind keine Sylphiden, sie haben keine
Astralgestalt, sondern der Körper der Unsterblichen bleibt
nur schön, stark und jugendlich, weil die aseptische Kraft
ihrer Nahrung jede schädlichen Keime abtötet. Wird doch
einem toten Menschenkind wie Hektor ein wenig Ambrosia
und Nektar zur Aufhaltung der Verwesung eingeträufelt (vgl.
T 39 oder Ψ 186), und umgekehrt wird ein Mensch unsterblich,
sobald er die Ambrosia und den Nektar genießt. Man be-
achte den scharfen Gegensatz, der ε 196 ff. zwischen den Speisen
von Kalypso einerseits und Odysseus andrerseits betont ist:

> νύμφη δὲ τίθει πάρα.πᾶσαν ἐδωδήν,
> ἔσθειν καὶ πίνειν, οἷα βροτοὶ ἄνδρες ἔδουσιν·
> αὐτὴ δ' ἀντίον ἷζεν 'Οδυσσῆος θείοιο,
> τῇ δὲ παρ' ἀμβροσίην δμωαὶ καὶ νέκταρ ἔθηκαν.

Wer so kühl und nüchtern, fast möchte man sagen natur-
wissenschaftlich, denkt, der muß zur Ansicht gedrängt werden,
auch das Blut der Unsterblichen, das aus der Götterspeise
entsteht, müsse ein feinerer Körpersaft gewesen sein als das
dick und träge fließende αἷμα der Sterblichen, wie es sich
aus deren grober und derber Kost umsetzen muß. Als Aphro-
dite von dem berserkergleich wütenden Diomedes an der zarten
Hand verletzt wird, erzählt der Sänger, E 339 ff.:

> ῥέε δ' ἄμβροτον αἷμα θεοῖο,
> ἰχώρ, οἷός πέρ τε ῥέει μακάρεσσι θεοῖσιν·
> οὐ γὰρ σῖτον ἔδουσ', οὐ πίνουσ' αἴθοπα οἶνον·
> τοὔνεκ' ἀναίμονές εἰσι καὶ ἀθάνατοι καλέονται.

Da wir also sachlich ohne weiteres verstehen, daß man
in dem Götterblut einen ganz besonderen, feinen Saft sich
dachte, dürfte es ein Leichtes sein, auch rein sprachlich die
Wahl gerade des Worts ἰχώρ für den göttlichen Lebenssaft

---

[1]) Wie bedeutsam dieses zunächst so farblose Beiwort ἀλφησταί ist,
ergibt sich aus unserer Betrachtung.

zu erklären. Denn nichts anderes als eben „*feine Flüssigkeit,
dünner Saft*“ in menschlichem oder tierischem Fleische,
„*Lymphe*“ hat im Altgriechischen *ἰχώρ* bedeutet. Das zeigen
ein paar Belege anschaulich. Wir lesen in PLATONS Timaios
82 E: *ὅταν γὰρ τηκομένη σάρξ ἀνάπαλιν εἰς τὰς φλέβας τὴν
τηκεδόνα ἐξιῇ, τότε μετὰ πνεύματος αἷμα πολὺ* ... *χολὰς καὶ
ἰχῶρας καὶ φλέγματα παντοῖα ἴσχει*, und besonders 83 C: *ἰχὼρ
δὲ, ὁ μὲν αἵματος ὀρὸς πρᾶος, ὁ δὲ μελαίνης χολῆς ὀξείας τε
ἄγριος*. Ferner vgl. Athen. 9, 399 E: *μὴ λυπείτω δέ σ' ὁρῶντα
ἰχῶρα στάζοντα κρεῶν, ἀλλ' ἔσθιε λάβρως* oder Aristot. hist.
anim. III, c. 2, 19: *κοινότατον μέν ἐστι τὸ αἷμα πᾶσι τοῖς ἐναίμοις
ζῴοις* ... *ἔπειτα δὲ τὸ ἀνάλογον τούτοις, ἰχὼρ καὶ ἶνες*. Besonders deutlich ist die Stelle III, c. 19, 94: *γίνεται γὰρ* (sc. *τὸ
αἷμα*) *ἰχωροειδές, καὶ διορροῦται οὕτως ὥστε ἤδη τινὲς ἴδισαν
αἱματώδη ἰδρῶτα* oder 95: *γίνεται δὲ πεττομένων ἐξ ἰχῶρος
μὲν αἷμα, ἐξ αἵματος δὲ πιμελή*. Auch von dem wässerigen
Bestandteil der Milch wird *ἰχώρ* gebraucht, Arist. hist. anim.
III, c. 20, 100: *πᾶν δὲ γάλα ἔχει ἰχῶρα ὑδατώδη, ὃ καλεῖται
ὀρρός*. Schon diese von HOMER klärlich völlig unabhängigen
Belege zeigen, daß das Wort insbesondere der wissenschaftlichen Fachsprache angehörte, in der Volkssprache scheint es
wenig üblich gewesen zu sein. Lange war *ἰχώρ* noch terminus technicus der Mediziner; so ist es z. B. bei PHILOLAOS
dem Pythagoreer [1]): *λέγει δὲ τὴν χολὴν ἰχῶρα εἶναι τῆς σαρκός. παράδοξόν τε αὐτὸς ἀνὴρ ἐπὶ τούτου κεινεῖ· λέγει γὰρ
μηδὲ τετάχθαι ἐπὶ τῷ ἥπατι χολὴν, ἰχῶρα μέντοι τῆς σαρκὸς
εἶναι τὴν χολήν*. Ähnlich Anaxarchos 27 (= bei DIELS II³,
S. 145, 17): *τουτὶ μὲν αἷμα καὶ οὐκ ἰχώρ*. Vgl. auch die Au-
gabe Hipp. *π. ἑβδ.* c. 7 = Pseudo-Galen. *π. αἰτίας παθῶν* ed.
HELMREICH, Hermes, 1911, 46, 442: *ὁκόταν τὸ τῆς ψυχῆς θερ-
μὸν τῆς τοῦ ἀνθρώπου ἐν τοῖσι σπλάγχνοισι καὶ τῇσι φλεψὶ
γένηται πλέον τοῦ ἐν τούτοισι τοῖσι χωρίοισιν συγγενέος θερμοῦ
τὸν ἰχῶρα τὸν ἔξω τοῦ σώματος τὸν ὑγρὸν καὶ ψυχρὸν συνάγον
ἐφ' ἑωυτὸ εἴσω, ἠπίαλον ποιεῖ τότε ἔξω τοῦ σώματος κτλ.*
Die Etymologie von *ἰχώρ* ist für unsere semasiologische

---

¹) Siehe DIELS, Vorsokratiker 32, A. 27. I³, 308, 24. 26. Ich verdanke
den Hinweis darauf der Freundlichkeit des Herrn Prof. Dr. ERWIN PFEIFER;
vgl. auch E. SMITH, Maal og Minne, 1918, 18.

Frage, warum gerade dies Wort das Götterblut im Gegensatz
zu dem Synonym αἷμα bezeichne, verhältnismäßig gleichgültig;
man gestatte mir aber doch, daß ich kurz darauf eingehe.
Ein Zusammenhang mit ἰκμάς, wie ihn G. Meyer[1]) vermutete,
ist nicht vorhanden; Prellwitz[2]) verweist auf eine Wurzel
si „senden“, Persson[3]) möchte Ablaut zu αἷμα annehmen,
ohne über die Länge des anlautenden ι- eine Erklärung zu
geben: alles verfehlte Vermutungen. Wörter auf -ωρ als
Maskulina sind im Altgriechischen selten: außer ὁ κέλωρ ist
vor allem ὁ ἄχωρ „Grind, Kopfausschlag“ zu nennen. Mir
scheint es da nicht zu kühn, trotz des verschiedenen Akzents
ἄχωρ und ἰχώρ miteinander zu vereinigen. Die Bedeutungen
„wässeriger Hautausschlag“ auf der einen und „Lymphe,
wässeriges Naß im Fleisch“ auf der anderen Seite stehen sich
äußerst nahe; man vgl. eine Stelle, wie Galen. 14, 313 (ed.
Kühn): ἀχῶρες συνίστανται περὶ τὸ τῆς κεφαλῆς δέρμα.
ὠνόμασται δὲ ἀπὸ τοῦ συμπτώματος. λεπτὰς γὰρ ἔχει κατα-
τρήσεις, δι' ὧν ἀπορρέει ἰχὼρ γλίσχρος: ἀχὼρ (ἄχωρ?) ist
also ἰχὼρ γλίσχρος.

Formal sehe ich in ἰχώρ eine ι-Reduplikation von ἄχωρ;
denn nicht nur in Praesentien wie γίγνομαι, ἵστημι, lat. sisto
usw., sondern auch bei Nomina war eine ι-Reduplikation seit
alters üblich.[4]) ὀπῑπεύω, παρθενοπῖπα, ἐν-ῑπή, aw. ĭžā (zur
Basis *oqu̯- „sehen“ in ὄσσε, lat. oculus usw.) zeigen ebenso wie
εἰρήνη d. i. ἰράνᾱ zu ἀραρίσκω dieselbe Kontraktion des re-
duplizierenden ι-Vokals mit der Schwächung des vokalischen
Stammanlauts, auch hier ist, wie in ἰχώρ, die Kontraktions-
silbe nicht betont, weil sie eine Schwundstufe enthält: wie
also ἰράrᾱ < i + ǝr- zu normalem ἀρ- in ἀραρίσκω, wie ἐν-ῑπή
aus < i + ǝqu̯- zu *ὀκ- in ὄσσε (< *ὄκι̯ε) entstand, so deute
ich ἰχώρ aus i + ǝχ- zu normalstufigem ἄχωρ. Dieses selbst
hat schwerlich mit ἄχυρον „Spreu“, ἀχυρόν „Spreuhaufen“
etwas zu schaffen — diese Wörter gehören vielmehr zu ἄχνη,
got. ahana „Spreu“ usw. —, sondern ich verbinde ἄχωρ un-
bedenklich mit Ἀχέρων, Ἀχερουσία, ἀχερούσια· ὕδατα ἑλώδη

[1]) Et. Gr. Wb. II, 45.   [2]) Et. Wb.[2] 201.   [3]) Wurzelerw. 112, A. 2.
[4]) Brugmann, εἰρήνη, Ber. d. sächs. Ges. d. Wiss., 68, 3, 1916, S. 14 ff.,
Verf., Idg. Ablautprobleme S. 134.

Hes., weiterhin sind demnach lit. *ễžcras, ažcras* „Teich, See“, apreuß. *assaran* „See“, russ. óзеро „Landsee, See“ anzureihen, deren Grundbedeutung deutlich „sumpfiges Gewässer, Schlamm“ war. Da wir bei Homer die auffallende Akkusativform *ἰχῶ* *E* 416 finden, scheint im Nominativausgang trotz des abweichenden Geschlechts das bedeutungsverwandte *ὕδωρ* eingewirkt zu haben, obwohl wir *r*-Ableitungen ja auch in *Ἀχέρων* und seinen Verwandten antreffen. Jedenfalls ist *ἰχώρ*, rein formal betrachtet, ein uraltes Wort, weil an seiner Gestalt Gesetze geschaffen haben, die weit vor der historischen Periode der homerischen Sprache wirksam waren.

Was andrerseits gr. *αἷμα* betrifft, so halte ich an der gut begründeten Vergleichung mit nhd. *Seim*, ahd. *scim*, nhd. *seimig* „schleimig“, mnd. *sêm*, holländ. *zeem*, norw. (dial.) *seima* „Schicht von Schleim oder zäher Flüssigkeit“ fest,[1] glaube freilich, daß auch die Sippe von nhd. *Schleim, schleimig* speziell im Hochdeutschen als Reimwort einigen Einfluß auf die Bedeutung gewonnen hat: *Seim* scheint ursprünglich „dicker Saft“ besagt zu haben, erst die häufige Verbindung mit *Honig*, ahd. *honangseim* ist an der engeren Bedeutung „süßer Saft, Honigsaft, Syrup“ schuld. Daher glaube ich auch nicht, daß *αἱμύλιος* „schmeichelnd“, *αἱμυλομήτης* „geschickt im Täuschen“ mit *αἷμα* und *Seim* zu verbinden ist, wie man[2] gemeint hat; dieses Adjektiv bedeutete „listig berechnend“, und ich sehe keinen triftigen Grund, es von *αἷμων* und seinen Verwandten loszureißen.

Unsere bedeutungsgeschichtliche Frage, warum *ἰχώρ* das Götterblut im Gegensatz zu dem *αἷμα* bezeichne, ist also auf das einfachste gelöst; es gab urgriechisch zwei synonyme Wörter für „Saft“: *ἰχώρ* war lymphenähnlicher, wässeriger Körpersaft, *αἷμα* aber, das gewöhnliche Wort für „Blut“, hatte diese Bedeutung wahrscheinlich aus einer allgemeinen von „dickflüssiger, schleimiger Saft“ verengt. Den geschilderten Anschauungen vom Wesen der *ῥεῖα ζώοντες* entsprechend

---

[1] Osthoff, MU. 4, 144; Prellwitz, Gr. Et. Wb.² 15; Boisacq, Dict. ét. 24.

[2] Schrader, KZ. 30, 463. Sehr fraglich sind mir Schröders Kombinationen ZfdA. 42, 67.

konnte man zur Bezeichnung des Götterbluts nur ἰχώρ wählen.
Man kann jene Stelle, von der wir ausgingen, *E* 339 ff., einfach übersetzen: „es floß das unsterbliche Blut der Gottheit,
der (flüssige oder wässrige) Saft, wie er bei seligen Göttern
zu fließen pflegt.“

Die Fälle ἰχώρ, νέκταρ und ἀμβροσία scheiden also als
Belege für die homerische Göttersprache im engeren Sinne
aus: wenn sie auch tatsächlich auf die Götterwelt beschränkt
sind, so erklärt sich dies aus den Anschauungen, welche in
homerischen Zeiten vom Wesen der Götter verbreitet waren.

6.

Wir wenden uns den Begriffen zu, bei denen Homer
Doppelbenennungen, ein Wort der Menschen- und der Göttersprache nebeneinander, angibt. So an der Stelle Ξ 291:

> ὄρνιθι λιγυρῇ ἐναλίγκιος, ἥν τ' ἐν ὄρεσσιν
> χαλκίδα κικλήσκουσι θεοί, ἄνδρες δὲ κύμινδιν.

Es handelt sich um einen gespenstischen Nachtvogel, in
dessen Gestalt Hypnos eine riesige, bis zum Äther ragende
Tanne erstiegen hat, um eine Art Uhu oder Kauz, der im
Aberglauben eine so große Rolle spielt. Daß dieser unheim-
liche Gespenstervogel χαλκίς eigentlich ein verzauberter
Mensch war, merken schon die Scholien zu diesem Vers an:
in Argos erzählte man von einer gewissen Harpalyke, die von
ihrem Vater Kymenos vergewaltigt worden war. Den dann
geborenen Sohn Presbon läßt sie schlachten und setzt ihn
dem Vater als Speise vor; sie aber wird in den χαλκίς verwandelt. Andrerseits ist Χαλκίς der Name der Mutter der
Kureten, die auch Κόμβη heißt: diese κόμβη aber wird ihrerseits der κορώνη (ἐνάλιος) gleichgesetzt nach Ausweis der
Hesychglosse: κόμβα · κορώνη · Πολυρρήνιοι. Es ist nahe-
liegend, an einen Sturmvogel zu denken, der beim Gewitter-
zauber beteiligt ist.[1] Nach STUDNICZKA[2] wäre der fliegende

---

[1] GRUPPE, Gr. Myth. 899.　　　[2] Arch. Jahrb., 1887, II, 280.

Vogel, der auf alten Münzen aus Chalkis abgebildet ist, nichts anderes als dieser Gespenstervogel, die *κόμβη*.

Fragen wir, warum die Menschen diesen unheimlichen Nachtvogel *κύμινδις* nennen, die Götter aber *χαλκίς*, so läßt sich antworten, daß der alltägliche, gewöhnliche Name des Vogels zweifellos *κύμινδις* war. Auch von Aristophanes Av. 1181 wird neben *γύψ, ἀετός* dieser *κύμινδις* erwähnt, und über ihn finden wir bei Aristoteles, Hist. anim. 9, 12 bestimmte Angaben, worauf schon die Scholien *Ξ* 291 Bezug nehmen: *ὁ κύμινδις οἰκεῖ μὲν ὄρη, ἔστι δὲ μέλας, χαλκίζων, τὴν χροιὰν καὶ μέγεθος ὅσσον ἱέραξ ὁ φασσοφόνος — ὥς φησιν Ἀριστοτέλης* [1] · *παρὰ δέ τισιν θηλυκῶς λέγεται ἡ κύμινδις.* Der Name dürfte zu jenen halb onomatopoetischen Vogelbezeichnungen gehören, welche enger oder weiter mit *κάναξ, κάης* verwandt scheinen, wie auch *κίκυμος, κικυμίς, κίκυβις, κίτυμις, κικκάβη*; lat. *cucubīre* steht auch nahe. *χαλκίς* dagegen, das natürlich nach der *χαλκός*-Farbe den Vogel benennt — s. o. *χαλκίζων* in der Glosse; —, war gerade bei der allgemeinen adjektivischen Bedeutung ein viel geheimnisvollerer, weil vieldeutigerer Name mehr andeutender als scharf bezeichnender Art: „der eisenfarbige, dunkle". [2] Nach späteren Angaben kann denn auch *χαλκίς* einen Fisch und eine bestimmte Eidechse bedeutet haben: Aristoteles, Hist. anim. VIII, c. 24, 147. *ἀποκτείνει δὲ δάκνουσα ἢ σφόδρα ποιεῖ ἀλγεῖν καὶ ἡ καλουμένη χαλκὶς ὑπὸ τινῶν, ὑπὸ δ' ἐνίων ζιγνίς.* Dazu halte man die Hesychglosse *ζιγνίς· ἡ χαλκὴ σαύρα.* [3] Aristoteles fährt fort: *ἔστι δ' ὅμοιον ταῖς μικραῖς σαύραις, τὸ δὲ χρῶμα τοῖς τυφλίνοις ὄφεσιν.* Aber ebd. 4, 103 heißt es auch: *ψόφους δέ τινας ἀφιᾶσι* (sc. *ἰχθύες*) *καὶ τριγμοὺς οὕς λέγουσι φωνεῖν . . . ἔτι δὲ χαλκὶς καὶ κόκκυξ.*

Gehen wir auf den Gefühlswert ein, der den beiden Synonymen *χαλκίς* und *κύμινδις* im Altgriechischen anhaften mußte, so löst sich leicht das Problem ihrer Verteilung auf Götter- und Menschensprache: das nüchtern alltägliche, also

---

[1]) A. a. O.: Hist. anim. 9, 12.

[2]) Vgl. oben die marokkanische Umschreibung „jener der Nacht", S. 15, sowie andeutende Umschreibungen wie *νυκτερίς*, lat. *noctua*, nhd. *Klagemutter, Totenvogel, Leichhuhn* u. dgl. für „Eule".

[3]) Thompson, Greek birds 108 ff.; Boisacq, Dict. ét. 534.

κύμινδις, konnte natürlich nicht als Wort der Göttersprache
ausgegeben werden, das allgemein andeutende, daher geheimnis-
vollere und vieldeutigere χαλκίς aber schien dem Dichter um
so passender, als es Sagen über eine Verwandlung in diesen
Vogel gab, als man sogar eine Gottheit des Namens kannte.
So erhielt der Ausdruck der Göttersprache zugleich eine gewisse Farblosigkeit und Vieldeutigkeit, so daß sein Verständnis
den Menschen nicht ganz leicht und klar war. Es ist nur
gut begreiflich, wenn man meinte, die Göttersprache sei nicht
jedem Menschen oder weiteres verständlich; da aber andrerseits keine Barbarenwörter den Göttern zugemutet werden
konnten, ließ sich diese vorausgesetzte schwere Faßlichkeit
von Götteraussprüchen nur erreichen, wenn vieldeutige, mehr
andeutende und anspielende, als wirklich scharf bezeichnende
Worte den Göttern zugesprochen wurden. Man kennt ja die
Doppelsinnigkeit der späteren Orakel, die auch auf ähnlichen
Ursachen beruht, das bekannte κίβδηλον der Sprüche des Λοξίας,
zu der wir also erste Ansätze in diesen Fällen der homerischen
Göttersprache entdecken. Man fühlt sich an die Verse erinnert, mit denen der Chor in Aischylos’ Agamemnon 1254 f.
Kassandras Weissagungen bespricht:

> Κασσάνδρα· καὶ μὴν ἄγαν γ’ Ἕλλην’ ἐπίσταμαι φάτιν.
> Χορός· καὶ γὰρ τὰ πυθόκραντα· δυσμαθῆ δ’ ὅμως.

Diese Vorstellung, die Götter redeten zwar hellenisch, aber
doch für menschliches Fassungsvermögen dunkel und schwer
verständlich, ließ sich praktisch am einzelnen Wort eben nur
durch die Wahl allgemeiner, andeutender und vieldeutiger
Worte veranschaulichen.

Sahen wir, daß schon bei der *Chalkis* Eigennamen herein-
spielen, so ist dies erst recht bei allen noch übrigen Belegen
der Göttersprache bei Homer der Fall. So lesen wir *B* 813 ff.:

> ἔστι δέ τις προπάροιθε πόλιος αἰπεῖα κολώνη . . .
> τὴν ἤ τοι ἄνδρες Βατίειαν κικλήσκουσιν,
> ἀθάνατοι δέ τε σῆμα πολυσκάρθμοιο Μυρίνης.

Ich kann auch in diesem Falle nur denselben Grund zur Verteilung der beiden Ortsbezeichnungen erkennen, den wir oben
ermittelt haben: Der alltägliche, von vornherein gegebene

Ausdruck ist *Batíeia*: Das Wort bedeutet „Dorngebüsch“ als
Ableitung zu βάτος, βατίς „Dornstrauch“. Eine mehr dichterische Umschreibung dieses nüchternen Ortsnamens ist demgegenüber σῆμα Μυρίνης. Ich kann es nicht für richtig halten,
in dem Namen *Myrina* selbst ein Wort mit dem Sinne „Dornstrauch“ zu suchen, indem man etwa an μυρίκη „Tamariske“
erinnerte, sondern wir haben es hier mit — einer Heroine
und Heroenkult zu tun. Denn nach Angabe der Scholien war
Μυρίνη eine Amazone, und ich wüßte nicht, weshalb man
dieser bestimmten Angabe den Glauben versagen sollte; Schol.
ad B 814: πολυσκάρθμοιο · πολυκινήτου, ταχείας, διὰ τὸ πολλὰ
ἐνεργεῖν αὐτὴν ἐν τῷ πολέμῳ · σκαρθμὸς γὰρ ἡ τῶν ποδῶν
κίνησις. Μύρινα δὲ Ἀμαζόνος ὄνομα. Dazu kommt die Angabe bei Strab. XII, c. 6, 573: ὅπου καὶ Ἀμαζόνες κατεθάρρησαν
αὐτῆς ... πόλεις δὲ παλαιαὶ ὁμολογοῦνται ἐπώνυμοι αὐτῶν ·
ἐν δὲ τῷ Ἰλιακῷ πεδίῳ κολώνη τις ἔστιν, ἣν ἤτοι ῾ἄνδρες Βατί-
ειαν κικλήσκουσιν, ἀθάνατοι δέ τε σῆμα πολυσκάρθμοιο Μυ-
ρίνης᾽. ... καὶ ἡ Μύρινα οὖν ἐπώνυμος ταύτης λέγεται.

Ob das Sage ist oder ob sich wirklich ein σῆμα auf dem
Hügel befand — einerlei, auf jeden Fall handelt es sich um
eine Kultstätte einer eponymen Heroine in der Troas. Daß
auch sonst in Kleinasien Verehrung von Amazonen vorkam,
daß Amazonengräber Gegenstand kultischer Verehrung waren,
ist deutlich nachgewiesen. [1]

Wenn die Götter jene Stätte, welche die Menschen
nüchtern das „Dorngebüsch“ heißen, nach der Verehrungs-
stätte eines ihnen näherstehenden Wesens, einer Heroine, benennen, welche ebenfalls göttliche Verehrung genoß, so ist
das ohne weiteres einleuchtend; anders ausgedrückt: warum
der Sänger die Verteilung der synonymen Bezeichnungen der
betreffenden Örtlichkeit eben gerade so und nicht umgekehrt
vornahm, glauben wir vollauf verstehen zu können.

Genau dieselbe Sache liegt vor bei den beiden Namen,
die der Skamanderfluß in der Troas bei Homer führt; *Υ* 74:

$$\text{μέγας ποταμὸς βαθυδίνης,}$$
$$\text{ὃν Ξάνθον καλέουσι θεοί, ἄνδρες δὲ Σκάμανδρον.}$$

---

[1] Siehe F. Pfister, Reliquienkult im Altertum (= Rel. Vers. u. Vor
arb. V), I, 281 f.

Wieder ist der tatsächliche Name des Flusses Σκάμανδρος gewesen; das Wort dürfte ungriechisch und nur im Ausgang geschickt an den Stamm von ἀνήρ angeglichen worden sein. Jedenfalls aber hieß der Fluß tatsächlich so: das beweist sein heutiger Name *Mendere,* darauf deutet auch die metrische Schwierigkeit, die seine Verwendung im Hexameter bietet. Ξάνθος „der gelbe“, wie der *Flavus Tiberis,* kann demgegenüber nur als dichterisches, schmückendes Beiwort gefaßt werden, das in seiner Allgemeinheit sich, wie oben ausgeführt, als Götterwort eignete. Es wäre möglich, daß ein und derselbe Fluß auch zwei Namen, einen barbarischen und einen griechischen, gehabt hat; soll doch der *Mendere* tatsächlich gelbes Wasser haben. [1])   Man hat auch vermutet, [2]) daß ξανθός eine Übersetzung des fremden Worts sein könnte, vgl. den lykischen *Xanthos,* der ja ebenfalls bei Homer erwähnt wird [3]): allein das läßt sich alles nicht wahrscheinlich machen; ja die volksetymologische Angleichung des fremden Flußnamens an den Stamm von ἀνήρ, ἀνδρός (Σκάμ-ανδρος) spricht gegen eine solche Annahme. Ein Flußgott *Xanthos* kommt auch auf Münzen vor; [4]) jedenfalls waren also beide Namen, der gewöhnliche und die von einigen Dichtern gebrauchte Umschreibung, nebeneinander in der Überlieferung gegeben, und für uns ist es lehrreich, wie der Dichter, der diese Namen auf Götter- und Menschensprache verteilen wollte, vorgegangen ist.   Der Flußgott selbst heißt meist Ξάνθος, doch liest man Φ 305 auch: οὐδὲ Σκάμανδρος ἔληγε τὸ ὃν μένος, ἀλλ᾽ ἔτι

---

[1]) Nägelsbach-Autenrieth, Homer. Theol.⁸ 438. Seltsames steht bei dem Paradoxographen Antigonus c. 78 (= rer. natural. script. Graeci minor. ed. O. Keller, p. 21, 18 ff.), worauf mich Herr Prof. F. Boll freundlichst aufmerksam macht: δοκεῖν δὲ καὶ τὸν Σκάμανδρον ξανθὰ ποιεῖν, διὸ καὶ τὸν ποιητὴν ἀντὶ Σκαμάνδρου Ξάνθον αὐτὸν προσαγορεύειν. Ebenso Paradox. Vatican. c. 11 (= a. a. O., p. 107, 19 f.): ὁ Σκάμανδρος ξανθὰς ποιεῖ τὰς τρίχας· ὅθεν καὶ Ξάνθος παρ᾽ Ὁμήρῳ προσηγορεύθη. Ähnlich Aristot. hist. anim. III, 12, 519 a: δοκεῖ δὲ καὶ ὁ Σκάμανδρος ποταμὸς ξανθὰ τὰ πρόβατα ποιεῖν· διὸ καὶ τὸν Ὁμηρόν φασιν ἀντὶ Σκαμάνδρου Ξάνθον προσαγορεύειν αὐτόν. Vgl. übrigens auch Platon, Cratyl. 391 E.

[2]) v. Wilamowitz, Die Ilias und Homer, 1916, 381 mit Anm. 1.

[3]) *B* 877, *E* 479, *M* 313.

[4]) Siehe die Belege bei Waser, RE.², 1909, VI, 2814.

μᾶλλον | χώετο Πηλεΐωνι, κόρυσσε δὲ κῦμα ῥόοιο. Also so konsequent und pedantisch, den Flußgott nur beim Götternamen zu nennen, ist der Dichter nicht gewesen.

Einen etwas schwierigeren Fall haben wir in der Doppelbenennung des Riesen *Aigaion* vor uns, A 401 ff.:

ἀλλὰ σὺ τόν γ᾽ ἐλθοῦσα, θεά, ὑπελύσαο δεσμῶν,
ὦχ᾽ ἑκατόγχειρον καλέσασ᾽ ἐς μακρὸν Ὄλυμπον,
ὃν Βριάρεων καλέουσι θεοί, ἄνδρες δέ τε πάντες
Αἰγαίων᾽· ὁ γὰρ αὖτε βίῃ οὗ πατρὸς ἀμείνων.

Auch hier kann *Αἰγαίων* nur der gewöhnliche Name sein, *Βριάρεως* aber ist ein poetischer Beiname, dessen Sinn jedem Griechen klar und verständlich war: von βριαρός, βριαρέος abgeleitet, bedeutet das Wort „der Starke, Schreckliche" [1] und paßt aufs beste für den von allen Göttern gefürchteten Kraftmenschen, der selbst den Zeus an Körperstärke übertraf: mit seinen Muskeln prahlend setzt er sich wie ein gefeierter Meisterathlet und Ringkämpfer neben den Vater Kronion, κύδεϊ γαίων, und flößt mit seinen nervigen Armen allen Unsterblichen gründlichen Respekt ein vor seinen dreinschlagfreudigen Fäusten … τὸν καὶ ὑπέδεισαν μάκαρες θεοὶ οὐδέ τ᾽ ἔδησαν.

Jener gewöhnliche Name des Riesen *Αἰγαίων* entbehrt durchaus solcher Durchsichtigkeit. Es gehören erst weitere Untersuchungen dazu, um diesen Namen des Giganten in der Menschensprache zu verstehen. Meiner Überzeugung nach hängt er zusammen mit αἶγες „Wogen", αἰγιαλός „Strand" und ging ursprünglich auf den gewaltigen Anprall erregter, sturmgepeischter Meereswogen, die mit Donnertosen gegen die Küste andringen. Dem Namen nach zu schließen, hätten wir in dem Riesen ursprünglich einen Wasserdämonen zu erkennen.[2] Dies läßt sich wohl auch sachlich noch einigermaßen stützen [3]: Aigion galt als Sohn Poseidons und war als Meer- oder Wassergeist Heros eponymos mehrerer Städte, so insbesondere der Stadt Aigai an der Westseite der Insel

---

[1] Siehe Immisch, Rhein. Mus., 1893, 47, 294.
[2] Anders, mich nicht überzeugend, Gruppe, Gr. Mythol. 114, A. 5.
[3] Siehe Schömann, Opusc. II, 95.

Euboia bei Karystos.[1]) Der Sage nach mußte er von Euboia nach dem Rhyndakos an der Südküste der Propontis auswandern, wo sein Grabmal gezeigt wurde. Somit verstehen wir sehr wohl, warum gerade die Meeresgöttin Thetis ihn aus der Wassertiefe zur Hilfeleistung des Zeus heraufholte. Später freilich trat dann eine Vermengung ein mit anderen ἑκατόγχειροι, er wurde mit Titanen, Kyklopen, Giganten usw. zusammengebracht, weil auch er, wie Poseidon, Stürme und Erdbeben verursachte. Den bündigen Beweis für die Richtigkeit dieser Auffassung von Aigaion sehe ich darin, daß Poseidon selbst gelegentlich Aigaion genannt wird, z. B. bei Callim. fr. 103 (ed. Schneider II, 361): Αἰγαίωνι θεῷ oder bei Lykophron 135, wo er das Meersalz Αἰγαίωνος ἁγνίτην πάγον nennt. Vgl. Valer. Flaccus Argon. 1, 629: vix litore puppem solvimus, et quanto fremitu se sustulit Aegon! Das nahestehende Αἰγαῖος als Beiname Poseidons steht bei Eur. Alk. 595.

Schon Homer nennt ja Aigai als besondere Kultstätte Poseidons.[2]) Unter solchen Umständen kann ich nicht αἴξ „Ziege" enger mit Αἰγαίων vereinen und den Giganten für einen ursprünglichen Dämonen in Ziegengestalt ansehen, wie Gruppe[3]) will, wo αἶγες „Wogen", αἰγιαλός „Strand", καταιγίζω „renne mit Gewalt an", ai. éjati „regt sich" so trefflich zu der sachlichen Seite des Problems stimmen. Ob αἴξ „Ziege" letzten Endes mit dieser Sippe lautlich verwandt ist, bleibt eine Frage für sich und hat uns hier nicht weiter zu beschäftigen. Wenn Poseidon selbst gelegentlich Aigaion heißt, so ist dies die bekannte Erscheinung, daß selbständige Sonder- oder Lokalgottheiten zum Beinamen persönlicher Götter heruntersinken. —

Damit sind die Belege der homerischen Göttersprache erschöpft, und wir kommen zu dem überraschenden Ergebnis, daß es sich in den Fällen, wo Homer eine Doppelbezeichnung für ein und dasselbe Objekt in menschlicher und göttlicher

---

[1]) Siehe Pauly-Wissowa RE.[2] I, 945; v. Holzinger in d. Ausg. d. Lykophr. S. 186 zu 135; Gruppe, a. a. O. 583, 8.

[2]) Θ 203 und vor allem N 21: Αἰγάς· ἔνθα δέ οἱ κλυτὰ δώματα βένθεσι λίμνης | χρύσεα μαρμαίροντα τετεύχαται, ἄφθιτα αἰεί. Vgl. auch hymn. Hom. 22, 3: ὅς θ' Ἑλικῶνα καὶ εὐρείας ἔχει Αἰγάς.

[3]) a. a. O. 1148.

Sprache angibt, bei dem Götterwort nur um eine poetische
Umschreibung allgemeinerer Art handelt; der nüchterne,
alltägliche Ausdruck erscheint als Name in der Menschensprache. Man überschaue noch einmal die Paare: Statt des
gewöhnlichen Σκάμανδρος gilt die Umschreibung „der Gelb-
liche“, Ξάνθος; statt κύμινδις sagen die Götter umschreibend
und andeutend die „Dunkle“, Χαλκίς; statt *Aigaion* gebrauchen
sie den umschreibenden Namen „der Starke“, Βριάρεως; statt
der volkstümlichen Ortsbezeichnung „Dorngebüsch“, Βατίεια,
sprechen sie vom „Grabmal der Heroine Myrina“. Wir sehen
also, daß es sich um einen stilistischen Kunstgriff,[1] um etwas
Gemachtes und Künstliches handelt, um etwas, was mit wirklich volkstümlichen Anschauungen zunächst nichts weiter zu
tun zu haben scheint, als eben den allgemeinen Glauben
selbst, daß es eine besondere, eigene Göttersprache gebe: der
war, wie unsere Untersuchung lehrte, seit vorhistorischen
Zeiten aus den Anschauungen von der Zaubermacht des
Namens und Worts entwickelt worden und war auch zu
homerischer Zeit in der Masse des Volks zweifellos verbreitet. Indem also der Dichter den echt volkstümlichen
Gedanken aufgriff, blieb ihm in Fällen, wo er nun wirklich
im einzelnen Doppelbezeichnungen geben wollte, nur eine
künstliche Erfindung, nur das Mittel dichterischer Umschreibung übrig, weil er seine Hellenengötter kein
barbarisches Kauderwelsch konnte radebrechen lassen.
Diese Umschreibungen erschienen einmal edler und
gewählter als die abgegriffenen Wortmünzen des Alltags,
waren also der Unsterblichen würdiger; sodann aber blieb
wegen der nur andeutenden, vielsinnigen Bedeutung
solcher Umschreibungen begreiflich, warum die Göttersprache gewöhnlichen Sterblichen trotz ihrer echt
hellenischen Worte unklar und unverständlich sein
mußte. Es gehört eben eine genaue und intime Kenntnis
des ganzen Zusammenhangs, also eine besondere Vertrautheit
mit den Gedanken der Götter dazu, um zu wissen, daß mit

---

[1] Ich darf hier daran erinnern, daß auch die Unterscheidung *ahu-
rischer* und *daëvischer* Wörter im Awesta nach meiner Ansicht letzten
Grundes bloß auf stilistischen Erwägungen beruht, Verf., Sitzungsber. d.
Heidelb. Akad. d. Wiss., 1914, 13, 33 f.

der „Dunklen“ ein bestimmter Vogel, mit dem „Gelblichen“
ein Fluß gemeint ist: Diese Dunkelheit und Vielsinnigkeit
der Göttersprache, die wir später aus so zahlreichen Orakelsprüchen kennen, erscheint somit schon bei HOMER als ihr
bezeichnendstes Merkmal.

Ehe wir versuchen, dies unser Resultat noch mehr zu
vertiefen und die eben klar gelegte Methode, wie die homerischen Sänger bei der Schaffung von Götterausdrücken vor-
gingen, in einen größeren Zusammenhang einzubeziehen, gilt
es zunächst, unser Ergebnis gegen andere bereits geäußerte
Auffassungen abzuwägen und zu festigen. Die Ansicht des
alten Scholiasten, der zu *A* 403 bemerkt: *τῶν διωνύμων τὸ
μὲν πρότερον ὄνομα Ὅμηρος εἰς θεοὺς ἀναφέρει, τὸ δὲ
δεύτερον εἰς ἀνθρώπους*, ist völlig verkehrt; einmal handelt
es sich bei diesem Problem gar nicht um wirkliche Synonyme im eigentlichen Sinn, sondern um poetische Metaphern,
sodann sind diese dichterischen Umschreibungen künstlich,
also selbstverständlich jünger als die gewöhnlichen Wörter
der Menschensprache. Nur im Fall *μῶλυ*[1]) ist ein veraltetes
Wort den Göttern zugesprochen aus sachlichen Gründen: ein
entsprechendes Wort in der Menschensprache aber fehlt.
Wenn EUSTHATIOS urteilt, als Götterwort fungiere *τὸ κρεῖττον
τῶν ὀνομάτων, τὸ εὐγενέστερον, τὸ σεμνότερον*, so läßt sich
das nur in dem engbeschränkten Sinne halten, daß die
poetischen Umschreibungen gewählter klingen als das Wort
der Alltagssprache. Auch der Vergleich mit der Orakelsprache, den man gezogen hat,[2]) ist nur in dem von uns
schon oben beschriebenen Umfang, also im stilistischen gemein-
samen Grundprinzip, richtig. Auf ganz irriger Fährte wandelte
v. LEUWEN,[3]) mit seiner Ansicht, als Götterworte seien nur
echtgriechische Worte gewählt worden, die der Menschensprache aber seien dunkel und barbarisch. Diese Anschauung
würde nur für *Σκάμανδρος* passen, das auch wir für ein

---

[1]) und *Πλαγκταί*, *μ* 61, worüber unten S. 115f.

[2]) NÄGELSBACH-AUTENRIETH, Homer. Theol.³ 436, der selbst erklärt,
das Orakel wolle dunkel reden, bei HOMER sei aber von dieser Absicht
gar keine Rede.

[3]) Mnemosyne, 1892, 20, 138 ff. Über die Ausführungen von E. SMITH,
Maal og Minne, 1918, 14 ff., siehe unten S. 113, A. 1 und S. 123, A. 3.

hellenisiertes Fremdwort halten; *Βατίεια, κύμινδις* oder *Αἰγαίων* sind aber gewiß keine Barbarenwörter; umgekehrt, wie kann v. Loewen in den Götternamen „einfache" Ausdrücke (simplicia a. a. O. 139) sehen wollen, was bei der umständlichen Bezeichnung *σῆμα πολυσκάρθμοιο Μυρίνης* geradezu absurd klingt?[1]) Man muß doch auch beachten, um dies noch einmal zu betonen, daß es sich in all den hierhergehörenden Fällen nie um echte, in der Umgangssprache lebendige Synonyme und deren Verteilung handelt, obwohl hier Material genug dem Dichter zu Gebote gestanden hätte. Wie hätte aber ein Rhapsode es wagen können, ein in der Volkssprache übliches Wort auf einmal der Göttersprache zuzuschreiben?

Auch Kvičala scheint mir nicht das treibende Motiv erkannt zu haben, wenn er meint,[2]) daß die klaren und durchsichtigen Wörter den Göttern zugesprochen worden wären; wie Speise und Trank bei den Göttern besser seien als bei den Menschen, so sei auch ihre Sprache vollkommener: die Götterworte wären somit verständlich und klar, die Menschenworte dunkel und unverständlich. Hiergegen läßt sich sofort wieder geltend machen, daß es sich nicht um einfache Synonyme handelt, sondern um andeutende Umschreibungen, die keineswegs so eindeutig klar sind, wie Kvičala uns glauben machen will. Für *μῶλυ* gilt diese Theorie erst recht nicht. Zudem ist dieses etymologische Werten eines Worts

---

[1]) Es braucht keiner weiteren Worte, um die Unrichtigkeit anderer Ansichten über die homerische „Götterglottik" darzutun: so, wenn Bernhardy und Nägelsbach-Autenrieth, Hom. Theol.[3] 191, § 144 behaupten, es handle sich um „für Homer fremdsprachliche Wörter", um eine „Tradition von Sprachaltertümern"; oder wenn Lobeck trotz des trefflichen Materials, das er mit großer Belesenheit gesammelt hat, feststellt, es seien eigene Erfindungen des Dichters, ein elegans et prope necessarium mendacium, Aglaoph. II, 858 ff. Oder wenn man gar wirkliche, barbarische („pelasgische") Wörter annahm. R. M. Meyers und Cohens Ansichten (s. o. S. 91) passen höchstens auf den einen Fall *μῶλυ*, und selbst da darf man nicht von eigentlich hieratischer Sprache reden; für Götterausdrücke wie *Ξάνθος* oder *χαλκίς* trifft dieser Erklärungsversuch gar nicht zu. Die Auffassung von E. Smith, Maal og Minne, 1918, 12 ff. aber unterschätzt m. A. den Abstand des homerischen Stils von primitivem Denken; s. dazu unten S. 123, A. 3 und 129.

[2]) Kritické a exeget. příspěvky k Platonovým rozmluvám, 1896, S. 285.

für die homerische Zeit ganz unwahrscheinlich: was κύμινδις oder Σκάμανδρος war, das wußte man klar und eindeutig, etymologische Erwägungen über die Herkunft und Verwandtschaft dieser Worte hat man gewiß nicht angestellt.

Man hat endlich als Parallele zu den Fällen homerischer Götterworte auf jene Doppelnamen aufmerksam gemacht, die für einzelne Personen in den Epen HOMERS bezeugt sind.[1] So wird Z 402 f. bekanntlich von Hektors Sohn gesagt:

$$\text{Ἑκτορίδην} \ldots$$
$$\text{τόν ῥ' Ἕκτωρ καλέεσκε Σκαμάνδριον, αὐτὰρ οἱ ἄλλοι}$$
$$\text{Ἀστυάνακτ' · οἶος γὰρ ἐρύετο Ἴλιον Ἕκτωρ.}$$

Dieselbe Erklärung des zweiten Namens Ἀστυάναξ wird auch X 506 gegeben:

$$\text{Ἀστυάναξ, ὃν Τρῶες ἐπίκλησιν καλέουσιν·}$$
$$\text{οἶος γάρ σφιν ἐρύσο πύλας καὶ τείχεα μακρά.}$$

Ich kann dieser „Parallele", die nur auf ganz flüchtigen Blick hin an das Problem der Götterworte erinnert, keinerlei Berechtigung zugestehen: die Sache liegt hier völlig anders. Hier handelt es sich um einen Beinamen, eine ἐπίκλησις, um den Vater zu ehren; es ist genau dasselbe Prinzip, einen Helden im Namen oder Beinamen des Sohnes zu ehren oder zu charakterisieren, wie wenn Odysseus' Sohn Τηλέμαχος „der in der Ferne Kämpfende", des Orestes Nachkomme Τεισάμενος „der Rächer" cder Aias' Sohn nach des Vaters berühmtem Schild Εὐρυσάκης heißen (s. GRUPPE, Mythol. 741, A. 4; auch Ναυσικάα ließe sich anführen). Σκαμάνδριος, nach dem Flußgott der Heimat gewählt, war also der ursprüngliche Name von Hektors Söhnlein, der Beiname bezweckt eine Ehrung des Vaters; dieses ehrende *cognomen* hat Hektor selbst begreiflicherweise nicht gebraucht, wohl aber seine Umgebung. So dürften sich diese Doppelnamen leicht verstehen.[2] Daß es wirklich solche Beinamen gab, zeigt ein weiterer Fall eines

---

[1] VAN LEUWEN, Mnemosyne, 1892, XX, 140 und schon NÄGELSBACH-AUTENRIETH, Hom. Theol.³, 439 f.; vgl. auch PLATON, Cratyl. 392 B, C.

[2] Anders v. WILAMOWITZ, Die Ilias und Homer, 1916, 312, der verschiedene Tradition annehmen möchte.

homerischen Doppelnamens: *I* 561 ff., wo von einer Kleopatra
die Rede ist:

> τὴν δὲ τότ᾽ ἐν μεγάροισι πατὴρ καὶ πότνια μήτηρ
> Ἀλκυόνην καλέεσκον ἐπώνυμον, οὕνεκ᾽ ἀρ᾽ αὐτῆς
> μήτηρ ἀλκυόνος πολυπενθέος οἶτον ἔχουσα
> κλαῖ᾽, ὅτε μιν ἑκάεργος ἀνήρπασε Φοῖβος Ἀπόλλων.

Also wiederum erhält die Tochter nach dem Schicksal
der Mutter einen Zunamen (ἐπώνυμον). Auch der bekannte
Doppelname *Paris-Alexandros* bietet keine Parallele zu jenen
Götterbenennungen. Auf Vasen erscheint fast nur der letztere
Name, der gewiß mit Alexandra, einem „Beinamen“ der
argivischen Hera, zusammenhängt, während *Paris* wahrscheinlich mit dem Helenakult Beziehungen hat: Παρεία hieß,
worauf Gruppe, Mythol. 305 hinweist, eine heilige Schlange,
die in manchen Sagen eine Rolle spielt. Dem Helenos soll
sie die Ohren ausgeleckt haben, vielleicht hat Helenas Gemahl
daher seinen Namen, den andere freilich für ungriechisch,
etwa phrygisch halten.[1]) Jedenfalls dürfte es sich in diesem
Fall um ursprünglich selbständig verehrte Heroen oder Lokalgottheiten handeln, die dann in der Sagenfigur des *Paris* ver-
schmolzen sind. Wie dem auch sei, diese Beispiele von Doppelnamen beruhen auf jeden Fall auf ganz anderen Voraus-
setzungen und können das Problem der Göttersprache nicht
aufhellen. Die scheinbare Ähnlichkeit in der Verteilung zweier
Synonyme muß bei näherer Prüfung als Täuschung erkannt
werden.

Eine Stelle bleibt uns übrigens noch nachzutragen, an der
Homer einen Eigennamen der Göttersprache zuteilt, ohne aber
— wie im Falle des *Moly*[2]) — das entsprechende Wort der
Menschensprache anzugeben, μ 61:

> ἔνθεν μὲν γὰρ πέτραι ἐπηρεφέες, προτὶ δ᾽ αὐτὰς
> κῦμα μέγα ῥοχθεῖ κυανώπιδος Ἀμφιτρίτης·
> Πλαγκτὰς δή τοι τάς γε θεοὶ μάκαρες καλέουσιν.

---

[1]) Tomaschek, Sitzungsber. d. Wien. Akad. d. Wiss., 1894, 131, 19.

[2]) Daß diese beiden Fälle der Odyssee angehören, während die Umschreibungen in der Ilias vorkommen, scheint mir nicht weiter von Belang
und dürfte nur durch den verschiedenen Stoff (märchenhafter Grundzug
der Odyssee) zu erklären sein.

Man hat den Eindruck, daß diese Odyssee-Stelle nicht sehr ursprünglich empfunden ist, sondern nach anderen Mustern, insbesondere nach dem Falle des *Moly*, geformt ist. Die Erklärung selbst ist nicht eben schwierig und unsicher: es handelt sich um eine rein sagenhafte Örtlichkeit, und um das Geheimnisvolle, Seltsame und Außermenschliche zu betonen, bedient sich der Dichter nach dem Vorbild anderer Stellen des Kunstgriffs, Πλαγκταί als Götterwort auszugeben. Die Entsprechung in der Menschensprache fehlt, weil die Menschen jene sagenumwobenen Felsen gar nicht kennen und nie gesehen haben. Das Wort πλαγκταί, sc. πέτραι ist natürlich gut griechisch und gehört zu πλάζεσθαι. Die uns heute geläufigeren synonymen Ausdrücke Συμπληγάδες (Eurip. Med. 2. 1252), Πληγάδες (Ap. Rhod. 2, 596), auch Συνδρομάδες (Theokr. 13, 22, Eurip. Iph. Taur. 408), Συνορμάδες (Sim. fr. 22) sind sämtlich nachhomerisch. Höchstens wäre als Synonym der Ausdruck Ἀμβρόσιαι πέτραι in Betracht gekommen, weil an der Homerstelle von den Tauben erzählt wird, die für Zeus Ambrosia holen und dabei durch jene gefährlichen Felsen fliegen müssen.

7.

Bei der tonangebenden Stellung Homers in der antiken Literatur ist es nicht verwunderlich, daß sein Vorbild spätere Dichter veranlaßt hat, gleichfalls von der Göttersprache zu berichten. Interessant daran bleibt nur das eine bei diesen Nachahmungen, wie der betreffende Dichter die tatsächliche Verteilung der Wörter bei Homer aufgefaßt hat. So läßt sich schon Hesiod anführen, der fragm. 3 (= 186 ed. Rzach) berichtet: Νήσῳ ἐν Ἀβαντίδι δίῃ· | τὴν πρὶν Ἀβαντίδα κίκλῃσκον θεοὶ αἰὲν ἐόντες, | Εὔβοιαν δὲ βοὸς τότ' ἐπώνυμον ὠνόμασεν Ζεύς.

Der scharfe Gegensatz zwischen Götter- und Menschensprache wird hier schon dadurch verwischt, daß das gewöhnliche Menschenwort für die Insel dem Zeus zugeschrieben wird. Aber im übrigen können wir leicht dieselbe Praxis wie bei HOMER feststellen: Ἀβαντίς sc. νῆσος ist eine gewähltere Umschreibung der Insel nach den euboiischen Abanten, bzw. nach dem Städtenamen Ἄβαι in Phokis, das nach STRABON X, 1, 3 die Urheimat der euboiischen Abanten gewesen sein soll.[1]) Ähnlich wie in dem Fall der Heroine Myrina wird also wieder eine Örtlichkeit nach einem uralten, heroenhaften Geschlecht bezeichnet, das einst das Land bewohnt haben sollte. Genau dasselbe Prinzip der Namensverteilung liegt vor, wenn PINDAR, frgm. 87 (= p. 397 Christ) von Delos singt:

$$\text{ἄν τε βροτοὶ}$$
$$\text{Δᾶλον κικλήσκουσιν, μάκαρες δ' ἐν 'Ολύμπῳ}$$
$$\text{τηλέφαντον κυανέας χθονὸς ἄστρον.}$$

Die offenkundigste Umschreibung muß als Ausdrucksweise der Olympier herhalten. Es ist längst erkannt, daß hinter dem artigen Bilde nichts als der Name Ἀστερία steckt, der für Delos — wie auch für Kreta — bezeugt ist;[2]) er kommt von einer sagenhaften Titanin Ἀστερία, die mit Ζεὺς Ἀστέριος zusammenhängen dürfte. Bemerkenswert erscheint mir also vor allem, daß sowohl HESIOD wie PINDAR die Praxis der alten Rhapsoden, Götterworte durch Umschreibungen zu gewinnen, wohl durchschaut und daher selbst nachgeahmt haben. So wird es ja auch immer mehr Sitte, in der Dichtersprache nicht plump den wirklichen Namen einer Örtlichkeit zu nennen, sondern ihn zu ersetzen und zu umschreiben.

Auch PLATON hat einmal, wenn sichtlich auch nur im Scherz, von einem „Götterwort" berichtet;[3]) es handelt sich um eine seltsame Stelle im Phaidros, c. 32, 252 B, wo offenbar mit solchen Götternamen gespielt wird: τοῦτο δὲ τὸ πάθος, ὦ παῖ καλέ, πρὸς ὃν δή μοι ὁ λόγος, ἄνθρωποι μὲν Ἔρωτα ὀνομάζουσιν, θεοὶ δὲ ὃ καλοῦσιν ἀκούσας εἰκότως διὰ νεότητα γελάσει. λέγουσι δέ, οἶμαι, τινὲς Ὁμηριδῶν ἐκ τῶν ἀποθέτων ἐπῶν δύο ἔπη εἰς τὸν Ἔρωτα, ὧν τὸ ἕτερον ὑβριστικὸν πάνυ καὶ οὐ σφόδρα τι ἔμμετρον. ὑμνοῦσι δὲ ὧδε· 'τὸν δ' ἤτοι

---

[1]) Vgl. TOEPFFER, RE.[2] I, 13 ff., v. WILAMOWITZ, Herakl. II, 93.

[2]) Vgl. CALLIMACH., Hym. 4, 37. 40. 197 usw., s. USENER, Kl. Schr. IV, 49.

[3]) Im Cratyl. 400 D heißt es viel ernster: περὶ θεῶν οὐδὲν ἴσμεν οὔτε περὶ αὐτῶν οὔτε περὶ τῶν ὀνομάτων, ἅττα ποτὲ αὐτοὶ ἑαυτοὺς καλοῦσιν.

*θνητοὶ μὲν Ἔρωτα καλοῦσι ποτηνόν, | ἀθάνατοι δὲ Πτέρωτα, διὰ πτερόφοιτον ἀνάγκην.*ʼ

Ob dies Zitat aus irgend einem Kykliker echt sein mag, oder ob PLATON vielmehr, wie man[1]) mit Grund vermutet, die Praxis solcher Dichterlinge, die das Motiv einer Göttersprache geschmacklos zu Tode hetzten, travestieren wollte oder vielleicht nur einer Laune nachgab — das ganze Kapitel ist in sehr scherzendem Ton gehalten —: genug für uns hier, daß jedenfalls auch in diesen spielerischen Versen das Götterwort eine allgemein andeutende Umschreibung ist („der Geflügelte“), welche wegen des Reims zum gewöhnlichen Menschenwort uns noch besonders auffällt: *Ἔρωτα : Πτέρωτα.* Wissen wir doch, daß der Reim auch bei anderen Fällen von Götterworten seine wichtige Rolle gespielt hat (s. o. S. 66 ff.).

Ein später Dichter, PHILOXENOS aus Kythera, hat in seinem *Δεῖπνον* die homerische Göttersprache gleichfalls nachgeahmt, wenn er singt[2]):

πορθμίδας πολλῶν ἀγαθῶν πάλιν εἴσφερον γεμούσας,
τὰς ἐφήμεροι καλέοντι τραπέζας, ἀθάνατοι δέ
τ᾿ Ἀμαλθείας κέρας.

Bekanntlich wird von diesem Amaltheia-Horn, das OVID dem *cornu copiae* gleichsetzt,[3]) gefabelt, es verleihe Regen und Fruchtbarkeit: es ist eine Variante von Fortunas Füllhorn, mithin haben wir als Götterausdruck wieder nichts als eine poetische Umschreibung.

Auch OVID kann hier genannt werden, der in recht äußerlicher Nachahmung des homerischen Vorbilds sich den Effekt, Götterworte anzubringen, nicht entgehen ließ. So heißt es Metam. 11, 640 von einem Traumgott:

Hunc Icelon superi, mortale Phobetora vulgus nominat.

Es ist interessant festzustellen, daß der römische Epigone die homerische Technik in der Prägung von Götterausdrücken in

---

diesen Fällen nicht durchschaut hat; er wählt blindlings zwei Namen aus, um sie ebenso willkürlich zu verteilen. Vielleicht mochte dem gebildeten Römer der angebliche Menschenname *Phobetor*, „der Furchterregende" zu φόβος, φοβέω etwas durchsichtiger gewesen sein. *Icelus* dürfte wohl das griech. ἴκελος „ähnlich" sein, weil Traumgottheiten oft in Gestalt eines Menschen erscheinen. Im übrigen hat OVID auch die Homerstelle von dem *Moly* übernommen: 14, 292:

> *Pacifer huic dederat florem Cyllenius album:*
> *Moly vocant superi: nigra radice tenetur.*

Auch hier hat man durchaus den Eindruck oberflächlicher Nachahmung, von dem tieferen Grund des homerischen Gebrauchs, von dem Gefühlswert, den die „Wurz" Moly für den homerischen Griechen besaß, hatte der römische Dichter keine Ahnung: es war für ihn lediglich ein schönes Dekorationsstück, das er seinem Vorbilde des Effekts wegen entnahm.

Die Pythagoräer scheinen einen feinen Unterschied im Gebrauch der Synonyme θέμις, δίκη und νόμος gemacht zu haben, Iamblich. de vita Pyth. IX, 46 (NAUCK S. 33): τοὺς γὰρ ἀνθρώπους εἰδότας ὅτι τόπος ἅπας προσδεῖται δικαιοσύνης, μυθοποιεῖν τὴν αὐτὴν τάξιν ἔχειν παρά τε τῷ Διὶ τὴν Θέμιν καὶ παρὰ τῷ Πλούτωνι τὴν Δίκην καὶ κατὰ τὰς πόλεις τὸν Νόμον. Diese feine Unterscheidung läßt sich wohl verstehen: νόμος ist das allgemeine, übliche Prosawort, gehört also den Menschen an, θέμις aber hat den Nebenbegriff der „göttlichen Satzung" (o. S. 48), hom. θέμιστες nähert sich dem Sinn „Götterbeschluß, Orakel", zudem ist ja Θέμις eine bekannte homerische Gottheit, die Tochter des *Uranos* und der *Gaia* (O 87, 93, Υ 4, β 68). Man kann dies Bedeutungsverhältnis von θέμις und νόμος dem von lat. *fās* und *lex* vergleichen. Wenn δίκη der Unterwelt zugesprochen wird, so ist wohl an das Totengericht gedacht: hier hat der Begriff „Gesetz" nicht den Nebensinn der heiligen Göttersatzung, sondern des Richterspruchs, dem sich alles zu unterwerfen hat. Solche Gleichsetzungen von Göttern waren, worauf LOBECK a. a. O. 1098 mit Recht hinweist, ein auch sonst beliebtes Spiel theologischer Grübler; so wenn SERVIUS zu Aen. IV, 610 bemerkt: Dirae in coelo, Furiae in terris, Eumenides apud inferos.

Hat doch angeblich PYTHAGORAS gelehrt, dem *Jupiter* und der *Juno* entspreche *Dis* und *Proserpina* in der Unterwelt.[1]

Noch vereinzelte Überlieferungen von Götterworten gibt es, die sich hier und dort versprengt erhalten haben, und die LOBECK in seinem Aglaoph. 1829, II, 841 ff. bereits gesammelt und auch in der Hauptsache ganz richtig gewürdigt hat. So berichtet z. B. PHEREKYDES,[2] ὅτι οἱ θεοὶ τὴν τράπεζαν θυωρὸν καλοῦσι. Die Erklärung dieses „Götterworts“ liegt auf der Hand: natürlich gehört es zu θύη, θύω, θῦμα, θύσις usw. und bezeichnet den Opfertisch, der für die Götter in dem Gottesdienst allein in Betracht kommt. Das Suffix begegnet auch in θυρωρός, hom. θυρα(ϝ)ωρός und πυλα(ϝ)ωρός „Türhüter“, sowie in att. ἀρκυωρός „Netzwächter“, κηπωρός „Gärtner“, ὑλήωρος (Akzent?) „Waldhüter“, σκευωρός „Wächter des Trosses“, und läßt sich erschließen aus den Denominativen δυσωρέω „beschwerliche Wache halten“ und ὀδωρέω · ὀδοφυλακτεῖν (bei PHOTIOS).[3] θυωρός bedeutet also genau „das Opfer behütend oder bewahrend“, eine leicht verständliche sakrale Metapher für den Opfertisch und Altar.

Ähnlich liest man in den Scholien zu Theokrit III, 22/3 (S. 261 WENDEL): Καρύστιος ὁ Περγαμηνός φησι Κυανέας μὲν ὑπ᾽ ἀνθρώπων, ὑπὸ δὲ θεῶν ὅρκου πύλας καλεῖσθαι. Wahrscheinlich ist die Stelle verderbt, da man nicht recht einsieht, was sachlich und sprachlich „Eidestore“ für Symplegaden bedeuten sollten — man hat Φόρκου (MEINEKE, WENDEL) konjiziert —, jedenfalls aber ist hier wieder eine Umschreibung als Götterwort ausgegeben. Bei HARPOKRAT. s. v. wird bemerkt: πέλανον καλοῦμεν ἡμεῖς οἱ θεοὶ ἃ καλεῖτε σεμνῶς ἄλφιθ᾽ ὑμεῖς οἱ βροτοί. Dies πέλανος ist ein sakrales Wort, das bestimmte Opferspenden und insbesondere eine Art Opferkuchen bezeichnete[4]: weil das Wort seiner Bedeutung nach dem Götterkultus angehört, wird es als Götterwort ausgegeben. Ähnlich bemerkt EPICHARM, statt der gewöhnlich ἀμαθίτιδαι genannten Muscheln sagten die Götter die „weißen“,

---

[1] Nach LUTATIUS zu Stat. Theb. IV, 526; LOBECK a. a. O. 1098.
[2] Nach Diog. Laert. I, 11 (ed. COBET p. 31).
[3] Siehe SCHULZE, Qu. ep. 19; BOISACQ, Dict. ét. 359.
[4] Siehe PERSSON, Beitr. II, 748, A. 1; BOISACQ, Dict. ét. 759 f.

λεύκαι[1]) — offenbar eine Bedeutungsverengerung, wie sie nur in der Fachsprache von Opferdienern und Priestern entstehen konnte.

Diese zuletzt genannten Beispiele leiten uns nun zur Erkenntnis über, daß die Art, wie man seit HOMERS Zeiten Götterworte bildete, diese Umschreibungen oder „sakralen Metaphern“, wie wir sie nennen wollen, auch sonst in religiös gehaltener, feierlicher Sprache häufig angewandt wurden, daß sie für den sakralen Stil bezeichnend waren. Denn um mit dem wichtigsten zu beginnen, so beruht die Ausdrucksweise der Orakel auf ganz dem gleichen stilistischen Prinzip. In wirklich gesprochenen Barbarensprachen scheint die Pythia höchstens Barbaren gelegentlich geantwortet zu haben,[2]) in *voces mysticae*, wie wir sie oben kennen lernten, niemals. Die bekannte Zweideutigkeit und Dunkelheit der Orakel beruht allein auf diesen Umschreibungen, die das Gemeinte nur andeuten, aber nicht scharf und klar ausdrücken. In diesem Sinne ist das berühmte Wort *EI*, das dem Ankömmling vom Tempel in Delphi rätselhaft entgegenleuchtete,[3]) für die ganze Praxis der Pythia bezeichnend. „Hölzerne Mauern“ statt „Schiffe“ zu sagen ist also eine Stileigentümlichkeit der sakralen Rede, und es ist überraschend, daß diese Ausbildung besonderer Umschreibungen in religiös gehaltener Rede, dieser sakralen Metaphern, bei HOMER eben in den Ausdrücken der Göttersprache beginnt. ὁ ἄναξ οὗ τὸ μαντεῖόν ἐστι ἐν Δελφοῖς, οὔτε λέγει οὔτε κρύπτει, ἀλλὰ σημαίνει, sagt HERAKLEITOS — eine oft zitierte,[4]) grundlegende Stelle bei PLUTARCH, De Pyth. Orac., c. XXI zur Beleuchtung der Vieldeutigkeit und Dunkelheit der Orakel, der αἰολότομοι χρησμοί, des χρησμὸς κίβδηλος des Λοξίας, wie die Griechen sich ausdrückten. Auch vom olympischen Zeus heißt es ὁ θεός ἐπεσήμαινεν.[5]) Der Gott „ließ die Strahlen der Wahrheit sich in

---

[1]) LOBECK, Aglaoph. II, 863.

[2]) Z. B. im karischen Dialekt gegenüber den Abgesandten des Mardonios, Pausan. IX, 23, s. GÖTTE 209 A, 247 A.

[3]) PLUTARCH schrieb darüber bekanntlich eine eigene Abhandlung.

[4]) LOBECK, Aglaoph. II, 841; GÖTTE, Das delphische Orakel, 1839 S. 115 f.

[5]) Vgl. WENIGER, Arch. f. Religionswissenschaft, 1915, 18, 100.

der Poesie brechen“, ¹) jedenfalls reizten die geheimnisvollen
Umschreibungen dieser Göttersprache zum Nachdenken der
Sachlage an. *per ambages, ut mos oraculis* — so charakteri-
siert dies der kühle Tacitus, Annal. II, 54. Vor allem hat
Plutarch in der Abhandlung, warum die Pythia die Orakel
nicht mehr in Versen erteile, sich über hierhergehörige Probleme ausgesprochen, und es ist für uns doppelt interessant,
seine Auffassung kennen zu lernen, weil hier ein Fachmann
und Priester spricht. „Wir glauben“, — so heißt es cap. 22
— „daß Apollon zu seinen Anzeigen sich der Sprache der
Reiher, Zaunkönige und Raben bediene, und verlangen nicht,
daß sie, weil sie Boten und Herolde der Götter sind, alles in
Worten und deutlich aussprechen; allein von der Pythia verlangen wir, daß sie eine Sprache und Ausdrucksweise wie
von der Bühne führe, keine ungeschmückte und einfache,
sondern in bestimmten Versmaßen, in hochtrabender Weise,
voll von neuen Worten und Bildern, ²) unter Flötenschall
zu uns rede.“ „In der alten Zeit mißgönnte Apollon der
Wahrsagung nicht den Schmuck und die Anmut, er entfernte
nicht die hier geehrte Muße vom Dreifuß, sondern führte sie
vielmehr herzu, indem er die poetischen Naturen weckte und
ehrte; er gab ihnen selbst Bilder ein und verlieh ihnen einen
glänzenden Vortrag, der ansprach und Bewunderung erregte“
(cap. 24). Als Beispiele solch sakraler Metaphern aus
Apollons Orakelsprache erwähnt sodann Plutarch, daß
er die Delpher πυριχάους, die Spartaner ὀφιοβόρους, die
Männer ὀρεάνας, die Flüsse ὀρεμπότας genannt habe. Diese
Proben ergänzt uns Athen. VI, 272 B dahin, daß Apollon die
Thessaler in Orakelsprüchen als ποικιλοδίφρους, die Arkader
als βαλανηφάγους, die Korinther als χοινικομέτρας bezeichnet
habe. ³) Wir sehen, es handelt sich in diesen Fällen um dasselbe Prinzip wie bei der homerischen Göttersprache: es
sind teils durchsichtige Metaphern und Verhüllungen, teils
seltner gebrauchte, offenbar nur in dialektischer Begrenzung

---

¹) Götte a. a. O. 116 nach Plutarchs Worten a. a. O.

²) ἀλλ' ἐν μέτρῳ καὶ ὄγκῳ καὶ πλάσματι καὶ μεταφοραῖς ὀνομάτων
καὶ μετ' αὐλοῦ φθεγγομένην παρέχειν ἀξιοῦμεν.

³) Bei Hesych heißt es ξυμβόλους ... τινὲς δὲ τὰς διὰ τῆς φήμης
γινομένας μαντείας, Arch. f. Religionswiss., 1915, 18, 84 Fußn.

übliche Worte. ὀρε(ι)άτες dürfte wohl mit ἄρσην, ἄρρην, ἄφορρος usw. zusammenzuhängen, vgl. lakon. εἴρην, jon. ἔρσην, aiol. kret. ἔρσην, und weiter ἀπ-εράω.[1]) Dazu gehört die Hesychglosse ὀρείονες · ἄνδρες.

Übrigens ist diese Ähnlichkeit der homerischen Götterworte und solcher Umschreibungen der Pythia bereits von den Alten beobachtet worden, so daß man sagte, die Priesterin spreche eben die Sprache der Götter: Dio Chrys. X, 303, 1 ἢ τὴν αὐτὴν εἶναι διάλεκτον ἀνθρώπων καὶ θεῶν νομίζεις; ἀλλὰ τοσοῦτον διαφέρει, ὥστε τὸν ποταμὸν τὸν ἐν Τροίᾳ Ξάνθον παρ' ἐκείνοις καλεῖσθαι καὶ τὴν Χαλκίδα κύμινδιν — ὅθεν καὶ ἀσαφῆ τὰ τῶν χρησμῶν ἐστι καὶ πολλοὺς ἤδη ἐξηπάτηκεν.[2]) Umschreibungen liegen ja im Wesen jeder dichterischen Ausdrucksweise, weil der Dichter die abgegriffenen, schmutzig gewordenen Münzen der Alltagsrede vermeiden und durch neue blendende Prägungen von frischem Glanze ersetzen will.[3]) Ähnliche Metaphern und Bilder im allgemeinen findet man also bei jedem Dichter. Fürs Griechische braucht man nur an den würdevollen Stil eines AISCHYLOS oder PINDAR zu erinnern, die von Umschreibungen oft Gebrauch machen.[4])

---

[1]) Siehe BOISACQ, Dict. ét. 68. 83.   [2]) LOBECK a. a. O. 854.

[3]) Es ist eine maßlose Übertreibung und Einseitigkeit, wenn JOHANNA PORTENGEN, De Oudgermaansche dichtertaal in haar ethnologisch verband, Leidener Diss. 1915, alle *kenningar* auf einstige Tabubegriffe zurückführen will; vgl. auch M. H. JELLINEK, Ztschr. f. österr. Gymn., 1917/18, 68, 770, eine Besprechung, auf die mich Herr Dr. FRANZ ROLF SCHRÖDER freundlichst aufmerksam gemacht hat. Umschreibungen sind nicht nur ein naheliegendes stilistisches Mittel der poetischen Ausdrucksweise, die sich dadurch von der nüchternen Alltagssprache abhebt, sondern auch im Volke ein stets beliebtes Spiel; man erinnere sich, um diese Freude an abwechselndem Ausdruck und neuen Bildern auch in weitesten Kreisen des Volkes zu sehen, nur an die vielen neugeschaffenen Metaphern der Soldatensprache, wie sie sich in dem Weltkrieg studieren ließ (z. B. *Hühner, Schmetterling, Blechtuter, Hornvieh, Spielmöpse*: „Musiker“, *Schlachtmeister, Knochenschuster, Medizinmann, Karbolfähnrich, Aspirinonkel*: „Arzt“, *Stottertante, Fleischhackmaschine, Totenorgel*: „Maschinengewehr“ usw.). Allerdings geben die *Sasahara*-Worte der Sangiresen oder die Priestersprache der Toradjas auf Celebes gute Beispiele für sakrale Metaphern. Aber von so primitiven Gewohnheiten bis zu der Höhe von homerischen und auch eddischen Gedichten ist es ein weiter und auch steiler Weg!

[4]) Siehe jetzt DORNSEIFF, Pindars Stil, 1921, 28 ff., worauf mich Herr Prof. BOLL freundlichst hinweist.

Aber in der besonderen Verwendung der Metapher in der sakralen Sprache, von der wir reden, kommt doch ein anderes hinzu: die Vieldeutigkeit und Dunkelheit der Orakel war nicht nur, wie man schon im Altertum behauptet hat,[1] eine List und ein Gebot der Klugheit der Priester, um nämlich hinterher den dunklen Ausdruck so oder so den tatsächlichen Geschehnissen anzupassen und mit den Ratschlägen des Gottes stets recht zu behalten, sondern sie erwächst, wenigstens in der älteren Zeit, aus dem Bestreben und Bedürfnis, das Heilige zu verhüllen, nicht alles plump beim Namen zu nennen; die Umschreibungen sind Kennzeichen religiöser, feierlicher Rede geworden, weil dies der ungewöhnliche, geheimnisvolle Charakter einer heiligen Handlung erforderte: Mystische Schatten, weihevolle Dämmerung gehören nun einmal zum Stil einer religiösen, an das Gefühl und die Stimmung sich wendenden Feierlichkeit: Die „Götter lieben das Geheime" heißt es mit Recht schon im Śat. Brah. VI, 1, 1, 2.

Den Beweis für die Richtigkeit dieser Auffassung sehe ich vor allem in den Geheimworten und sakralen Metaphern, wie sie bei Pythagoräern und Orphikern namentlich, aber auch sonst in Geheimkult und Mysterium üblich waren. Läßt sich doch ein ganzes Glossar[2] orphischer und pythagoräischer Umschreibungen aus den reichhaltigen Angaben des CLEMENS ALEXANDRINUS, Strom. V, c. VIII f. (= Migne Patr. Gr.-Lat. 9, S. 72 ff.) zusammenstellen. Wir müssen wenigstens einige Proben hierhersetzen (§ 19 ff.): Ἀνδροκύδης γοῦν ὁ Πυθαγορικὸς τὰ Ἐφέσια καλούμενα γράμματα ἐν πολλοῖς δὴ πολυθρύλλητα ὄντα συμβόλων ἔχειν φησὶ τάξιν· σημαίνειν δὲ Ἄσκιον μὲν τὸ σκότος, μὴ γὰρ ἔχει τοῦτο σκιάν· φῶς δὲ Κατάσκιον, ἐπεὶ καταυγάζει τὴν σκιάν· Λίξ τέ ἐστιν ἡ γῆ κατὰ ἀρχαίαν ἐπωνυμίαν, καὶ Τετρὰς ὁ ἐνιαυτὸς διὰ τὰς ὥρας, Δαμναμενεὶς δὲ ὁ ἥλιος, ὁ δαμάζων, τὰ Αἴσια

---

[1] Plutarch de Pyth. orac. 25 bemerkt, man beschuldige die Poesie, welche die Orakel verhüllte, nicht bloß, daß sie die Erkenntnis des Wahren hindere und Dunkelheit und Schatten den Aussprüchen beimische, sondern man wolle auch Bilder, Rätsel und Zweideutigkeiten als Rückhalte und Schlupfwinkel verdächtigen, in die man, wenn die Prophezeiung nicht eingetroffen sei, sich verstecke und zurückziehe. Vgl. auch F. DORNSEIFF, a. a. O. 29.

[2] Siehe schon CREUZER, Symbolik III, 480.

τε ἡ ἀληθὴς φωνή. ... οὐχὶ καὶ Ἐπιγένης ἐν τῷ περὶ τῆς Ὀρφέως ποιήσεως τὰ ἰδιάζοντα παρ' Ὀρφεῖ ἐκτιθέμενός φησι· 'κερκίσι καμπυλόχρωσι' τοῖς ἀρότροις μηνύεσθαι· στήμοσι δὲ τοῖς αὔλαξι, μίτον δὲ τὸ σπέρμα ἀλληγορεῖσθαι, καὶ δάκρυα Διὸς τὸν ὄμβρον δηλοῦν μοίρας τε αὖ τὰ μέρη τῆς σελήνης, τριακάδα καὶ πεντεκαιδεκάτην καὶ νουμηνίαν· διὸ καὶ λευκοστόλους αὐτὰς καλεῖν τὸν Ὀρφέα φωτὸς οὔσας μέρη. πάλιν ὄρθιον μὲν τὸ ἔαρ διὰ τὴν φύσιν, ἀργίδα δὲ τὴν νύκτα διὰ τὴν ἀνάπαυσιν, καὶ γοργόνιον τὴν σελήνην διὰ τὸ ἐν αὐτῇ πρόσωπον· Ἀφροδίτην τε τὸν καιρὸν καθ' ὃν δεῖ σπείρειν λέγεσθαι παρὰ τῷ θεολόγῳ.

Τοιαῦτα καὶ οἱ Πυθαγόρειοι ᾐνίσσοντο, Φερσεφόνης μὲν κύνας τοὺς πλανήτας, Κρόνου δὲ δάκρυον τὴν θάλασσαν ἀλληγοροῦντες (§ 37 f., a. a. O. S. 80).

Die hier gebrauchten Beispiele zeigen eine ähnliche Bildungsweise wie die homerischen Götterworte; meistens sind es Umschreibungen von mehr oder minder poetischer Kraft. Der Sprachforscher fühlt sich nicht nur an die poetischen Metaphern, die *kenningar* und *heiti* der nordischen Skalden und der deutschen Sprachgesellschaften des 17. Jahrhunderts erinnert, sondern geradezu an Ausdrücke der deutschen — Gaunersprache, die ja gleichfalls eine Geheimsprache ist und sein soll;[1] jedenfalls mußten solche zahlreich verwandten Metaphern zu einer dem Laien unverständlichen Geheimsprache führen.

Sogar Fremdwörter werden in dieser orphischen Geheimsprache verwandt, wie das phrygische βέδυ „Wasser"; Clemens, a. a. O. § 27, S. 73: ... βέδυ μὲν γὰρ τοὺς Φρύγας τὸ ὕδωρ φησὶ καλεῖν, καθὰ καὶ Ὀρφεύς· 'καὶ βέδυ Νυμφάων καταλείβεται ἀγλαὸν ὕδωρ.' ἀλλὰ καὶ ὁ Θύτης Δίων ὁμοίως φαίνεται γράφων· 'καὶ βέδυ λαβὼν κατὰ χειρῶν καταχέου καὶ ἐπὶ τὴν ἱεροσκοπίην τρέπου'. ... Συνομόλογος τῆς τοιᾶσδε δόξης καὶ ὁ Κυζικηνὸς Νεάνθης γράφων τοὺς Μακεδόνων ἱερεῖς ἐν ταῖς κατευχαῖς βέδυ κατακαλεῖν ἵλεω αὐτοῖς τε καὶ τοῖς τέκνοις, ὅπερ ἑρμηνεύουσιν ἀέρα.

---

[1] Man vgl. Ausdrücke, wie *Vater Weiß* „Winter", *Weißling* „Ei", *Scheinling* „Auge", *Schwarzmantel* „Schornstein", *Trittling* „Schuh", *Grünhart* „Wiese" usw. Vgl. Kluges und Günthers Darstellungen des Rotwelsch, Bischoffs Wörterbuch der Gaunersprache.

Von hier ist es dann nicht mehr weit zu den geheimnisvollen und geheimgehaltenen, den Laien unverständlichen
Fachausdrücken der Priestersprache, wie etwa σίφνις, wo-
neben Hes. σίφνον · σιπύα steht: es dürfte zu σίφων, σιφνός·
κενός, σιφνύει · κενοῖ (Hes.) gehören und mit lat. *tĭbia* verwandt sein: ein altes, aber ungebräuchlich gewordenes Wort.
Vornehmlich die Römer waren in der Beibehaltung solcher sakral
gebrauchten Ausdrücke sehr konservativ. Besonders Arnobius
VII Cap. 24 hat uns alte Namen und Fachausdrücke der
römischen Priestersprache aufbewahrt (= S. 1248 bei Migne,
Patr. lat. 5): quid sibi reliqua haec volunt magorum cohaerentia
disciplinis, quae in sacrorum reconditis legibus *pontificalia* re-
stituere *mysteria*, et rebus inseruere divinis? Quid inquam,
sibi haec volunt, *apexanes, hirciae, silicernia, longavi?* quae
sunt nomina, et farciminum genera, hirquino alia sanguine,
comminutis alia inculcata pulmonibus. Quid *taedae?* quid
naeniae? quid *offae?* non vulgi, sed quibus est nomen ap-
pellatioque penitae: ex quibus quod primum est, in exiguas
arvina est miculas, catillaminum insecta de more: quod in
secundo situm est, intestini est porrectio, per quam proluvies
editur; succis perexsiccata vitalibus: offa autem penita est,
cum particula visceris cauda preoris amputata. Quid *polimina?*
quid *omenta?* quid *palasea*, sive, ut quidam cognominant,
plasea? ex quibus est nomen omenti pars quaedam; quo re-
ceptacula ventrium circumretita finiuntur. Bovis cauda est
plasea, siligine et sanguine delibuta. Polimina porro sunt ea,
quae nos proles verecundius dicimus: a vulgaribus autem as-
solent cognomine testium nuncupari. Quid *fitilla*, quid *frumen*,
quid *africia*, quid *gratilla, catumeum, conspolium, cubula?* ex
quibus duo, quae prima, sunt pultium nomina, sed genere et
qualitate diversa. Series vero, quae sequitur, liborum signi-
ficantias continet: et ipsis non est una eademque formatio.
Non enim placet carnem *strebulam* nominare, quae taurorem
e coxendicibus demitur, pulpamenta non *assa*, quae in verubus
exta sunt, animata prius et torrefacta carbonibus: non *salsa-
mina* denique, quae sunt una commixtio quadrinis copulata de
frugibus. Non similiter *fendicas*, quae et ipsae sunt hirae,
quas plebis oratio ilia solet, cum eloquitur, nuncupare. Non
ratione eadem *aerumnas*, quae sunt prima in gurgulionibus

capita, quae dejicere cibos et referre natura est ruminatoribus saeculis. Non *magmenta*, non *augmina*, non mille species, vel farciminum, vel fitillarum, quibus nomina indidistis obscura, vulgoque ut essent augustiora, fecistis. Wir haben hier eine ganze Sammlung unklarer, zum Teil sehr unsicher überlieferter Geheimausdrücke der römischen Priestersprache. Auch sonst bringt ARNOBIUS in diesem Buch noch dunkle und seltene Wörter aus dieser Fachsprache, wie etwa *bria, sympuvia* (cap. 29) u. dgl. Wichtig ist hier das Zeugnis QUINTILIANS (I, 6, 39 ff.): verba a vetustate repetita non·solum magnos adsertores habent, sed etiam adferunt orationi maiestatem aliquam non sine delectatione: nam et auctoritatem antiquitatis habent et, quia intermissa sunt, gratiam novitati similem parant. sed opus est modo, ut neque crebra sint haec nec manifesta, quia nihil est odiosus adfectatione, nec utique ab ultimis et iam oblitteratis repetita temporibus, qualia sunt 'topper' et 'antegerio' et 'exanclare' et 'prosapia' et Saliorum carmina vix sacerdotibus suis satis intellecta. Sed illa mutari vetat religio et consecratis utendum est.

Wenn einerseits die Erwägung, daß die Römer in religiösen und sakralen Dingen sehr konservativ waren, auf hohe Altertümlichkeit schließen lassen, so läßt andrerseits die Spezialbedeutung der meisten dieser Ausdrücke von vornherein dem Etymologen dieses Material wenig ergiebig für seine Zwecke erscheinen.

Von lateinischen sakralen Geheimausdrücken hat LOEWE im Prodromus corporis Glossariorum Latinorum 1876, p. 377 weiteres Material gesammelt. Wir erwähnen *candes*: 'vasa fictilia Saliorum', *tegularia* 'malefica, eo quod supra tegulas sacrificet', *ambignae* 'oves ex utraque parte agnos habentes'. *Maialis* 'porcus pinguis, eo quod de his Maiae sacrificabant' und Sonderbenennungen bestimmter Priesterarten, wie *egones, econes* 'sacerdotes rustici', *fulguratores* 'rustici aruspices', *exstispices* 'haruspices, ab extis hostiarum'.

Wir dürfen auch an die Umschreibungen in den Geheimkulten erinnern;[1] in den orphischen Mysterien durfte der Name

---

der Gottheiten nicht genannt werden, sondern wurde durch andeutende Umschreibungen ersetzt.

Seltsam geheimnisvolle Benennungen, die nur dem Eingeweihten in ihrer Symbolik verständlich waren und trotz solcher Auslegung zum Teil in uralte Zeiten des Tierdienstes hinaufreichen dürften, führen die Mysten selbst in ihren verschiedenen Weihegraden. In den Mithrasmysterien hießen diese z. B. *corax* „Rabe“, κρύφιος, cryphius „Verborgener“, *miles* „Soldat“, *leo* „Löwe“, *Persa* „Perser“, Ἡλιοδρόμος *heliodromus* „Sonnenläufer“, *pater* „Vater“. In anderen Geheimkulten heißen Eingeweihte *Bär, Ochse, Füllen*;[1] da auch Verkleidungen dabei vorkamen, denkt man an Tiertänze und Maskeraden primitiver Völker. Geheimnisvolle, umschreibende Symbole haben sich ja bis heute in jedem Geheimkult erhalten, vgl. die der Freimaurerei.

Handelt es sich hier auch nicht mehr um den Göttern zugeschriebene Worte oder Metaphern, so lehrt doch dieser Blick auf Orakelrede und Fachausdrücke der Priestersprache das Wesen und den Grund der homerischen Göttersprache noch besser und tiefer verstehen. Zwei Grundtypen sakraler Rede treten uns immer deutlicher entgegen: **sakraler Archaismus** und **sakrale Metapher**. Neben Umschreibungen, die in primitiveren Zeiten menschlichen Denkens von dem Bestreben veranlaßt wurden, etwas Heiliges und Geweihtes nicht plump beim Namen zu nennen, die Gottheit dadurch nicht etwa herbeizurufen oder dem Unberufenen mit der Kenntnis des heiligen, geheimen Namens gar eine mächtige Zauberwaffe in die Hand zu drücken, erhalten sich gerade in der religiös gefärbten Sakralrede mit Vorliebe alte oder dialektisch gefärbte Wortformen, die der großen Menge, mit der Zeit sogar den Priestern selbst unverständlich geworden sind. Hier wirkt der uralte Glaube von der mystischen Kraft des Wortgebildes und Wortkörpers nach: wie eine magische Formel stets unverändert in der gleichen Wort- und Silbenfolge gesprochen werden muß, wie ihre Wiederholung die

---

[1] Cumont-Gehrich, Mysterien des Mithra, 1903, 112 f. Die Pythia und ihre Priesterinnen in Delphi hießen „Bienen“, Pindar, Pyth. IV, 60: χρησμὸς μελίσσας Δελφίδος.

Zauberkraft stärkt, ein Versprechen dagegen von übelster Wirkung ist, so erhält sich in sakraler Rede zähe das einzelne Wort, weil es als solches für heilig empfunden wird. Die sakrale Metapher beruht mithin im tiefsten Grunde auf primitivem Volksglauben von der Macht des Namens, der sakrale Archaismus dagegen auf der urwüchsigen Vorstellung von der magischen Zauberkraft eines Worts. In späterer Entwicklung, wenn solche primitiven Gedanken längst nicht mehr Geltung haben, erhalten sich Archaismen und Umschreibungen in würdevoll feierlicher, religiös gehaltener Rede und Dichtung als stilistische Kunstmittel.

Für beide Typen, für sakrale Archaismen und Metaphern, finden wir Belege in der homerischen Göttersprache; sind die meisten der hier den Göttern zugeschriebenen Ausdrücke Umschreibungen, so bietet uns der Fall μῶλυ auch ein gutes Beispiel für einen sakralen Archaismus.

Man darf aber nicht soweit gehen und behaupten wollen, die Worte, für die Umschreibungen vorliegen, seien noch zu Homers Zeiten für den Dichter *tabu* gewesen.[1] Das kann schon deswegen nicht sein, weil die Alltagsworte ja den Menschen verbleiben. Wäre zu Homers Zeiten die Vorstellung von der Macht des Worts und Namens noch so lebendig gewesen wie in den Gedichten der Sangiresen,[2] dann müßten natürlich die Tabu-Wörter den Göttern, die Umschreibungen aber, mit denen man ja eben die Heiligkeit des Namens umgehen will, den Menschen zugeschrieben sein. Nein, derartige Erklärungen verkennen denn doch den Abstand der homerischen Kultur von der primitiver Völker. Man darf das Vorgehen eines homerischen Aoiden, der für ein aristokratisches, in religiösen Dingen ziemlich blasiertes Publikum dichtete, nicht auf eine Stufe stellen mit einem asiatischen Schamanen und einem Teufelsbeschwörer der Wilden!

Wir bleiben also bei dem Ergebnis, daß die homerischen Sänger in der Art, in der sie ihre Götterworte schufen, in einer Weise verfuhren, die später nicht nur von sie äußerlich

---

[1] Das habe ich vor allem gegen die Auffassung von E. Smith, Maal og Minne, 1918, 14 ff. einzuwenden.

[2] S. o. S. 16 und Jellinek, Ztschr. f. österr. Gymn., 1917/18, 68, 766.

und unmittelbar nachahmenden Dichtern, sondern von dem religiös gefärbten, hohen Stil der Dichtung (Aischylos, Pindar usw.) und der Orakelsprache, ja sogar der priesterlichen Fachsprache weiter verfolgt worden ist. Die wichtigsten Mittel ihrer Technik, sakraler Archaismus und sakrale Metapher, sind zu HOMERS Zeiten längst stilistische Kunstgriffe geworden, beruhen aber, wie Parallelen aus anderen Kulturen beweisen, letzten Endes auf primitiven Vorstellungen von der magischen Zauberkraft des Worts und Namens.

Die Gottheit spricht bei HOMER nicht so, wie sich nüchtern die Menschen des Alltags ausdrücken, aber sie gebraucht andrerseits auch keine Geheimworte, keine künstlich erklügelten Zauberglossen, wie der Magier und Geisterbeschwörer, noch tobt sie sich aus im enthusiastischen Schreien und Rufen, sondern sie hüllt ihre Winke und Weisungen in andeutende Umschreibungen — oder, um mit HERAKLIT zu reden,

$$\text{οὔτε λέγει, οὔτε κρύπτει, ἀλλὰ σημαίνει.}$$

8.

Eine auffallende, schon früh beobachtete Parallele zur homerischen Göttersprache gewährt ein seltsames Lied der altnordischen Liederedda, die *Alvíssmǫl*, in der uns in langen Strophen von Wörtern der Götter- und Geistersprachen berichtet wird. Den äußeren Rahmen dieses merkwürdigen Gedichts bildet die Verlobung eines Zwerges *Alviss*, des „Ganz-weisen", mit Thors Tochter in der Abwesenheit des Vaters. Bei seiner Heimkehr ist der Gott nicht sonderlich erbaut von seinem zukünftigen Schwiegersohn, diesem winzigen Burschen, der „blau um die Nase" ist, als hätte er die Nacht bei Leichen zugebracht.[1] Da der Handel nun aber einmal,

---

[1] Dies geht auf die eigentliche Natur vieler Zwerge als Totendämonen, siehe dazu Verf., Kalypso, 1919, S. 73. Über die Toten im Berge siehe W. v. UNWERTH, Untersuchungen über Totenkult und Óðinverehrung, VOGTS Germanist. Abhandl., 1911, 37, 7 ff. Als Nachtrag zu den „ver-

wenn auch hinter seinem Rücken, geschlossen ist, sucht Thor nun keineswegs wie in fast allen anderen solchen Lagen die Sache mit seinem Hammer wieder in Ordnung zu bringen, sondern er beschließt, mit einer List den listigen Werber loszuwerden: er fragt ihn nämlich aus nach den Namen der wichtigsten Dinge in allen neun Welten und weiß dadurch in schlauer Berechnung den auf seine Weisheit eitlen Zwerg so lange hinzuhalten und zu fesseln, bis die ersten Sonnenstrahlen den Sohn des nächtigen Dunkels überraschen. Dies bedeutet aber seine Vernichtung: nach anderen ähnlichen Sagen zu schließen, wurde nämlich der vom Tageslicht überraschte Zwerg versteinert.

Wir wissen, wie beliebt Wissenskämpfe und Rätselfragen als Proben der Weisheit im nordischen Altertum waren, und manch geistiges Turnier wird uns in der Edda und den Sagas geschildert.[1]) Allein die Art, wie in der *Alvíssmǫl* nur nach Worten der verschiedenen Götter- und Dämonensprachen examiniert wird, ist nur aus der Vorliebe der Nordländer für Aufzählungen erklärbar, wie sie sich ja auch bei genealogischen Werken findet. Das Gedicht macht von vornherein keinen sehr ursprünglichen und altertümlichen Eindruck schon wegen der äußeren Einkleidung; es bleibt gänzlich unmotiviert, wieso der Zwerg auf Thors Tochter, deren Namen übrigens gar nicht genannt wird, so zwingende Anrechte hat, daß der Vater hier ausnahmsweise nicht seine Kraft zu gebrauchen wagt; der Schauplatz der Handlung bleibt unklar und wird nicht einmal angedeutet, vor allem aber befremdet in höchstem Grade, Thor, den sonst so täppischen Draufgänger und bäurischen Kraftgott, als listgewandten Examinator in Dingen der Weisheit über einen Zwerg siegen zu sehen, dessen Klugheit und Wissen noch besonders betont wird: was von Odin zu erwarten wäre, will zu dem üblichen Charakterbilde Thors wenig stimmen. Die Einteilung des Kosmos in neun Räume

---

mummten Zwergengestalten“ gebe ich hier noch ai. *guhyakaḥ* „Kobold, Yakṣa“ zu *gúhā* „Höhe, Versteck“, *gūhati* „verbirgt, verhüllt“; vgl. auch aisl. *diúplendingr* „Unterirdischer, Kobold“. Über den Typus des mittelalterlichen Zwergs handelt A. Lütgens, Vogts Germanist. Abhdl. 38, 1911.

[1]) Vgl. nur die *Vafþrúþnismǫl*, aber auch den Streit zwischen Wäinämöinen und Joukahainen im Kalewala III.

bleibt unklar, zumal nur sechs Bewohnerklassen dieser Welten genannt werden; jedenfalls ist es dem Dichter nicht darum zu tun, diese Bewohner der verschiedenen Welten scharf zu scheiden: er spielt mit Umschreibungen, wie etwa *uppregin*, *ginnregin*, ohne daß der Leser weiß — und wahrscheinlich wissen soll —, was er sich im einzelnen darunter zu denken hat. Was sollen z. B. *uppregin* in Strophe 10 sein, wenn Asen und Vanen bereits genannt sind?

So erhält man den Eindruck einer spielerischen, oberflächlichen Ausführung des an sich nicht unebenen Einfalls, im Rahmen der Sage von der Lichtempfindlichkeit der Zwerge [1] uns eine Sammlung synonymer Ausdrücke zu bieten, wie sie sonst wohl in der isländischen Prosaliteratur begegnen; ebenso halte ich das Sagenmotiv von verschiedenen Götter- und Geistersprachen an sich selbstverständlich für volkstümlich, wie das unsere ganze Untersuchung lehrt. Aber die Art, wie diese alten, guten Motive dann verarbeitet sind, kann man nicht als sehr glücklich bezeichnen, und mir bleibt sowohl die Bewunderung als die Annahme eines relativ hohen Alters gleicherweise unverständlich, die FINNUR JÓNSSON für dieses späte Machwerk eines mäßigen Dichters übrig hat. [2] Mit Recht meint HEUSLER, zu diesem Lied „brauchte es das Island um 1200, gesättigt wie es war mit meistersingerischer Formenkunst und sprachtheoretischem Eifer", [3] mit Recht nennt es GERING [4] „ein versifiziertes Kapitel aus der skaldischen Poetik".

Wenn also der ganze Charakter eines solchen Liedes uns schwerlich viel über altheidnische, echt germanische Vorstellungen von Götter- und Geistersprachen wird lehren können, so ist es immerhin ein wichtiger Beleg für diesen Glauben selbst. Auch hier erwächst dem Sprachforscher die

---

[1] Siehe dazu V. D. LEYEN, Märchen in der Edda, 49. Die Ansicht von E. SMITH, es handle sich in der Einkleidung unseres Gedichts um das Motiv des Freiers, der durch sein Rätselraten die Prinzessin erringt (vgl. *Turandot*), halte ich für unrichtig, s. Maal og Minne, 1918, 17. Auch KAUFFMANN, Balder 200, nimmt mir das Motiv zu ernst und altertümlich.

[2] Den oldn. og oldisl. Litt. Histor. I, 165 ff., namentlich 170.

[3] In F. GENZMERs Edda-Übersetzung, 1920, II, 100.

[4] Edda-Übersetzung 81, Fußn. 1.

Aufgabe, die Verteilung der Synonyme zu prüfen und die Grundsätze zu ermitteln, nach denen der Dichter diese Wendungen den Göttern, Vanen, Elben usw. zuteilte; was nämlich bis jetzt über dieses Problem erforscht ist, kann nicht völlig genügen.[1]

Wir halten es für das einfachste, hier zunächst eine Übersicht über die Verteilung der Synonyme zu geben:

Strophe 10: „Erde".

a) *jǫrþ — meþ mǫnnum,*
b) *fold — meþ ǫsum,*
c) *vegir — vanir,*
d) *igrén — jǫtnar,*
e) *groandi — alfar,*
f) *aurr — uppregin.*

Strophe 12: „Himmel".

a) *himinn — meþ mǫnnum,*
b) *hlyrnir — meþ goþum,*
c) *vindofnir — vanir,*
d) *uppheimr — jǫtnar,*
e) *fagra ræfr — alfar,*
f) *drjúpr salr — dvergar.*

Strophe 14: „Mond".

a) *máni — meþ mǫnnum,*
b) *mylinn — meþ goþum,*
c) *hvél — í helju,*
d) *skyndir — jǫtnar,*
e) *skin — dvergar,*
f) *ártali — alfar.*

Strophe 16: „Sonne".

a) *sól — meþ mǫnnum,*
b) *sunna — meþ goþum,*
c) *Dvalins leika — dvergar,*
d) *eygló — jǫtnar,*
e) *fagra hvél — alfar,*
f) *alskír — ása synir.*

Strophe 18: „Wolke".

a) *ský — meþ mǫnnum,*
b) *skúrvǫn — meþ goþum,*
c) *vindflot — vanir,*
d) *úrvǫn — jǫtnar,*
e) *veþrmegin — alfar,*
f) *hjalmr huliþs — í helju.*

Strophe 20: „Wind".

a) *vindr — meþ mǫnnum,*
b) *vǫfuþr — meþ goþum,*
c) *gneggjuþr — ginnregin,*
d) *æpir — jǫtnar,*
e) *dynfari — alfar, ·*
f) *hviþuþr — í helju.*

Strophe 22: „Luft" (genauer „Windstille").

a) *logn — meþ mǫnnum,*
b) *lægi — meþ goþum,*
c) *vindslot — vanir,*
d) *ofhlý — jǫtnar,*
e) *dagsefi — alfar,*
f) *dags vera — dvergar.*

Strophe 24: „Meer".

a) *sær — meþ mǫnnum,*
b) *silægja — meþ goþum,*
c) *vágr — vanir,*
d) *álheimr — jǫtnar,*
e) *lágastafr — alfar.*
f) *djúpr marr — dvergar.*

---

[1] J. Grimm, Myth.⁴ 1, 275; 3, 101, Simrock, Edda ⁹1888, S. 400, Weinhold, Altnord. Leben 78, Mogk, Grdr.² 2, 598, Symonds, Edda S. CCLXVIII, Detter-Heinzel, Edda II, 309 ff., Schütte, IF. 17, 451, Heusler, Archiv f. d. St. n. Spr., 1906, 116, 264 ff.; Helm, PBB. 32, 99 ff.

Strophe 26: „Feuer".

a) *eldr — með mǫnnum,*
b) *funi — með ǫsum,*
c) *vǽginn — vanir,*
d) *freki — jǫtnar,*
e) *forbrennir — dvergar*
f) *hrǫþuþr — í helju.*

Strophe 30: „Nacht".

a) *nǫtt — með mǫnnum,*
b) *njól — með goþum,*
c) *gríma — ginnregin,* ·
d) *óljós — jǫtnar,*
e) *svefngaman — alfar,*
f) *draummjǫrun — dvergar.*

Strophe 28: „Wald".

a) *viþr — með mǫnnum,*
b) *vallar fax — með goþum,*
c) *hliþþang — halir,*
d) *eldi — jǫtnar,*
e) *fagrlimi — alfar,*
f) *vǫndr — vanir.*

Strophe 32: „Saat".

a) *bygg — með mǫnnum,*
b) *barr — með goþum,*
c) *vǫxtr — vanir,*
d) *ǽti — jǫtnar,*
e) *lágastafr — alfar,*
f) *hnipinn — í helju.*

Strophe 34: „Bier".

a) *ǫl — með mǫnnum,*
b) *bjórr — með ǫsum,*
c) *veig — vanir,*
d) *hreinn lǫgr — jǫtnar,*
e) *mjǫþr — í helju,*
f) *sumbl — Suttungs synir.*

Es wäre nach meiner Ansicht völlig verfehlt, wollte man aus den Angaben des jungen Gedichts entscheidende Schlüsse auf die altnordische mythische Geographie ziehen, das zeigen die offenkundigen Äußerlichkeiten und Formeln, mit denen der Dichter arbeitet. Daher verzichte ich hier von vornherein darauf, etwa aus den älteren Eddaliedern die genauere Grenze in der Bedeutung von *uppregin*, *goþ* oder *ǽsir* festzustellen[1]) und mit dem Gebrauch in der *Alvíssmǫl* zu vergleichen. In der Hauptsache spielen in des Dichters Phantasie folgende Wesen eine Rolle, unter die er seine Synonyme verteilt: 1. Menschen, 2. Asen, 3. Vanen, 4. Riesen, 5. Alben, 6. Zwerge. Davon stehen sich bereits Alben (5) und Zwerge (6) nahe genug, wenn auch *dvergar* ein viel engerer Ausdruck als *alfar* ist, vgl. die *ljósalfar*. Sind doch in Str. 14 *dvergar* und *alfar* als etwas Verschiedenes genannt. Die Wesen

---

[1]) Eine an und für sich ganz lehrreiche Untersuchung, die einmal angestellt werden sollte. Dazu käme noch *tívar*, *firar* usw.

i helju sind Zwerge und Toten, obwohl freilich sonst vom Schweigen der *Hel* viel geredet wird (s. o. S. 55, A. 2).

Wer sich also immerhin abmühte, zwischen *alfar* und *dvergar*, zwischen *dvergar* und *halir* bezw. den Wesen *i helju* einen Unterschied herauszuklauben, der müßte dann sofort des weiteren erklären, warum diese Wesen nur gelegentlich genannt werden und nicht gleichmäßig in jeder Strophe. Es könnte sich billigerweise doch nur um Umschreibungen jener sechs Hauptklassen handeln, von denen wir ausgehen. *Suttungr* war bekanntlich der Riese, dem Odin den Dichtermet abgewann; Suttungs Söhne, Str. 34, können also nur Riesen sein, dabei sind in derselben Strophe aber die Riesen bereits mit einem Wort bedacht (*jǫtnar* 34 d). Was stellte sich der Dichter unter *uppregin* (Str. 10 f.) vor, wo bereits Asen, Vanen und Alben (d. h. Lichtalben) in der gleichen Strophe genannt sind? Was sind die *goþ*, wenn Str. 16 daneben die Asen, Str. 18. 22. 24. 26. 32 neben ihnen die Vanen genannt werden? Hier also ernstlich nach tieferen sachlichen Erklärungen suchen, wäre gewiß sehr unangebracht.

Eine Antwort will freilich nur die Frage haben: wie kommt der Dichter zu solchen Unklarheiten? Sollte es sich um zwei Synonyme der betreffenden Sondersprache handeln, sollten z. B. also für „Bier" zwei Ausdrücke in der Riesensprache vorhanden gewesen sein? Vielleicht gar weil die Riesen dieses Naß so liebten und in ihren Kellern zwei verschiedene „Bräue" führten? Und sollte in Str. 10 ein sowohl der Asen- als der Vanensprache gemeinsamer Ausdruck vorliegen?

Den alleinigen Schlüssel für das Verständnis dieser anscheinend so verzwickten Probleme, den Schlüssel insbesondere zur Frage nach der Verteilung der Synonyme liefert, wie man m. A. noch nicht in gebührendem Maße beachtet hat — die Aufmerksamkeit auf die Verstechnik und Alliteration.[1] Der Dichter hat den Vorrat seiner Synonyme in der Hauptsache

---

[1] Schon SIMROCK, Edda ⁹1888, S. 400 macht allgemein darauf aufmerksam; dann KAUFFMANN, Balder 202, SCHÜTTE, IF. 17, 451 und HELM, PBB., 1907, 32, 102, deren Standpunkt wir freilich sämtlich nicht ganz billigen können.

nach den Geboten der Alliteration verteilt. Am deutlichsten lehren dies die Vanen-Worte: sie lauten alle mit *v-* an: *vegir, vindofnir, vindflot, vindslot, vágr, væginn, vǫndr, vǫxtr, veig.* Nun fehlen aber Vanenwörter in den Strophen 14. 16. 20 u. 30, und ich besinne mich keinen Augenblick, um dafür folgenden Grund anzugeben: Dem „Dichter“ waren hier einfach keine mit *v-* anlautenden Synonyme zur Hand. Natürlich mußte die entstehende Lücke des fehlenden Vanenworts ausgefüllt werden, und da scheute sich der Verfasser nicht, in Str. 14. 16 und 30 den Zwergen noch die Alben beizufügen, während ihn in Str. 20 zur Einführung der seltsamen, einmal erwähnten *ginnregin* lediglich der Stabreim mit *gneggjup* veranlaßt hat. Die rätselhaften *uppregin* (Str. 10) trotz der Asen, Vanen und Alben sind nur durch das allitterierende Synonym *aurr* beschworen worden, und um das Wort *sumbl* unterzubringen, hat der Dichter das Gewaltmittel nicht verschmäht, die Kenning *Suttungs* Söhne (= Riesen) zu gebrauchen, dessen ungeachtet, daß die Riesen in dieser Str. 34 bereits ihr Wort erhalten hatten.

Auch die Kehrseite dieser Praxis darf nicht übersehen werden: warum, so fragt man billigerweise, fehlen unter den Synonymen für „Wolke“ so gewöhnliche Wörter wie *nifl* oder *þoka?*[1] Man kann nur antworten, weil der Dichter sie nicht allitterierend unterzubringen wußte. Lediglich eine beschränkte Anzahl von Stellen ertrug nämlich die beliebige Verwendung eines Synonyms. Die erste Tonstelle (a) in jeder *Ljóþaháttr-*Strophe gebührte dem gewöhnlichen Prosawort, das als Wort der Menschen gilt. Dabei ertappen wir den Dichter bei der gemütlichen Gedankenlosigkeit, daß er Thor, den Gott, bis auf éinen Fall (Str. 23), das gewöhnliche Menschenwort gebrauchen läßt. Die einzige Ausnahme ist *marr*, womit der Gott nach dem „Meer“ fragt, ein Wort, das in der Antwort des *Alvíss* als Bezeichnung der — Zwergensprache wiederholt wird: man zerbreche sich ja nicht den Kopf nach irgend welchen „Feinheiten“ — Thor habe den Zwerg zu Fall

---

[1] Damit man sehe, wie wenig konsequent der Dichter sowohl in der Wahl der Synonyme als der Wesen, denen er sie zuspricht, vorging, geben wir die Sammlung der wichtigsten Synonyme bei SNORRI.

bringen wollen oder dgl. —; nein, für seinen Stab mit *menn* in Str. 23 war dem Dichter *marr* am bequemsten gewesen.

Stelle a in jeder Strophe ist also in der Hauptsache festgegeben, hier darf nur ein prosaisches übliches Wort der Umgangssprache stehen. Auch die Stelle b ist nicht völlig frei: einmal sieht man deutlich, wie in den meisten Fällen die Allitteration wieder für die Wahl des Götterworts ausschlaggebend war;[1] wenn es aber einmal dem bei seinen metrischen Nöten schwitzenden Versemeister gelungen war, die Stäbe anders zu verteilen, wählt er altertümliche Synonyme, wie wir noch sehen werden. Nur in Strophe 10. 26 und 34 also herrscht keine Bindung zwischen Menschen- und Götterwort, und da beobachtet man, daß das Menschenwort mit Vokal anlautet: 10: *jǫrþ*, 26: *eldr*, 34: *ǫl*, aber eben in diesen Fällen finden wir, unbestreitbar wieder metri causa, statt des üblichen Ausdrucks *með goþum* vielmehr *ǫsum*. Der Gebrauch von Asen anstatt der Götter ist also durch keinerlei sachliche Gründe bedingt. Wirkliche Freiheit für die Wahl des Synonyms der Göttersprache kann man demnach nur in den drei Strophen 10 (*fold*), 26 (*funi*) und 34 (*hjǫrr*) zugeben, wenn man auch damit rechnen darf, daß einmal zufällig dem Dichter ein alliterierendes Wort in die Hände kam, das er auch aus sachlichen, nicht bloß metrischen Gründen gerade den Göttern zugeschrieben hat.[2] Über Stellung c, wo die Vanenworte meistens[3] untergebracht sind, haben wir schon geredet; war kein Wort mit *v-* zur Stelle, dann sucht sich der Dichter zu einem Synonym eine beliebige Benennung von allitterierenden Wesen, denen das Synonym dann zugeteilt wird: Str. 14 c: *hvél* den Wesen *i helju* trotz *dvergar* und *alfar* in derselben Strophe; Str. 16 c: *Dvalins leika* den *dvergar* trotz *alfar* in der Stellung e, 20 c: *gneggjuþr* den einmaligen *ginnregin*, 28 e: *hlíþþang* den *halir*, 30 c: *gríma* den

---

[1] Und zwar Stabreim mit dem Menschenwort in Stellung *a*; man prüfe Str. 12: *himinn : hlyrner*, 14: *máni : mylinn*, 16: *sól : sunna*, 18: *ský : skúrvǫn*, 20: *vindr : vǫfuþr*, 22: *logn : lógi*, 24: *sær : sílœgja*, 28: *viþr : vallar fax*, 30: *nǫtt : njól*, 32: *bygg : barr*. Diese Liste muß alle Zweifel verstummen lassen.   [2] Vgl. etwa *barr*, Str. 32.

[3] Nur 28 f. sind die *vanir* mit ihrem Wort *vǫnuþr* in die letzte Verszeile geraten.

ginnregin. Genau dasselbe Prinzip wie in der Stellung c herrscht in der entsprechenden Stelle f der zweiten Hälfte der *Ljóþaháttr*-Strophe: das Wort ist mit dem Wesen, dessen Sprache es angehören soll, durch Stabreim gebunden. Sind Wörter mit *d-* zur Stelle, so müssen sie die *dvergar* nehmen; so Str. 12: *drjúpr sálr,* 22: *dagsvera,* 24: *djúpr marr,* 30: *draumnjǫrun*; hat der Dichter Synonyme mit *h-* im Anlaut, dann wählt er zur Bezeichnung der (Nacht)alben die Wesen *i helju*; so in Str. 18: *hjálmr hulíþs,* 20: *hviþuþr,* 26: *hrǫþuþr,* 32: *hnipinn.* Auch in Str. 34 ist zweifellos der Ausdruck *i helju* gewählt wegen des bequemen Stabs mit *hreina lǫg,* wenn dies diesmal auch in einer früheren Versstelle (d) begegnet. Wie aber, wenn keine Synonyme oder Umschreibungen mit anlautendem *d-* oder *h-* zur Hand stehen? Dann müssen eben die Zwerge bzw. Wesen *i helju,* denen meistens diese Versstelle f gehört, anderen Weltbewohnern weichen. Außer den schon besprochenen Strophen 28 und 34, wo die Vanen und Suttungssöhne eingesetzt sind, kommen nur vokalisch anlautende Synonyme in Betracht. Man sollte vielleicht glauben, der Dichter habe dann wenigstens eine Klasse von Wesen konsequent beibehalten, da ja alle Vokale miteinander allitterieren, etwa die *Asen* oder die *uppregin*; aber nein, gleichsam um mit seiner „Geschicklichkeit" in der Handhabung der Stäbe zu spielen, vielleicht auch, um ja keine genauere Scheidung der Wesen in den sechs Welten aufkommen zu lassen und somit jede genaue Nachprüfung zu vereiteln, um — wenn ich so sagen darf — seine Allitterationsspuren zu verwischen, hat er mit dem Überfluß gespielt: Str. 10 bindet er *aur* und *uppregin,* obwohl doch Asen und Vanen berücksichtigt sind, Str. 16 *alskir* mit *ása synir,* obwohl doch die Götter bereits genannt sind, und Str. 14 wagt er es ruhig *ártali* den *alfar* zuzusprechen, obwohl unmittelbar vorher die *dvergar* bereits mit ihrem Wort bedacht sind. Man muß doch zugeben, etwa *uppregin* hätte an allen drei Stellen ohne weiteres eingeführt werden können, wäre es hier überhaupt auf größere Einheitlichkeit angekommen.[1])

---

[1]) Die *tivar* sind offenbar nicht herangezogen, weil keine mit *t* anlautenden Synonyme in Betracht kamen.

Es erübrigt, noch einiges zu den Stellungen d—e zu sagen. Zu Anfang (d) spielen hier meistens die *jǫtnar* eine Rolle, und so war es einfach und bequem in demselben Versteil nach der Cäsur (Stellung e) die *alfar*, wenn möglich, einzuführen, und so vokalisch anlautende Synonyme, die ja sieben- bis achtfach häufiger sind als Worte mit einem bestimmten konsonantischen Anlaut, damit zu binden; in diesen Fällen[1] allitteriert dann gleichzeitig das *Jǫtunn*-Wort auch mit dem Namen der Riesen selbst. In den drei noch übrigen Fällen finden wir die Stäbe anders verteilt: Str. 14 und 26 konnten Riesen- und Zwergenwort allitterieren (*skyndi : skín* bezw. *freka : forbrenni*), das Riesenwort *hreinn lǫgr* in Str. 34 wird mit der Wesensbezeichnung *i helju* an Stelle e gebunden.

Diese etwas umständliche, aber nicht zu vermeidende Heranziehung der metrischen Verhältnisse hat uns, wie ich meine, in der Erklärung dieses Gedichts ein gut Teil weitergebracht, und wir sehen, nur in ganz beschränktem Umfang können wir jetzt noch die Frage aufrecht erhalten, nach welchen Grundsätzen der Dichter in den wenigen Fällen seine Synonyma verteilt hat, wo ihn keine metrischen Fesseln bedrückten. Zugleich ergibt diese Prüfung die Unrichtigkeit der Annahme, die Allitteration zwischen dem betreffenden Wort und den übernatürlichen Wesen beruhe auf altheidnischen Vorstellungen von der magischen Bindung durch Stabreim: die mit *v*- anlautenden Vanenworte und der Anlaut des Worts *vanir* seien geheimnisvoll gebunden.[2] Die genaue Durchsicht der Synonyme und der Vergleich des Wortanlauts der Wesen, dem sie zugeteilt sind, lehrt deutlich, daß mit solch urwüchsigen, primitiven Gedankengängen bei unserem Gedicht nicht mehr gerechnet werden darf.

Daß die Objekte, die benannt werden, in einer gewissen Reihenfolge auftreten, hat man längst beobachtet[3]: wir haben

---

[1] Str. 10: *igrén (jǫtnar)*, 12: *uppheim*, 16: *eygló*, 18: *úrvǫn*, 20: *épi*, 22: *of hlý*, 24: *álheim*, 28: *eldi*, 30: *óljós*, 32: *æti* allitterieren sämtlich mit *alfar*.

[2] So scheint sich KAUFFMANN, Balder 1902, die Sache zu denken, der überhaupt das Gedicht m. A. für viel zu altertümlich hält und es als Quelle für alt-primitive Vorstellungen doch wohl überschätzt.

[3] E. M. MEYER, Altgerm. Poesie nach ihren formelhaften Elementen beschrieben, S. 469, MOGK, Pauls Grundr.² 597.

die Paare Erde — Himmel, Mond — Sonne, Wolke — Wind,
Luft — Meer, Feuer — Wald (Holz), Nacht, Saat — Bier (d. h.
aus Getreide gewonnenes Produkt). Es liegt auf der Hand,
daß der Nacht als Gegenstück Synonyme für den „Tag" entsprechen müßten: Ist eine Strophe verloren gegangen? hat sie
der „Dichter" nicht zuwege gebracht? oder ist eine Strophe
vielleicht interpoliert? —

Es erübrigt uns noch, die Synonyme selbst unter Berücksichtigung aller entwickelter metrischer Vorbehalte ein
wenig näher zu prüfen.[1])

1. Erde.

Das den Göttern zugeschriebene Wort *fold* ist metrisch
nicht gebunden, weil der Stab auf *jǫrþ — ǫsum* ruht, der
Dichter hatte also, wie oben S. 137 bemerkt, hier ziemliche
Freiheit. Er wählt ein echt germanisches, auch in nordischer
Poesie öfter gebrauchtes Wort, das aber offenbar in der Umgangssprache nicht mehr recht üblich war: es ist nur im
Færöer Dialekt (*fold*) erhalten, in den neunordischen Sprachen
dagegen als selbständige Form abgestorben; lediglich in Ortsnamen erstarrt als letztes Kompositionsglied (*-fold* oder *-foll*)
ist es nachweisbar. Gehen wir dagegen zurück, so finden wir
darin eine alte schwundstufige Variante zu dem bekannten
Wort german. *felþa-* (in nhd. *Feld*, ahd. *feld*, engl. *field* usw.),
die auch in as. *folda*, ags. *folde* vorliegt. Nach Ausweis von
ai. *prthivî* „Erde", das in der Wurzelstufe an *fold* erinnert,
abg. *polje* „Feld", lat. *plānus* usw. haben wir es mit einem
Schößling eines altindogermanischen Worts zu tun.

vegir, metrisch wegen *vanir* gewählt, ist in seiner Bedeutung von „Erde" gewaltsam zurechtgebogen und läßt sich
in diesem Sinne sonst nicht nachweisen; das Wort bedeutet
vielmehr „Wege, Pfade" und ist die altisländische Entsprechung zu unserem *Weg*, ags. *weg*, engl. *way*, norw. *vei* usw.
Allerdings kommt im Kompositum *vegr* gelegentlich in Verwendungen vor, die eine gewisse Annäherung an die Be

---

[1]) Um eine Übersicht über die zur Verfügung stehenden Synonyme
zu geben, genügt es, die betr. Ausdrücke aus Snorris Edda, anzufügen.
Für „Erde" vgl. Sn., Edda I, 472 ff.: *jǫrþ, fold, grund, hauþr, land, láþ,
hlóþyn, frón, fiǫrgyn.*

deutung von „Erde, Land“ aufweisen, z. B. *austrvegr* „Osten“,
á austrvega (Ls. 59, 3) „ostwärts“, *suþrvegr* „Süden“, *norþvegr*
(= ags. *norðweg*) „nordwärts“; vor allem möchte ich auf
foldvegr aufmerksam machen, das Balddr. 3³ begegnet und
etwa „gangbare Erdoberfläche“ bedeutet; denn auch im Ags.
begegnet das also offenbar altertümliche Kompositum *foldweg*.
Man sieht demnach immerhin den Weg, auf dem man *vegir* als
ein Synonym von Wörtern für „Erde“ aufführen konnte.
aurr, das den *uppregin* zuerkannt wird wegen des vokalischen
Anlauts, bedeutet vielmehr der „sandige Erdboden“ nach
Ausweis von norw. *aur* „eisenhaltiger Kies“, nd. *ūr* „eisenhaltiger Sand“, holl. *oer* „Eisenerz“, schwed. *ör*, dän. (dial.) *ør*.
Wichtig ist auch ags. *éar* „Erde“; eine Ableitung dazu ist
aisl. *eyrr* f. „flache Küstenstrecke“, norw. *ør* „sandiger Strand“.¹)
Der Ausdruck *hylja auri* 'terra condere' hätte vielleicht eher
auf die Welt der Unterirdischen als die der *uppregin* gepaßt;
wird doch *aurvanga sjǫt* Vsp. 14, 4 von dem Zwergenland gebraucht, ein Zwerg heißt geradezu *Aurvangr*, doch offenbar
von seinem Aufenthalt im Erdinnern (Vsp. 13, 4). Aber die
dvergar kommen eben aus metrischen Gründen von vornherein
nicht in Betracht, und mindestens die *alfar* einzusetzen, konnte
sich der Dichter nicht entschließen, weil er sie in der vorher-
gehenden Stelle schon untergebracht hatte. Um wenigstens
sachlich und mythologisch richtiger vorzugehen, hätte er mit
den *uppregin* das *ígrøn* der Stelle d binden sollen, und dann
den *alfar* in Stellung f das passendere *aurr* zusprechen können;
aber so einfach auch diese Umstellung gewesen wäre, wir
können sie von einem so äußerlich arbeitenden Versemacher,
wie dem Dichter der *Alvíssmǫl*, nicht verlangen. Die beiden
noch bleibenden Synonyme für „Erde“ *ígrøn* und *groandi*
machen den Eindruck junger Erfindungen und Umschreibungen
und stehen mit den vier anderen Benennungen nicht auf derselben Stufe: *groandi*, ein substantiviertes Partizipium zu
gróa, ist die „Grünende“, *ígrøn* bedeutet ähnlich, nur adjek-
tivisch „schön grünend“ und läßt sich mit mhd. *ingrüene* engstens
vergleichen. Im Norwegischen ist heute noch *ígrøn* „grünlich“
gebräuchlich. Hier handelt es sich also nur um poetische

---

¹) Falk und Torp, Norw. et. Wb. 36.

142

Metaphern, nicht wie in den anderen Fällen, um wirklich übliche Wörter.

2. Himmel. [1])

Das Götterwort *hlýrnir* ist metrisch durch Allitteration mit *himinn* gebunden, und seine Zuteilung ist somit nicht mehr frei gewesen. Bei Dichtern kommt dieses Wort öfter im Sinn von „Himmel" vor.[2]) Es ist eine Ableitung von *hlýrn* n. „Tageszeit", bedeutet also eigentlich „Zeiten"; auch Snorri kennt es als Synonym für „Himmel".

Alle anderen Ausdrücke sind Umschreibungen und vom Dichter nach naheliegenden Mustern erst selbst geprägt. *vindofnir* „Windweber" entspricht etwa den Kenningar *vindheimr* oder *vindhjalmr* „Windhelm" an anderen Stellen der Edda (HH. 2, 48, 3; Vsp. 63, 4), und man wundert sich nur, daß der Dichter nicht eines von diesen Wörtern gewählt hat. Auch *uppheimr* ist eine Kenning und nach *vindheimr, jǫtunheimr* usw. mit der Vorsilbe gebildet, die in dem agerm. *uphiminn*, as. *uphimil*, ags. *upheofon* vorliegt. Aber sonst ist dies *uppheimr* „das Oberheim" nicht belegt, so wenig wie die poetischen Umschreibungen *fagra ræfr* „das schöne Dach" und *drjúpr salr* „triefender Saal" noch sonst vorkommen. Man wundert sich, daß der Dichter, wenn er doch neue Umschreibungen heranzog, dann nicht wenigstens solche einführte, die eine klarere Durchführung der verschiedenen Wesen ermöglichten. Im übrigen mag bemerkt sein, daß an das „schöne Dach" unsres Skalden auffällig eine Umschreibung der finnischen *laulajat* für „Himmel" im Kalewala erinnert: *kirjokansi* „bunter Deckel".[3]) Doch ist das Bild vom Himmel als dem „Dach" der Erde auch sonst anzutreffen. Eine ähnliche aisl. Kenning ist *salþak* „Dach des Bodens". So stellt man, wohl mit Recht, unser *Himmel*, as. *heban*, ags. *heofon*, aisl. *himinn*,

---

[1]) Synonyme bei Sn., Edda I, 470. 592 f.; II, 568 f.: *himinn, hlýrnir, heiþþornir, hreggmímir, andlángr, ljósfari, drífandi, skaturnir, víþfeþmir, vetmímir, leiptr, hrjóþr, víþbláinn.*

[2]) Belege bei Egilsson, Lex. poet., 1860, 363.

[3]) Vgl. D. Comparetti, Der Kalewala oder die traditionelle Poesie der Finnen, Halle 1892, S. 195, wo Fußn. 5 auch gut auf lit. *dangùs* „Himmel" zu *dengiù* „decke", *dañktis* „Deckel" hingewiesen wird. Siehe auch Reichelts Arbeit über den steinernen Himmel IF. 32, 23 ff.

got. *himins* < **hemin-* zu gr. κμέλεθρον „Dach“, καμάρα „Gewölbe“, lat. *camur* „gewölbt“. Die Bedeutung „Decke“ findet sich in nd. *hemel*, mndl. *hemelte*, ahd. *himilza*, ags. *húsheofon, heofon róf*, dän. *sengehimmel*, norw. *himling*; vgl. auch nhd. *Himmelbett*. Ob dies noch ein Rest der alten allgemeineren Bedeutung ist, dürfte freilich trotz ihrer Verbreitung in mehreren germanischen Dialekten fraglich bleiben. Wahrscheinlich sind sie alle erst einzelsprachlich aus der urgermanischen Bedeutung „Himmel“ übertragen. Dazu kommt, daß man in den Kirchen oder Festsälen die Decke gern als Himmel blau malte und mit Sternen verzierte. [1]

3. Mond. [2]

mýlinn, wegen des Stabs mit *máni* den Göttern zugesprochen, scheint der „Feurige“ zu bedeuten; man denkt an Verwandtschaft mit schwed. *moln* „Wolke“; [3] sicher ist die Grundbedeutung nicht auszumachen. Dagegen entspricht *skin*, der Zwergenausdruck, dem norw. *skin*; unser nhd. *Schein* ist eine Ablautsdublette dazu, das Wort bedeutet „Glanz, Licht, Leuchte“, bekannt ist das Kompositum *sólskin* „Sonnenschein“. Daß diese allgemeine Bedeutung des Worts vom Mond gebraucht wird, ist Erfindung des Dichters. Dabei spielte natürlich wieder die Allitteration mit dem Riesenwort *skyndir* seine Rolle. Dies bedeutet eigentlich der „Eilende“ als Ableitung von *skynda* „sich schnell vorwärts bewegen“, *skunda sér* „beschleunigen“, norw. *skynde sig* „sich beeilen“, ags. *scyndan* „beschleunigen, eilen“, as. *skundian* „antreiben“, ahd. *scunten*. Wir haben also, trotzdem auch Snorri das Wort unter den Synonymen erwähnt, nichts als eine poetische Umschreibung: sie geht wohl auf den „Flug der Zeit“; denn das Albenwort *ártali* „Jahresberechner“ — nur wegen der Allitteration den Alben zugesprochen — geht ja gleichfalls auf den Mond als Zeitrechner, als die Himmelsuhr, als die vielleicht schon in

---

[1] Vgl. Falk u. Torp, Norw. et. Wb. 404. 1482. Heyne, Hausaltertümer 1, 79; A. Nehring, Mitt. d. Schles. Ges. f. Volksk., 1916, 18, 21 f.

[2] Sn., Edda I, 472: *máni, ný, nið, ártali, mulenn, fengari, glámr, skyndir, skjálgr, skramr.*

[3] Vgl. Vigfusson, An Icel.-Engl. dict., p. 440; Genzmer, Edda II, 102 übersetzt „Minderer“, denkt er an *mylja* „zermalmen“?

alter Zeit der Mond angesehen wurde.[1] *hverfanda hvél* endlich „das rollende Rad“, wie man bei der *Hel* den Mond der Allitteration wegen benennen soll, ist eine ohne weiteres verständliche künstliche Umschreibung.

4. Sonne.[2]

Durch Stabreim mit dem gewöhnlichen *sól* (= norw. schwed. *sol*) gebunden ist das Götterwort *sunna*: hier lieferte der Zufall dem Dichter von selbst eine allitterierende Form. Es ist ein Seitensprößling, der zur selben Basis gehört wie *sól*; aber im Nordischen scheint der sonst so weit im Germanischen verbreitete *n*-Stamm im Absterben gewesen zu sein, in der Edda kommt *sunna*, das ahd. *sunna*, nhd. *Sonne*, ags. afr. *sunne*, got. *sunnō* entspricht, sonst nicht vor. Nur im Wort für „Sonntag“ hat sich in den nordischen Dialekten der Stamm, als erstes Kompositionsglied versteinert, erhalten: faerör. *sunnudagr*, aschwed. *sunnudagher*, adän. *sundagh*, norw. *søndag*, die dem ahd. *sunnūntag*, ags. *sunnandæg* „dies Solis“ usw. entsprechen. Wir haben hier also einen Fall wie oben bei *fold*: den Göttern wird ein echt germanisches, nur bereits veraltetes Wort zugeteilt. Alles, was bleibt, sind Spielereien: *Dvalins leika* ist eine unklare Kenning; man deutet „Dvalins Gespielin oder Spielzeug“, indem man aisl. *leikr* „Spiel, Spott“ (= got. *laiks* „Tanz“ usw.) heranzieht. Genzmer übersetzt mir unverständlich „Dwalins Zwang“.[3] Vielleicht gibt die Bedeutung „Dvalins Gespött“ einen besseren Sinn, wenn man sich dabei denkt, daß die von der Sonne versteinerten Zwerge zum Gespött werden. Nach Detter-Heinzel[4] begegnet dieselbe Kenning auch Fas I, 475, wo man liest: *sá (mǫrkui) drepr skini Dvalins leiku*, wo also ebenfalls auf diesen Mythos

----

[1] Dabei denke ich an die bekannte, wenn auch neuerdings angefochtene Etymologie von idg. **mēns* „Mond“ (in ai. *máḥ*, aw. *māh-* „Mond“, air. *mí* usw.) als „Zeitmesser“ zur Basis **mē-* „messen“. In den aisl. Kenningar haben wir jedenfalls eine gute semasiologische Parallele, und morphologisch unmöglich ist diese Deutung ebenfalls nicht, wenn andrerseits auch keineswegs gesichert.

[2] Sn., Edda I, 472: *sunna, rǫþull, eyglóa, alskír, sýni, fagrahvæl, liknskin, Dvalins leika, álfrǫþull, ifr-rǫþull, mylen.*

[3] Edda II, 102.

[4] Sæmundar Edda II, 310.

angespielt wird. *fagra hvél* „das schöne Rad“, *eygló* „die immer glühende“ und *alskír* „die gauz reine“ sind durchsichtige, junge Metaphern.

5. Wolken.

Abgesehen von dem gewöhnlichen *ský* (= norw. schwed. sky, engl. [Lehnwort] *sky* „sichtbarer Himmel“) haben wir es mit unursprünglichen, „gemachten“ Umschreibungen zu tun. Dabei begegnen wieder einmal zwei Reimwörter, deren Rolle auch in der Göttersprache uns schon bekannt ist: *skúrvón* „Regenhoffnung“, wegen der Allitteration mit *ský* den Göttern zuerkannt, und *úrvón* „Regenwolken-Hoffnung“.[1] *vindflot*, das Vanenwort, bezeichnet die Wolken als „Segler der Lüfte“, vgl. *vera á floti* „schwimmen“. *veþrmegin* „Wetterkraft“ ist nur hier belegt, während *hjalmr huliþs*, wie die Leute der *Hel* das Gewölk nennen, auf den sagenhaften Helhelm der Nachtalben deutet, der unser nhd. *Tarnkappe* entspricht. Hier also stoßen wir einmal auf eine Umschreibung, die durch mythologische Vorstellungen veranlaßt ist.

6. Wind. [2]

Das mit *vindr* allitterierende Götterwort *vófuþr* ist in Grmn. 54[3] ein Beiname Odins und bedeutet „Waberer“; ein sonst übliches dichterisches Wort für „Wind“ ist *vindofnir* „Windweber“. *gneggjuþr* aber heißt der „Vieherer“ (zu *gneggja* = norw. *gnegge* „leise wiehern“, schwed. *gnägga* usw.) und geht also auf das Bild des Sturmrosses. *ópir* ist der „Schreier“ zu *ópa* „schreien, rufen“ (zu got. *wōpjan*, ahd. *wuofan* usw.), *hviþuþr* „der Stürmische“ (zu *hviþa* „Windstoß“, auch „Seufzer“), und *dynfari* heißt der „mit Gebraus Einherfahrende“ (zu *dynr* „Gedröhn“, norw. dial. *dyn*, ags. *dynian* usw.): — alles, wie man sieht, uneigentliche Metaphern, keine wirklichen Synonyme.

---

[1] *úr* zu norw. (dial.) *úr* „Regenwolken“, aisl. auch „Staubregen, altdän. *ur*, verwandt mit der Sippe von *οὐρία* „best. Wasservogel“, lat. *urīnor* „tauche“ usw.; *skúr* = norw. *skur* „Regenschauer“ entspricht unserem *Schauer*, ahd. *scūr*.

[2] Sn., Edda I, 486: *hregg, byrr, glygg, hret, gjósta, vindr*; dann wird unsere Strophe zitiert.

7. Luft (bzw. Windstille).

Gegenüber der erregten Luft, dem Sturmesbrausen, das den Metaphern der eben behandelten Strophe zugrunde lag, wird unter „Luft“ hier die „Windstille“ bezeichnet durch das die Reihe eröffnende *logn* (= norw. *logn* „geschützt“ [vom Wasser], ält. dän. *lu[g]n* „Windstille, Ruhe“). *légi*, das damit gebundene Götterwort, bedeutet eigentlich „das Sichlegen (des Sturmes)“, norw. dial. *logje* „Aufhören des Sturmes“, was ebenso *vind-slot* n. „Windriegel“ d. h. „Windstille“ besagt. *ofhlý*, wie die Riesen die Luft nennen, scheint auf die schwüle Windstille vor einem Gewitter zu gehen: *hlý* „Wärme“ = norw. dial. *lya* „milde Luft“ ist durch *of* verstärkt. Unklar und geschraubt sind die beiden letzten Kenningar: *dag-sefi* mag „Mildern des Tags“ bedeuten,[1] *days vera* „das Bleiben bzw. Ruhen des Tags“ oder wohl richtiger „der Aufenthaltsort des Tags“.

8. Meer.[2]

Das den Göttern wegen Allitteration mit *sǽr* zuerkannte *silǽgja* ist ἅπαξ λεγόμενον und macht der etymologischen Zergliederung Mühe. Wahrscheinlich haben wir *si-lǽgja* zu trennen, wo *si* die bekannte verstärkende Vorsilbe ist (= ahd., ags. usw. *sin*) und *lǽgja* (zu *lǽgi* n. „Platz, wo Schiffe vertaut liegen“, neunorw. *skipslǽgje* „Hafen“) auf die weithin verbreiteten Wasser ginge: „überallhin ausgebreitete Flut“.[3] Trennen wir *sil-ǽgja*, so könnte das zweite Glied wohl mit *ǽgir* zusammengebracht werden, aber *sil* macht Schwierigkeiten. Nach einigen[4] soll es „schweigende Wasser“ bedeuten, eine auch sachlich etwas bedenkliche Deutung.[5] Jedenfalls aber ist dies hier den Göttern nur aus metrischen Gründen zugesprochene Wort eine ganz künstliche Schöpfung. Das neben *sǽr* in dieser Strophe verwendete altertümliche, echt germanische Wort ist nicht den Göttern, sondern viel-

---

[1] Nach GERING, Wb. 144, 889; also zu *sefa*, das wohl aus dem älteren *svefa* dissimiliert ist; vgl. Rp. 45.

[2] SN., Edda I, 492: *marr, Ægir, Gumir, Illær, haf, leiþ, ver, salt, lǫg, grǫþir.*

[3] So GERING, Wb. 909.

[4] So VIGFÚSSON, Corp. poet. bor. I, 483.

[5] Got. *silan*, lat. *silēre* hat doch kaum mit *sil* etwas zu schaffen.

mehr den *dvergar* zuerkannt worden: *marr*, das got. *marei*, *marisaiws*, as. *meri*, ahd. *meri*, nhd. *Meer* entspricht, ist aber im Nordischen bereits im Absterben begriffen. Das nur noch im älteren Dänischen und Schwedischen selbständig erhaltene Wort ist heute lediglich in Kompositen erstarrt erhalten, wie in *marsvin* „best. Fisch“, *marhalm* „Meergras“ usw. Es ist also entschieden irrig, wenn man gemeint hat, den Göttern seien nur die alten echt germanischen Wörter zugesprochen worden.[1] Sogar metrisch hätte sich das Wort, wenn es der Dichter unbedingt den Göttern hätte überlassen wollen, ohne Schwierigkeit mit dem *m-* von *mǫnnum* der ersten Vershälfte binden lassen. Es ist eben verkehrt, bei dem Dichter irgend- welche ratio in der Verteilung zu suchen außer den oberfläch- lichsten metrischen Beweggründen: er hat *marr* nicht mit *mǫnnum* gebunden, weil er sein *sílægja* sonst nicht gut unter- gebracht haben würde. Sogar das Vanenwort ist ein echtes altgermanisches Synonym, wenn es auch gemeingermanisch (wohl aber aisl.) nicht gerade „Meer“ im eigentlichen Sinne bedeutet hat: *vágr* „Meerbusen, See“ ist die nordische Ent- sprechung von ahd. *wāg* „bewegtes Wasser, Woge, Meer“, nhd. *Woge*, ags. *wæg* „Woge“, schwed. *våg* „Woge“ usw. *álheimr* bedeutet „Aalheim“, ist also eine künstliche Umschreibung. *lágastafr* heißt bei den Alben nicht nur das „Meer“, sondern nach Str. 32 auch die Saat, d. h. wohl die „Gerste“, eine selt- same Doppelbedeutung. *stafr*, das ja oft als zweites Kom- positionsglied begegnet, scheint recht verblaßt gebraucht zu sein im Sinne von „Stoff“; das erste Glied kann zu *laga* „mit Flüssigkeit übergießen“, insbes. das Malz beim Brauen, gehören. Wir verstehen also am Ende, daß das Bier bzw. die Gerste, aus der mit Wasser Bier gebraut wurde, als *lága- stafr* bezeichnet würde, wieso man aber das Meer einen „Bräu- stoff“ nennen kann, etwa weil man zum Bierbrauen auch Wasser bedarf oder wegen des Gischts, leuchtet weniger ein. Das erste Kompositionsglied wird also in diesem Fall nicht, wie unten in Str. 32, mit dem Terminus technicus *laga* „bräuen“ zu verbinden, sondern vielmehr enger mit *lǫgr* „Flüssigkeit,

---

[1] SCHÜTTE, IF. 17, 451 ff. Dagegen auch schon HEUSLER, Archiv f. d. Stud. d. neueren Spr. 116, N. S., 1906, 16, 264 f. und HELM, PBB., 1907, 32, 99 ff.

Wasser, Fluß, Binnensee“ (= norw. *laug* „aufgegossenes
Wasser“, ags. *lagu* „See, Fluß, Wasser“, as. *lagu*) zu vereinen
sein. Mit dieser Sippe ist auch aisl. *lá* „Meer“, norw. dial.
laa „Sumpfwasser“, sowie weiterhin lat. *lacus*, ir. *loch* „See“
usw. verwandt. Den farblosen Ausgang *-stafr* scheint dann
dieses Synonym von jenem zweiten *lágastafr* übernommen zu
haben, wo er mehr berechtigt ist. *lágastafr* in unserer Strophe
wäre etwa „Wasserstoff“.

9. Feuer. [1]

Das Götterwort *funi* ist metrisch nicht gebunden, so daß
der Dichter frei schalten konnte: wir haben denn auch wieder
ein altes Wort, das im Absterben begriffen war und in den
neunordischen Sprachen nicht mehr begegnet: es ist mit got.
fōn n. „Feuer“ gen. *funins*, apreuß. *panno* „Feuer“ usw. zu
verbinden.[2]). *væginn* ist Konjektur für das überlieferte *vág*,
das offenbar aus der eben behandelten Strophe durch ein
Versehen des Schreibers verschleppt ist. Wie dies Wort, so
sind auch die übrigen bloß junge Umschreibungen: *freki* „das
gierige“, *forbrennir* „der Verbrenner“ und *hrǫþuþr* der „Schnelle“.

10. Wald.

Die ganze Strophe enthält, vom Menschenwort *viþr*
„Wald, Holz“ (= norw. schwed. *ved*) und dem Vanenwort
vǫndr „Rute, Busch“ = got. *wandus* abgesehen, nur ganz ge-
künstelte Umschreibungen: *vallar fax* „Mähne des Gefildes“,
hlíþþang „Tang der Berghalde“, *eldi* „Nahrung“ (sc. des Feuers),
fagrlimi „schönzweigig“. Bemerkenswert ist die etwas zu-
rechtgebogene Bedeutung des Vanenworts: sowohl im Gotischen
(*wandus*) als in den neunordischen Sprachen (norw. *vaand*)
bedeutet es „Rute, Gerte“, höchstens „Gebüsch“, aber nicht
eigentlich „Wald“. Auch sei betont, daß das immerhin ur-
nordische Wort diesmal den Vanen, nicht den Göttern zugeteilt
wurde.

11. Nacht (und Nebel). [3]

Das mit *nǫtt* gebundene *njól* ist wieder ein altes Wort,
das dem ahd. *nebul* „Nebel“ entspricht. In den neunordischen

---

[1]) Sn., Edda I, 506: *eldr, logi, bál, glæpr, eisa, gim, hyrr, viti, funi,
brimi, leygr.*　　　　[2]) Vgl. Bartholomae, PBB., 1916, 41, 272 ff.
[3]) Sn., Edda II, 485 finden sich die meisten *heiti* wieder.

Dialekten ist es nicht mehr vorhanden. *gríma* faßt die Nacht desgleichen als „Nebelmaske", als „Tarnhelm",[1] und würde gut für die Zwerge passen. Aber die erbarmungslose Versnot zwingt den Dichter mit den *ginnregin* zu operieren, während nur der Allitteration wegen die Söhne der Nacht, die Zwerge, sie wenig passend *draum-njǫrun* „Traumweberin" nennen sollen. *svefngaman* „Erquickung durch den Schlaf" und *ó-ljós* „Lichtlosigkeit" sind wieder farblose, künstliche Metaphern.

12. Saat, bzw. Getreide.

barr m., das mit dem gewöhnlichen Ausdruck allitterierende Götterwort, ist wieder eine echt altgermanische Bildung, die aber im Nordischen poetisch und altertümlich geklungen haben muß: vgl. ags. *bere* „Gerste", lat. *far*, got. adj. *barizeins* „von Gerste" usw. Nur die Zusammensetzung norw. *barlog* „Malzwasser" hat im 1. Kompositionsglied das Wort im Neunordischen noch bewahrt. Die lebenskräftigere verwandte[2] Form aisl. *barr* n. „Nadeln, Baumsprossen" hat sich dagegen in norw. *bar*, schwed. *barr* selbständig erhalten. Das Vanenwort *vǫxtr* bedeutet „Wuchs" (= got. *wahstus* und dän. *vekst* „Wuchs, Wachstum", auch „Gewächs", schwed. *växt*): hier liegt also wieder der Fall vor, daß ein altgermanisches Wort in seiner Bedeutung gepreßt worden ist, um ein passendes Synonym zu erhalten. Auch *æti*, wie die Riesen die Saat nennen, hat eine viel allgemeinere Wortbedeutung: „Speise, Nahrung", vgl. norw. *æta* „Aas". Über *lágastafr* „Bräustoff", das hier an passender Stelle steht, haben wir oben bereits gesprochen.[3] *hnipinn* „biegsam" geht auf die Halme des Getreides.

13. Bier.

Die metrisch sehr einfache Verteilung von *ǫl* und *bjórr* auf Menschen und Göttern entbehrt nicht des Interesses. Das ältere Wort für „Bier" war jedenfalls *ǫl*, das „ungehopftes" Bier bedeutete; vgl. ags. *ealo*, *aloþ*, dän. *øl*, schwed. *öl*, as.

---

[1] Siehe dazu Verf., KALYPSO 111 ff.

[2] Vgl. dazu Hoops, Waldbäume u. Kulturpfl. 360, wo wegen des Gebrauchs von *barr* in unserem Lied auf die vielleicht verwandte Hesychglosse φῆρον· ἡ τῶν ἀρχαίων θεῶν τροφή hingewiesen wird.

[3] S. 147 f.

alo-fat „Bierfaß“, holländ. *aal*, mhd. *alschaf* „Trinkgefäß“ und weiter lit. *alùs* „Bier“, apreuß. *alu* „Met“, abg. *olъ* „Bier“, finn. (Lehnwort) *olut* „Bier“. Bekanntlich wird in einem Schenkungsbrief Karls d. Gr. an die Abtei in St. Denys der Hopfenbau für Deutschland zuerst bezeugt: erst zur Zeit der Völkerwanderung lernten die Germanen durch Berührung mit asiatischen Völkern die Verwendung des Hopfens zur Bierbereitung kennen. *Bier* dagegen bedeutet „gehopftes Bräu“; unterscheidet doch der Engländer noch heute sehr wohl zwischen *beer* und *ale*. Aisl. *bjórr* ist nun ziemlich sicher aus ags. *béor* entlehnt, so daß das Wort ursprünglich nur dem Westgermanischen angehört: ahd. *bior*, afries. *biar*, as. *bior*, holländ. *bier*; aus dem Germanischen entlehnt ist franz. *bière*, italien. *birra*. Daß das Wort also bereits urgermanisch gewesen sein sollte, halte ich aus diesen sachlichen Gründen für unwahrscheinlich.[1]) Damit fällt denn auch die ganze etymologische Auffassung des Worts von Schrader,[2]) der in wenig überzeugender Weise ein Gebilde urgerman. **bi-uza-* aus vollerem **bī-ụesa-*, **bī-ụŏsa-* „Bienensaft“ = „Honig“ konstruiert. Ganz abgesehen von der unmöglichen Bildung dieses Kompositums setzt sie sachlich voraus, „Bier“ sei, wie Met, ursprünglich ein Honiggetränk gewesen. Wegen gelegentlicher Angaben, es sei dem Gerstenbräu auch manchmal Honig beigemengt worden, darf man doch nicht die Sache auf den Kopf stellen und für „Bier“ statt von „Gerstenbräu“ vielmehr von einem „Honigtrank“ ausgehen; das war seit vorgermanischer Zeit allein der Met. Aus ebendenselbem Grunde ist mir auch die Annahme, das Wort gehöre zu „brauen“, etwa aus **breu-ro-* dissimiliert, ganz unwahrscheinlich, eben weil es ja nur westgermanisch, also jüngerer Herkunft ist: zur Völkerwanderungszeit konnte für das neuartige Bräu keine solche Bildung mehr vorgenommen werden. Man könnte annehmen, daß *bier* aus slav. *pivo* „Bier“, Stamm **pives-*, *piti* „trinken“ entlehnt sei,[3]) wie lit. *pỹvas* „Bier“, apreuß. *piwis* ~ poln. *piwo* „Bier“ zweifellos ein slavisches Lehnwort darstellen. Aber wenn man auch

---

[1]) Siehe M. Heyne, Nahrungswesen 341.
[2]) Reallex., 1917, I², 45.
[3]) So Kuhn, KZ. 35, 313 ff. Ähnlich und mir unannehmbar E. Schröder bei Hoops, Reallex. I, 279 ff.

sachlich die erwähnte Heimat des Hopfens dafür anführen könnte, so weiß ich mir im Punkte des Lautlichen nicht zu helfen: woher das *-r-*? woher das *b-* statt *p-*? Da müßte denn schon angenommen werden, ein altes **bcura-* oder **beuza-* „Gerstensaft" zu german. **beu̯u̯u-* in ags. *beó*, aisl. *bygg* „Gerste" sei durch dieses slav. **piu̯es-* „Bier" umgebildet worden: sehr glaublich sieht mir auch dies nicht aus. Vielleicht ist die Sache ganz anders verlaufen: *Bier* scheint, wie Heyne, Nahrungswesen 341 schon annahm, nichts als das romanische (vulgärlat.) *bivere* (mit spirantischer Aussprache des zweiten *b*) zu sein, das die Germanen annahmen, wobei *v* zu *o* vokalisiert wurde: roman. *biver(e)* > *bior*. Für das neue „Bräu", das Mode wurde, wählte man ein romanisches Fremdwort, wie das in dieser Zeit ja in so vielen Fällen üblich war[1]): d a s Getränk κατ' ἐξοχήν, vgl. vor allem italien. *bévere* „trinken". Daß slav. **pives-* in der Geschichte unseres Worts „Bier" eine Rolle gespielt hat, ist mithin eine unnötige Annahme.

Das aisl. *björr* wird nur von ausländischem Bier gebraucht, für das neu importierte Hopfenbräu; und dies erhalten die Götter zugewiesen: hier glaube ich freilich auch, daß der Dichter seine Synonyme mit Absicht verteilt hat, insofern er also das beste, schmackhafteste Getränk neuester Bräuart den Göttern zuspricht. Das Vanenwort *veig* „berauschendes Getränk" (= norw. *veigja* „Saft") ist ein mehr poetisches Wort, aber daß es den Vanen angehört, daran ist nur das anlautende *v-* schuld. *hreinn lǫgr* bedeutet „klare Flüssigkeit", *sumbl* (= ags. *symbel*) ist „festliches Gelage, festlicher Trunk". Bei der Hel trinkt man überhaupt kein Bier, sondern — Met (*mjǫþr*), eine seltsame Gleichgültigkeit in der Wahl dieses zweiten berauschenden Hauptgetränks der Nordleute: den sachlichen Unterschied von Bier und Met hat der Dichter einfach unberücksichtigt gelassen.

Unsere Prüfung der einzelnen Synonyme läßt sich etwa in folgendes Ergebnis zusammenfassen:

1. Der Dichter der *Alvíssmǫl* hat den alten, echt heidnischen Volksglauben, daß die Götter und Geister eine be-

---

[1]) Vgl. Seiler, Die Entwicklung der deutschen Kultur im Spiegel des Lehnworts, 1900, II, 31 ff., besonders 47.

sondere Sprache sprechen, die nur der Zauberer und Priester kennt, dahin erweitert, daß er, um Synonyme in origineller Weise zusammenzustellen, auch den Zwergen, Riesen, Vanen usw., also allen Bewohnern der verschiedenen Welten eine besondere Sprache beilegt. Diese Schematisierung ist subjektive Erfindung des Dichters, auf die er ohne weiteres von jenem allgemeinen Glauben aus geraten konnte. So hatte er einen originellen Rahmen für die Sammlung seiner Synonyme; weil es sich stets um mehr als zwei handelte, mußte er auf seine Theorie von verschiedenen Geistersprachen verfallen. Zudem ist die Gegenüberstellung der verschiedenen mythischen Wesen in der nordischen Dichtung ein sehr beliebtes Motiv. Man denke an die Frage: „Was gibts bei den Asen, was gibts bei den Alben?" der *Þrymskviþa* oder an eine Strophe, wie etwa Hǫvam. 144:

> *Óþinn meþ ǫsum, en fyr ǫlfum Daïnn,*
> *Dvalinn dvergum fyrir*
> *Alsviþr meþ jǫtnum ...*

„O. bei den Asen, aber bei den Alben D., Dv. bei den Zwergen, Al. bei den Riesen", wo die Namen großer Runenmeister unter den verschiedenen Wesen aufgezählt und einander gegenübergestellt sind. Ganz ähnlich Sigrdrifum. 18:

> *þǽr'u meþ ǫsum, þǽr'u meþ ǫlfum,*
> *sumar meþ vísum vǫnum,*
> *sumar hafa menskir menn.*

„Diese (Runen) sind bei den Asen, diese bei den Alben, einige bei den weisen Vanen, einige haben die Menschen". Es lag für einen Skalden nicht allzu weit ab, diese „Runen" durch tatsächliche, einzelne Worte zu belegen, die er auf die einzelnen Wesen verteilte; ein Vorbild von außen anzunehmen, ist nicht nötig. An Einwirkung kymrischer Triaden[1] zu denken, halte ich also für unnötig und ganz unerweisbar. Noch eher ließe sich, namentlich bei der Überzeugung von weitgehender christlicher Beeinflussung der Eddadichtung und eddischen Mythologie an die Vorstellung von besonderen Engelssprachen in

---

[1] HEUSLER, a. a. O. 266, NECKEL, Beitr. z. Eddaforsch. S. 402; an keltischen Einfluß dachte auch schon VIGFÚSSON, Corp. bor. I, 60.

frühchristlichen Texten erinnern, die wir oben S. 27 angetroffen haben: nötig oder nur wahrscheinlich ist auch das nicht.

2. Es handelt sich nicht um eine konsequente Zusammenstellung bereits vorhandener, üblicher Synonyme für je ein und dieselbe Bedeutungsgruppe, sondern der Dichter schafft sehr häufig neue Umschreibungen eigner Prägung: Freude an sprachschöpferischer Tätigkeit ist ihm nicht abzusprechen, und die *Alvíssmǫl* iṣt kein gewöhnliches *heitatal*.[1]

3. Die Verteilung der einzelnen Wörter auf die Wesen der verschiedenen Welten erfolgt in den weitaus meisten Fällen nach rein metrischen oder verstechnischen Gesichtspunkten[2]): die Rücksicht auf die Allitteration erklärt ebenso sehr die Wahl der einzelnen Weltenbewohner (bzw. ihrer Namen) selbst, denen das Wort zugesprochen wird, wie die betreffende Verteilung der Synonyme untereinander.

4. Wo es sich ohne metrischen Zwang machen ließ, ist der Dichter bemüht, den Göttern ein altertümliches, in der Alltagsrede nicht mehr übliches Wort zuzuschreiben. Doch ist dies — eben infolge metrischer Einflüsse — keineswegs konsequent in allen Fällen durchgeführt (s. S. 147. 148, Nr. 10). Auch ein junges Lehnwort für eine aus dem Ausland bezogene Ware gehört den Göttern an (*bjórr*).

5. Die einzelnen Wörter selbst sind alle echt isländischer Herkunft; 'voces mysticae', Zauberglossen oder künstliche Wortschöpfungen hat der nordische Dichter ebenso wie Homer verschmäht.

6. Im einzelnen lassen sich die Synonyme in folgende Gruppen einteilen:

a) Veraltete altgermanische Wörter mit hohem dichterischen Begleitgefühl, wie *funi, sunna, marr, njól* usw., also sakrale Archaismen, wenn wir den Ausdruck wieder einführen dürfen.

b) Dichterische Umschreibungen, Kenningar, die auch sonst belegt sind, z. B. *gríma, mylinn, hlyrnir*.

c) Die Alltagsworte der Prosa geben stets die Menschenworte.

---

[1]) Siehe auch Heusler, a. a. O. 265.

[2]) Ohne daß darin irgend etwas von altem Runenzauber zu finden wäre.

154

d) Der Dichter modifiziert öfters die Bedeutung echt nordischer Wörter (meist Verengerung) z. B. *vǫndr* „Wald“, *skin* „Mond“; dies erinnert an die vielseitige Bedeutung homerischer Götterworte ($\Xi\acute{\alpha}\nu\vartheta o\varsigma$, $\chi\alpha\lambda\varkappa\acute{\iota}\varsigma$, s. o. S. 111 f.).

e) Der Dichter schafft neue selbständige Metaphern für den betr. Begriff, wie z. B. *álheimr* für „Meer“, *hnipinn* „biegsam“ für „Getreidehalm“ usw.

f) Diese Umschreibungen sind meistens nach ganz allgemeinen Gesichtspunkten gewählt und ebenfalls (vgl. d) nicht besonders scharf und charakteristisch.

g) Von mythologischen Anspielungen sind nur zwei Motive verwandt: das von der Versteinerung der Zwerge durch Sonnenlicht (*Dvalins leika*) und das vom hüllenden Wolkenhelm, von der Tarnkappe (*hjalmr huliþs* und *gríma*).

Völlig verfehlt war schon die von GRIMM[1]) erwogene, dann von SCHÜTTE[2]) im einzelnen vertretene Hypothese, daß *menn* die Skandinavier, aber *goþ* nicht Götter, sondern — Goten bedeuteten, „so daß *sól* das nordische, *sunna* das altgotische Wort wäre“; nicht einmal das ist ohne Einschränkung (s. unsere These 4) richtig, daß die südgermanischen Wörter nur den Göttern zugeteilt seien, vgl. die Synonyme *marr*, *vágr*, *sumbl*, *veig*.[3]) Diese Theorie verkennt völlig das Wesen des Liedes und die treibende Kraft in der Verteilung der Synonyme.

Die seltsame Parallele, die AXEL OLRIK zwischen den Synonymen und Metaphern der *Alvíssmǫl* und der Fachsprache der — Fischer der Shetlandinseln zog,[4]) und die MAGNUS OLSEN[5]) noch erweiterte, führt nicht unmittelbar zur Lösung des Problems, ist aber im Prinzip auf richtigem Wege. Denn in dieser Fischersprache spielt ebenso wie in dem *Sasahara* (o. S. 16) der Aberglaube die Hauptrolle: damit die Geister und Dämonen nicht die Absicht der Fischer aus ihren Worten entnehmen, bedienen sie sich einer aus Metaphern bestehenden

---

[1]) J. GRIMM, Mythol.⁴ III, 101; Gr. D. Spr. 768; Kl. Schriften 3, 221.

[2]) IF. 17, 451 ff.

[3]) HEUSLER, Arch. f. d. Stud. d. neuer. Spr. 116, N. S., 1906, 16, 264 f., HELM, PBB., 1907, 32, 99 ff.

[4]) Nord. Tidskr. för vetenskap, konst och industri, 1897, 339; E. SMITH, Maal og Minne, 1918, 12.

[5]) Maal og Minne 1909, 91 ff.

Geheimsprache. Ähnliches ist ja auch von der Jägersprache bekannt. Aber damit kann man nicht unmittelbar die Synonyme des Eddalieds vergleichen, wo die Metaphern ja nicht die Menschen, sondern gerade umgekehrt die übernatürlichen Wesen anwenden. Nur eine allgemeine Parallele bleibt also übrig, die das Wesen sakraler Metaphern beleuchtet. Ähnlich wie für Homer (o. S. 129), sträube ich mich auch für die relativ späte *Alvíssmǫl* gegen zu unmittelbare Vergleiche mit primitiven Anschauungen: davon daß der Dichter solchen Wortaberglauben noch ernst genommen hätte, kann keine Rede sein, wohl aber benützte er volkstümliche Anschauungen, frei und selbständig verwendet er sie als stilistische und künstlerische Mittel.

Vielleicht dürfte dieses Ergebnis unserer Prüfung des Eddalieds von den Geistersprachen manchen ernüchtern, aber mag es sich auch in der Ausführung der einzelnen Worte und Metaphern nur um die spielerische Synonymensammlung eines geistreichen Isländers handeln, ohne daß dabei noch viel von altheidnischer Runenweisheit zu spüren ist, der Grundgedanke seiner Einkleidung, diese allgemeine Voraussetzung, daß die Götter, Riesen und Alben in dunklen Umschreibungen oder alten, kaum noch ihrem Sinn nach verständlichen Wörtern reden, ist uns das wertvollste an dem Gedicht. Denn es ist eine echt nordisch empfundene Vorstellung, daß Runenweisheit und Skaldschaft etwas Mystisches und Geheimnisvolles sind, und daß diese Weisheit in Runen verborgen werden müsse, verborgen vor der unheiligen Menge: *felu í rúnum* „in Runen verbergen, verhüllen“ wird geradezu als das Wesen dieser heidnischen Weisheit gepriesen. Dies zeigt folgende Stelle in Sn. Edda I, c. 58 (S. 214 Arnam.): *en þat hǫfum vér orþtǿk ní meþ oss, at kalla gullit munntal þessa jǫtna, en ver felum í rúnum eþa í skáldskap svá, at vér kǫllum þat mál eþa tal þessa jǫtna. þá mǿlti Ægir: þat þykki mér vera vel fólgit í rúnum.* „Aber wir haben jetzt diese Redensart unter uns, das Gold die Mundzählung dieser Riesen (nämlich des *Þjazi*, *Iþi* und *Gángr*, von denen vorher die Rede war) zu nennen, aber wir verbergen es in Runen oder Skaldenkunst so, daß wir es Rede oder Wort dieser

Riesen [1]) nennen. Da sprach Aegir: Das bedünkt mich wohl in Runen verborgen.“

Also wir haben es im letzten Grunde auch hier bei den Synonymen der isländischen Geisterworte, wie bei der homerischen Göttersprache, mit „sakralen Archaismen und Metaphern“ zu tun.

Nennt doch Thor am Ende der Alvíssmǫl 35 die Metaphern „alte Stäbe“, d. h. alte, geheime Weisheit:

ek sák aldrigi fleiri forna stafi

„ich habe noch nie mehr erfahren an alten Stäben“, d. h. „an Vorzeitkunde“, wie GENZMER II, 104 treffend übersetzt. Der dem Lied zugrunde liegende Hauptgedanke ist also nach unserem Dafürhalten aus echt heidnischen, volkstümlichen Anschauungen von der Heiligkeit und mystischen Kraft des Worts in primitivem Denken erwachsen; die Art, wie der Verfasser des Liedes aber die einzelnen „sakralen Archaismen und Metaphern“ schuf, verrät dann freilich wenig Verständnis mehr für diesen Glauben und wenig Ehrfurcht vor dem religiösen Stil: für ihn war es eine reizvolle Skaldenspielerei, [2]) jener Glaube, den ihm die Überlieferung bot, den er auf literarischem Wege studieren konnte, gab ihm einen schönen Rahmen ab für seine Synonymensammlung; eine einst lebendige religiöse Vorstellung wird unter seinen Händen zum prunkenden Dekorationsstück.

Wie hoch die Nordländer das sakrale Geheimnis, ihre Runenweisheit, einschätzten, ergibt sich ja schon aus ihrer Vorliebe für Aufzählung mythischer Verhältnisse und Namen, die stets nur einzelnen bekannt sind, die sich dann im Weisheitskampfe messen. Gerade im Norden ist der Typus eines tiefsten Geheimnisses, das niemand entsiegeln kann, ausgeprägt worden in der schwersten aller Fragen, was Odin seinem toten

---

[1]) Daß die Riesen ein Wesen anders benennen als die anderen Wesen, kommt gelegentlich auch sonst noch vor. Gylfag. 5 (= SN., Edda ed. Arnam. p. 42) heißt es vom „Urriesen“: *ok var sa nefndr Ymir, en Hrimþussar kalla han Örgelmi* „und er war *Ymir* genannt, aber die Reifriesen nennen ihn *Örgelmir.*“

[2]) Dies muß ich nochmals gegen KAUFFMANN, Balder 200 ff. betonen, der das Gedicht für zu altertümlich hält.

Sohn Balder, ehe die Flammen dessen Scheiterhaufen umlohten, noch ins Ohr geraunt habe. An dieser Frage scheitert das Wissen *Vafþrúþnirs* sowohl wie das *Gestumblindis*:

Nicht einer weiß,
Was in alten Tagen
Deinem Sohn du gesagt!

Odin selbst hatte sich diese geheimnisvollen Weisheitslehren der Runen und Stäbe ja erst in höchster Not erworben, da er an der Weltesche hing und *Mimir* ihm Zauberlieder und Lebenstrank gewährte Der Sänger, der am Nornenquell von diesem Mysterium berichtet, gelobt ebenfalls feierliches Hüten der Geheimnisse [1]):

Ich schaute und schwieg,
Ich schaute und sann,
Hörte der Waltenden Wort,
Von Runen hörte ich reden …
Wie sie wirkten Weihgötter
Und sie zog der Zauberherr:
Das schlauste ist, du schweigst …

Auch aus der altindischen Literatur lassen sich, wie anhangsweise hier kurz bemerkt sein möge, Belege für den Glauben an eine Göttersprache und einzelne Götterworte selbst anführen. Als Sprache der Götter gelten zunächst die heiligen Hymnen des Ṛgveda in der Ausdrucksweise der Grammatiker. So sagt z. B. MAHIDĀSA, der Bearbeiter der ersten sechs Bücher des *Aitareya-Brāhmaṇa*, öfter: *yad vai devānāṃ neti tad eṣām oȝm iti* „was bei den Göttern 'nein', ist bei den Menschen 'ja'", was nach B. LIEBICH, Zur Einführung in die indische einheimische Sprachwissenschaft, 1919, II, 6 [2]) heißen soll, daß die später „nicht" bedeutende Partikel *na* im Ṛgveda auch in offenbar bejahten Sätzen im Sinne von

---

[1]) Hǫvam. 111 u. 79 in GENZMERS Übertragung, Edda, 1920, II, 170 ff.
[2]) Sitzungsber. d. Heidelb. Akad. d. Wiss., phil.-hist. Kl., 1919, 15, Abhandl.

'wie, gleich als ob' erscheint.[1]) Entsprechend werden als „Götterworte" von den Grammatikern ungebräuchliche Ausdrücke des Ṛgveda angeführt, wie z. B. *agniṣṭoma* für *agnistoma*, *nyagrodha* für *nyagroha* oder *mānuṣa* für *māduṣa*.[2]) Damit kann man den griechischen Ausdruck διαστί „in der Art des Zeus" vergleichen, womit die Götterworte gemeint sind, Dio Chrys. Or. XI, 23 (s. o. S. 90). Bei SOMADEVA 1. 59. 64 ist von vier Sprachen die Rede, von Sanskrit, Prakrit, Volksdialekt und Dämonensprache.[3]) Als Probe der indischen Sagen von der Ursprache möge hier die Stelle Taitt. S. VI, 4, 73 in LIEBICHS Übersetzung[4]) dienen: „Die *Vāc* (d. h. das als Gottheit gedachte Wort) redete abgewandt, undeutlich. Die Götter sprachen zum Indra: lege uns diese Sprache auseinander ... Indra stieg mitten hinein und legte sie auseinander. Darum wird diese Sprache artikuliert gesprochen." Es gibt eine Legende, nach der die Sprache früher nicht artikuliert war (*niruktam*), und nur der vierte Teil von ihr wurde es alsdann, d. h. drei Viertel der *Vāc* bleibt Menschen unverständlich, man vgl. Śatap. Br. IV, 1, 3, 11 ff.[5]) und RV. 8, 89, 10. Auch die „Tiere von aller Gestalt" sprechen diese *Vāc* (RV. 9, 89, 11), die Menschen reden nach RV. 1, 164, 45 das erste Viertel, die drei den gewöhnlichen Menschen unverständlichen Spracharten kennen nach dieser Stelle nur die Brāhmaṇa, welche einsichtig.[6])

Es gibt nun auch einzelne „Götterworte", die solche allgemeinen Angaben bestätigen; ich meine nicht nur 'nomina sacra' wie *svāha*, *hiṅ*, *om*,[7]) *vauṣat* u. dgl. (o. S. 69), sondern Einzelausdrücke, die in ihrer Art an die homerischen Götterworte erinnern.[8]) So liest man z. B. Śat. Br. I, 1, 4, 4: *atha kṛṣṇā-*

---

[1]) Sogar Metren der Götter werden in indischen Quellen denen der Menschen gegenübergestellt, s. WEBER, Ind. Stud, 1863, 8, 75.

[2]) Belege bei LIEBICH, a. a. O. 7.

[3]) J. GRIMM, Mythol.⁴ Nachtr. III, 101.   [4]) a. a. O. S. 10.

[5]) Siehe EGGELING, Sacr. Books of the East, 1885, XXVI, 267.

[6]) Siehe dazu E. HARDY, Ved.-brahmanische Periode d. Religion d. alten Indiens, 1893, 131 f.

[7]) *om* wird als Götterwort dem menschlichen *tathā* entgegengestellt, Śāṅkh. 15, 27, 13.

[8]) Siehe A. WEBER, Ind. Streifen, 1868, I, 46; Ind. Stud., 1868, 10, 97 und LUDWIG bei KVIČALA, Kritické a exegetické příspěvky k Platanovúm

jinam ādatte śarmāsīti, carma vā'ctat kṛṣṇasya : *tad asya tan mānuṣaṁ, śarma devattā, tasmād āha śarmasīti!* „Er erfaßt nun das schwarze Fell (sc. einer Antilope) mit den Worten: 'Du bist ein Schutz (*śarman-*)', es ist dies nämlich die Haut (*carman-*) der schwarzen (Antilope): Dies (sc. *carman-*) ist sein menschlicher (Name), Schutz (*śarman-*) aber (sagt man) bei den Göttern, deshalb sagt er: 'Du bist ein Schutz'." A. WEBER, Ind. Streifen I, 46 übersetzte *śarman-* freilich durch „heilbringend" und ihm folgend EGGELING, Sacr. Books of the East, 1882, XII, 24 durch 'bliss-bestowing', aber dem kann ich nicht beistimmen: es muß doch dem Substantiv *carman-* der Menschensprache wieder das Substantiv *śarman-* in der Göttersprache entsprechen. *carman-* ist ein übliches Wort mit der Bedeutung „Haut, Fell", das Reimwort *śarman-* kann auch „Hülle, Decke" bedeuten, hat aber außerdem noch den Sinn von „Schirm, Schutzdach, Schutz, Obhut"; es ist mit unserem nhd. *Helm*, got. *hilms* usw. urverwandt. Stellen wir also auch hier die Frage nach dem Grund der Verteilung dieser Synonyme auf Götter- und Menschensprache, so wurde dem gewöhnlichen *carman-* das reimende *śarman-* gegenübergestellt, weil es bei seinem viel weiteren Bedeutungsumfang ein geistreiches Spiel (*Decke ~ Schutz*) gestattet, aber zugleich auch die Vieldeutigkeit und Dunkelheit besitzt, die für die Ausdrucksweise der Götter so bezeichnend ist. Daß unsere Auffassung von *śarman-* als „Schutz, Zuflucht, Obhut" u. dgl. zutrifft, lehrt die ähnliche Stelle Śat. Br. III, 2, 1, 8, wo auch EGGELING [1]) übersetzt: „He then kneels down with his right knee (on the skin) with the text, '*Thou art a refuge : afford me refuge!*' for the skin (*carma*) of the black deer it is indeed among men, but among the gods it is a refuge (*śarma*) : therefore he says, 'Thou art a refuge : afford me refuge.'"

Ähnlich heißt es Śat. Br. X, 4, 1, 16, dem Menschenwort *kalā* „kleiner Teil, $^1/_{16}$" entspreche in der Göttersprache *akṣara-*: 'now what a digit is to men that a syllable is to the gods.'[2])

---

rozmluvám Faidros Gorgias, S. 284 ff. Zum allgemeinen auch J. v. NEGELEIN, Germ. Mythol.[1], 1906, 22 ff.

[1]) Sacr. Books of the East, 1885, XXVI, 27.

[2]) Sacr. Books, 1897, XLIII, 347.

Diese Verteilung beruht auf spitzfindiger Spekulation: dem kleinen Maß der Menschen entspricht das Absolute (*akṣara-*) der Götter, dessen Kenntnis nach Śat. Br. XIV, 6, 8, 8 nur dem Brahmanen allein zusteht.

Eine besonders gute Parallele zu der eddischen Götter- und Geistersprache aber gewährt die Stelle Śat. Br. X, 6, 4, 1, wo die Namen für „Pferd" nicht nur in der Göttersprache, sondern auch in der Sprache der Gandharven und Asuren angeführt sind. Wir geben gleich Eggelings[1] Übersetzung: 'As *Haya* it carried the gods, as *Vājin* the Gandharvas, as *Arvan* the Asuras, as *Aśva* men.' *áśva-*, das gewöhnlichste der Synonyme, gehört den Menschen, das Götterwort *háya-* „Roß", das in armen. *ji* „Pferd" seine Entsprechung findet, ist poetisch und nicht mehr in der Alltagssprache üblich, immerhin aber ein altererbtes Wort. *Vājin-*, eigentlich „Renner", und *árvant-* „Renner", junge dichterische Umschreibungen der Vedasänger für „Pferd", werden dann als Ausdrücke der Dichtung den anderen beiden Klassen übernatürlicher Wesen zugesprochen, wobei die Allitteration von *ásura-* und *árvant-* die Verteilung bis ins einzelnste erklären dürfte. Es ist sehr bemerkenswert, daß wir in diesem Falle eine solche Ähnlichkeit[2] in altindischer und altisländischer Literatur antreffen, wo von gegenseitigem Zusammenhang oder von Beeinflussung selbstverständlich keine Rede sein kann.

———

9.

Unsere Untersuchung geht zu Ende, und wir hoffen, ihre beiden Grundfragen, die allgemeine, wie man überhaupt zum Glauben an Geistersprachen gekommen sein mag, und die be-

---

[1]) a. a. O. XLIII, 401.

[2]) Sogar in ägyptischen Pyramidentexten scheinen Worte der Göttersprache vorzukommen. Ein alter Spruch, der dem Toten die Benutzung der Himmelsleiter (*moket*) ermöglichen soll, lautet: „Komme *moket*, komme *poket*, komme dein Name, den die Götter sagten." A. Erman, Ägypt. Relig. 156 fügt hinzu: „Hier mag gemeint sein, daß die Götter die Leiter nicht *moket* nennen, wie die Menschen, sondern *poket*." Wir aber beobachten wieder die Kraft des Reims am Werk, s. dazu oben S. 67. 118. 145. 159.

sondere, welchen Ursprungs und welcher Bildungsart diese Wörter seien, die in der Literatur und volkstümlichen Überlieferung als Ausdrücke der Götter und Geister vorkommen, wenigstens in der Hauptsache beantwortet zu haben.

Wir beobachteten die Herkunft und Bildung von Wörtern aus der Götter- und Geistersprache vom ekstatischen Schrei der Verzückten und Besessenen bis zu sprachmystischen Vorstellungen von einer ganz gefühlsmäßigen, den Ausdrucksmitteln der Musik zu vergleichenden Engelssprache, vom bewußt und absichtlich geprägten Geheimwort des Magiers bis zur sakralen Metapher und dichterischen Umschreibung, wir bemerkten, wie aus den sakralen Archaismen und Metaphern sich allmählich stilistische Kunstmittel entwickelten. Wir dürfen hier noch an die mystische Auslegung ganzer Texte erinnern, wo nach der Überzeugung der Gläubigen die Gottheit sich zwar gewöhnlicher Menschenrede für ihre Offenbarungen bedient, aber in Wahrheit mit dieser profanen Form einen ganz anderen, tiefen Sinn verbindet. Man entsinne sich, um ein Beispiel für diese Art göttlicher Rede zu geben, an die beliebten Deutungen der heiligen Schrift *mystice* und *spiritualiter*, wie man sie u. a. auch bei OTFRIED VON WEISSENBURG findet, an die mystische Auslegung des hohen Liedes, an die Sprache der Propheten, der Sibyllinischen Orakel oder der Offenbarung Johannis. Man denke an die Weisheit der Sufis, die es fertiggebracht haben, die rosenduftigen Liebes- und Weinlieder des größten persischen Lyrikers „mystisch“ auszudeuten! Allegorie und Symbolismus sind stets naheliegende Ausdrucksformen für Offenbarungen und mystische Erlebnisse gewesen, schon weil die Sprache das Übersinnliche und Gefühlsmäßige ja doch nur im Bild und Gleichnis wiedergeben kann, wenn derjenige, der visionäre Erlebnisse hatte, seine Gesichte und Gefühle nüchternen Alltagsmenschen zu veranschaulichen sucht: ihm selbst war diese übernatürliche Mitteilung in ihrer Bedeutung ohne weiteres klar und verständlich. In diesem Sinn darf man auch ein *Daimonion*, des Busens innere Stimme, das Raunen des Gewissens in der eigenen Brust als eine Geistersprache ansehen. —

Für uns heute hat das Wort längst seine alte dämonische Zaubermacht eingebüßt, es ist uns zur bloßen Marke und Münze im geistigen Austausch herabgesunken; also wird der Glaube an zauberwirkende, geisterzitierende Zauberglossen den meisten zunächst nur als törichtes Ammenmärchen aus der Kindheit der Völker oder als tolle Phantasterei erscheinen. Die Spuren des alten Glaubens, der auch heute immer wieder auflebt, sind aber in manchen Wendungen und Redensarten [1] zu erkennen, die wir jetzt stets noch im Munde führen, ohne den tieferen Grund ihrer Entstehung zu empfinden. Vor allem aber haben diese Anschauungen in bedeutenden Werken der Weltliteratur ihre künstlerische Verwertung gefunden, und das allein würde unsere Untersuchung rechtfertigen. Der Glaube an Geisterstimmen im allgemeinen aber ist heute noch so frisch wie einst und wird sich erhalten, solange Einbildungskraft und warmes Naturgefühl noch ein Menschenherz erwärmen. Das unbezähmbare Sehnen über menschliche Gebundenheit nach einem ewig-schönen Reich des Lichts und der Freiheit, die flammende Begeisterung, der „heilige Wahn“ kennzeichnet nicht nur den Propheten, sondern auch den wahren Dichter: Seher und Sänger war im Altertum ein einziger Begriff. So berichten neben den großen Propheten gerade die größten Dichter von jenem überirdischen Geisterreich und seinen Stimmen, das sie in verzückter Seligkeit geschaut haben. Wer also über jenes Traumreich der Sehnsucht weiteres wissen will, der frage nur bei Dichtern an, die auch das Motiv der Geistersprache immer wieder ausnützen. Ein paar Belege mögen uns dies veranschaulichen.

An erster Stelle müssen wir hier KLOPSTOCK, den „seraphischen Dichter“ nennen, der in seinem „Messias“ öfters auch von der Sprache Gottes und der Geister oder Engel redet, von der Sprache *„der Himmel, die Gott an dem Throne besingt“* (IX, 420), [2] von einem Wort, *wie es Himmlische hören* (XI, 596). Die Dunkelheit der Göttersprache wird oft betont (z. B. I, 188 ff., wiederholt I, 354 ff.):

---

[1] Siehe oben S. 19.

[2] Zitat nach der Ausgabe von KLOPSTOCKs Werken, herausgegeben von HAMEL in KÜRSCHNERs National-Literatur.

„Jetzo erhoben sich neue, geheimnisvolle Gespräche
Zwischen ihm und dem Ewigen, schicksalenthüllenden Inhalts,
Heilig und furchtbar und hehr, voll nie gehoffter Entscheidung,
Selbst Unsterblichen dunkel ...

Ähnlich VIII, 236. Auch von einer „himmlischen Schrift"
auf der Schicksalstafel im Allerheiligsten Gottes weiß der
Dichter zu singen (II, 319 ff.). Wir finden den Glauben von
heiligen Geheimnamen Gottes im „Messias" wieder, die kein
Teufel aussprechen darf (II, 813 ff.):

... Ach, nun verzweifl' ich von neuem,
Denn gelästert hab' ich Jehova! ich nannt' ihn mit Namen,
Heiligen Namen, die nennen kein Sünder darf ohne Ver-
söhner!

Gottes „unsterblicher", „göttlicher Name" wird oft erwähnt,
z. B. VIII, 380. 436. Das Gefühlsmäßige, das nach unseren
obigen Ausführungen der Himmelssprache eignet, beschreibt
Klopstock mit den Worten (IV, 654 ff.):

... Sein niederschauendes Auge
Schauete Tiefsinn her, mit einer Hoheit vereinet,
Die, unaussprechlich der Sprache des Menschen, nur sterbende
Christen
Fühlen und durch ihr Lächeln im Tode beim Namen sie
nennen.

Ist es schon erstaunlich, wie sich solche urwüchsigen allgemeinen Anschauungen von der himmlischen Sprache in Klopstocks „Messias" nachweisen lassen, so ist es vollends überraschend, daß uns der Dichter ganz ähnlich wie Homer sogar
Doppelnamen eines Wesens oder Dings in göttlicher und
menschlicher Sprache verrät. So heißt es von *Eloa* (I, 291):

„Gott nennt ihn den 'Erwählten', der Himmel Eloa"
(d. h. der „gottgewählte" v. 293).[1]) Und noch bezeichnender
ist der Doppelname, den der Dichter für die Milchstraße an-
führt (V, 149 f.):

Gott ging jetzt durch die Sterne, die „Milchstraße" wir nennen,
Aber bei den Unsterblichen heißt sie die „Ruhstatt Gottes".

---

[1]) Vgl. auch I, 56: *Gabriel nennen die Himmlischen ihn.*

Denn da der erste himmlische Sabbath vollendet die Welt sah,
Stand der Ewige dort und schaute den werdenden Sabbath.

Hier ist die Parallele zu HOMERS Götternamen völlig durchgeführt, und der Dichter muß den Grund der heiligen Umschreibung erst angeben, die Menschen also in ein himmlisches
Geheimnis einweihen, ehe diese die sakrale Metapher verstehen
können. Etwas Ähnliches sind die „neuen Namen" der Erde,
die öfter erwähnt werden, z. B. I, 520 ff.:

Rings erschollen zugleich die neuen Namen der Erde.
Gabriel hörte die Namen: „Du Königin unter den Erden,
Augenmerk der Geschaffenen, vertrauteste Freundin des
Himmels,

Zweite Wohnung der Herrlichkeit Gottes, unsterbliche Zeugin
Jener geheimen erhabenen Tat des großen Messias!"
Also ertönte durchhallt von englischen Stimmen der Umkreis.

Ähnlich IX, 173.

Selbst hier haben wir also wieder unsere bekannten
sakralen Umschreibungen. Das *Hallelujah* der Engelchöre,
das Donnern bei Gottes Zorn, das sanfte Windessäuseln bei
der Anwesenheit des Allmächtigen — das sind Einzelzüge, die
sich jedem Leser des „Messias" eingeprägt haben und nicht
belegt zu werden brauchen.

Auch andere Dichter melden uns von der Sprache im
Reiche ferner Seligen, deren Sonnenlande sie in ihren ent-
zücktesten Träumen geschaut haben. Ein paar Beispiele nur
können hier herausgegriffen werden. Bekannt ist MÖRIKES
Märchentraum vom Land, „das ferne leuchtet": er kannte
Sprache und Namen der Bewohner seines Atlantis. Suckel-
borst, der „sichere Mann", schreibt in sein Buch, das er aus
den Scheunentüren der Bauern sich handlich hergerichtet,
was er in seiner Jahrtausende alten Erinnerung als alter
Riese noch zusammenbringen konnte an Kenntnis der Vorzeit:

Aber auf einmal jetzt, in des stattlichen Werkes Betrachtung,
Wächst ihm der Geist, und er nimmt die mächtige Kohle vom
Boden,

Legt vor das offene Buch sich nieder und schreibet aus Kräften

Striche, so grad wie krumm, in unnachsagbaren Sprachen,
Kratzt und schreibt und brummelt dabei mit zufriedenem
Nachdruck.

Erinnert sei auch an die Berichte über die Zwerge und
Riesen in SWIFTS unsterblichem Gulliver.[1]) Es sei mir gestattet, aus zwei neueren Kunstmärchen die jüngsten Belege
für eine Geistersprache anzuführen, die mir bekannt geworden
sind. MAX EYTH[2]) erzählt in einem Märchen: *„Allein sie*
trat in den Schatten der Zweige eines Brotfruchtbaums und
rief die Schlange. Dreimal mußte sie rufen in Zauberworten,
die kein Sterblicher mehr verstand. Es war die Sprache, die
die Geschöpfe der Erde gesprochen hatten, ehe Menschen waren.“
Dies erinnert an eine Stelle gleich zu Anfang in NOVALIS'
„Ofterdingen“: *„Ich hörte einst von alten Zeiten reden, wie*
da die Tiere und Bäume und Felsen mit den Menschen ge-
sprochen hätten. Mir ist grade so, als wollten sie allaugen-
blicklich anfangen, und als könnte ich es ihnen ansehen, was
sie mir sagen wollten. Es muß noch viel Worte geben, die ich
nicht weiß: wüßte ich mehr, so könnte ich viel besser alles be-
greifen.“ PAUL KELLER weiß noch Genaueres über die Sprache
im Märchenland.[3]) Nicht nur die sonderbarsten Eigennamen,
wie *Heridissufoturu*,[4]) Dr. *Schnugu*, Prinz *Hamrigula*, Fräu-
lein *Elkaguntascha*, die Stadt *Marilkaporta* usw. erwähnt der
volkstümliche Dichter, sogar über die Grammatik dieser Sprache
weiß er Einzelheiten zu berichten: *„Aber das Märchenland ist*
glücklich; es hat eine Sprache, die alle verstehen, in der alle Sub-
stantiva nach dem Muster des Wortes „Bruder“ dekliniert
werden, und in der das Eigenschaftswort „ehrlich“ das einzige
ist, das sich nicht steigern läßt. Diese Sprache ist so kinder-
leicht und einfach, daß man sie in wenigen Tagen lernen kann.
Mancher begreift sie in einer Stunde; ja, ich glaube, die Be-
gnadetsten werden damit geboren.“ Somit wissen wir es, woher die Sonntagskinder und Dichter diese Kenntnis der Geistersprache besitzen: es ist die Muse, die ihnen diese Gabe an

---

[1]) Vgl. dazu Revue de linguistique, 1912, 45, 78 f.
[2]) Der Kampf um die Cheopspyramide‘ II, 200.
[3]) Das letzte Märchen, 31.—35. Aufl., 69.
[4]) a. a. O. S. 75, vgl. auch F. LIENHARDs XII. Rune „Gesang der Seligen“.

der Wiege verlieh, so rühmt sich schon der homerische Rhapsode; es ist die gesteigerte Feinfühligkeit und Empfindsamkeit des Genius, so sagen wir heute; es ist die Hellhörigkeit für die flüsternden Stimmen der Natur, welche dem Dichter wirklich etwas zu sagen haben:

Sein Ohr vernimmt den Einklang der Natur ...,
Und sein Gefühl belebt das Unbelebte ...

Um hier nur einen dieser Begnadeten aus der Zeit des Mittelalters als einen solchen Hüter dieser herrlichen Gabe zu nennen, — wer erinnert sich nicht des Heiligen von Assisi, der mit Blumen und Wellen redete, der auch in Tier und Gestein die Werke göttlicher Allmacht erkannte und liebevoll sich dem ganzen All nahte? „Eine wahrhaftige und lautere Güte des Herzens ist wie ein magisches Geheimnis Salomonis, welches dem Menschen die Sprache der Tiere und das innere Wesen der Pflanzen, Bäume, Steine und Berge erschließt, so daß vor seinen Augen die vielfältige Schöpfung als eine völlige Einheit liegt und keine verborgenen und feindlichen Klüfte und Schattenreiche hat. Franziskus verstand, als ein solcher Liebling Gottes die Schönheit der Erde, wie nur selten ein anderer Dichter sie verstand, er liebte jedes große und kleine Geschöpf, sie aber liebten ihn wieder und gaben ihm Antwort. Wenn er müde war mit Menschen zu reden, ging er zu den Wiesen, Wäldern und Tälern und vernahm in Quellen und Winden und Vogelgesang die süße, mächtige Sprache des Paradieses."[1] In seinem „Sonnengesang", den *laudes creaturarum,* spricht er von dem 'Herrn Bruder', dem Sonnengestirn (*messor lo fratre sole*), von 'der Schwester Luna' (*sora luna*), vom 'Bruder Wind' (*fratre vento*), von der 'Schwester Wasser' (*sor acqua*), vom 'Bruder Feuer' (*fratre focu*), von unserer 'Schwester, der Mutter Erde' (*sora nostra matre terra*): brüderlich, in inniger Bruderliebe gibt er sich dem All und allem Geschaffenen hin. Später hatten vor allem die Romantiker ein besonders scharfes Ohr für die Geisterstimmen der Natur; denn nach den schönen Worten von Ricarda Huch[2] waren

---

[1] Herm. Hesse, Franz von Assisi (Die Dichtung, Bd. XIII), S. 52 f.
[2] Ausbreitung und Verfall der Romantik, 1902, 206.

sie überzeugt, „daß der Bildersprache des Dichters, des Kindes und des ursprünglichen Menschen eine Wirklichkeit entspricht, die durch die Entwicklung des Unbewußten zum Bewußtsein in Zeit und Raum verloren, aber ewig wahr und da sei und auch für den Menschen wiedergewonnen werden müsse." Kein anderer als HERDER hatte in seiner berühmten Abhandlung vom „Ursprung der Sprache" gelehrt: „Wie das erste Wörterbuch der menschlichen Seele eine lebendige Epopöe der tönenden und handelnden Natur war, so war die erste Grammatik nichts als ein philosophischer Versuch, diese Epopöe zur regelmäßigen Geschichte zu machen." Woher diese seine romantisch-schwärmerischen Ansichten stammen, ist nicht schwer zu erraten, wenn man HAMANNS Ausspruch über die Ursprache kennt: „Jede Erscheinung war den ersten Menschen ein Wort, das Zeichen, Sinnbild und Unterpfand einer neuen geheimen, unaussprechlichen, aber desto innigeren Vereinigung, Mitteilung und Gemeinschaft göttlicher Energie und Ideen. Alles, was der Mensch im Anfang sah, beschaute und mit seiner Hand betastete, war ein lebendiges Wort. Mit diesem Worte im Munde und im Herzen war der Ursprung der Sprache so nahe und so leicht, wie ein Kinderspiel."

So läßt PLATEN seinen Faust klagen, daß er die Stimmen der Natur nicht fassen könne [1]):

Was in dem Boden dieser Bäume wurzelt, wer versteht's?
Was diese Lüfte kaum vernehmbar lispeln, wer versteht's?
Sie alle sagen etwas, doch sie sagen nichts zu mir,
Und ihre Sprache klingt dem eingeschränkten Sinne fremd.
Ach, so begegnet immer seltner ein Verwandtes mir,
Und wenige nur verstehn das Weben dieser tiefen Brust:
So hauch' ich's feurig nun in ahnungsvollen Dichterklang,
Doch ach, das Wort zerstückelt, kümmerlich, Unendliches!

---

[1]) Fausts Gebet, Gesammelte Werke, COTTA, I, 204. Nach einer estnischen Volkssage hat der göttliche Urheber des Gesanges und der Sprache „das Rauschen seines Gewandes auf Wald und Bach, die grellsten Töne auf den Wind, die zarteren auf die Singvögel, den vollen und tiefen Wohllaut aber auf das Menschengeschlecht" übertragen, dessen Rede also göttlichen Ursprungs ist, s. UHLAND, Zur Geschichte der Dichtung und Sage, 1868, VI, 222.

Nicht der klügelnde Verstand, nur Phantasie und feines dichterisches Empfinden, nur die Liebe zum All, das kosmische Bewußtsein des Mystikers lehren diese Geisterstimmen der Natur verstehen, wie es uns ein WALT WHITMAN so schön schildert[1]): „Ich glaube an dich, meine Seele ... Komm mit mir hinaus ins Freie, löse das Band deiner Zunge! ... Sprich nur leise mit mir, ich liebe das Summen deiner sanften Stimme. So lagen wir einst an einem lichten Sommermorgen. Bald waren um mich der Friede und die Erkenntnis, die über alle irdische Weisheit erhaben ist. Ich fühle mich in Gottes Hand; ich wußte, der Geist Gottes sei meinesgleichen, und alle Menschen, die je gelebt hatten, meine Brüder und Schwestern. Und ich erkannte die Liebe als Grund der Schöpfung." Bekannt ist BEETHOVENS Gebet: „Allmächtiger, im Walde bin ich selig, glücklich im Walde, jeder Baum spricht durch dich. O Gott, welche Herrlichkeit in einer solchen Waldgegend!"

Sehr innig und anschaulich hat uns dies Geheimnis von der Sprache Gottes in der Natur E. T. A. HOFFMANN in seinem Meisterwerk, dem „Goldnen Topf", geoffenbart. Hat doch gerade dieser geniale Künstler und Dichter besonders tiefe Einblicke in die Nachtwelt des Dämonischen getan, und man erzählt, er selbst habe sich vor seinen gespenstischen, unheimlich bizarren Phantasiegestalten, insbesondere vor jenem so oft geschilderten wunderlich-schrulligen Alten mit dem spöttischen Hohnlächeln um die Lippen, zuweilen gefürchtet. Es war das unmittelbarste Urerlebnis des Dichters, denn diese Gestalt kehrt mit der gleichen verzerrten und grotesken Wunderlichkeit in allen seinen bedeutenderen Werken wieder, mag sie nun Archivarius Lindhorst, Obergerichtsrat Drosselmeyer, Rat Krespel oder wie sonst heißen: es war eben die eine Seite seines eigenen Wesens, und schon der Volksglaube warnt nachdrücklich, um die gespenstererfüllte Mitternacht sein eigen Bild in einem Spiegel zu beschauen ...

Aber der Künstler hatte auch heitere und sonnige Züge, und gerade bei seinem Anselmus, dem großen Kind mit dem

---

[1]) Nach JAMES-WOBBERMIN, Die religiöse Erfahrung, 1907, S. 368. Vgl. auch oben JACOB BÖHME, Über die sensualische Sprache S. 74 ff.

innigen Dichtergemüt, dem unpraktischen Phantasten und Träumer, dem reinen Toren, finden wir jene Eigenschaft Tassos wieder, jene Fähigkeit, in kindlicher Naivität, mit liebender Hingabe die lispelnden Stimmen der Natur, das Säuseln der Blätter, das Murmeln des Wassers, das Zwitschern der Vögel als sinnvolle, hingeflüsterte Geistersprache zu deuten und nachzufühlen [1]):

„Glühende Hyazinthen und Tulipanen und Rosen erheben ihre schönen Häupter, und ihre Düfte rufen in gar lieblichen Lauten dem Glücklichen zu: Wandle, wandle unter uns, Geliebter, der du uns verstehst — unser Duft ist die Sehnsucht der Liebe ... wir lieben dich und sind dein immerdar!

„Die goldnen Strahlen brennen in glühenden Tönen: wir sind Feuer von der Liebe entzündet!

„Der Duft ist die Sehnsucht, aber Feuer das Verlangen, und wohnen wir nicht in deiner Brust? wir sind ja dein eigen!

„Es rischeln und rauschen die dunklen Büsche, — die hohen Bäume: Komme zu uns! Glücklicher ... Geliebter! Feuer ist das Verlangen, aber Hoffnung unser kühler Schatten! wir umsäuseln liebend dein Haupt, denn du verstehst uns, weil die Liebe in deiner Brust wohnt ...

„Die Quellen und Bäche plätschern und sprudeln: Geliebter, wandle nicht so schnell vorüber, schaue in unser Kristall ... dein Bild wohnt in uns, das wir liebend bewahren, denn du hast uns verstanden ...

„Im Jubelchor zwitschern und singen bunte Vögelein: Höre uns, höre uns, wir sind die Freude, die Wonne, das Entzücken der Liebe ..."

So ist unserem Dichter in der Natur alles verständlichen Singens und sinnvollen, beredten Klingens voll; diese raunenden Geisterstimmen tönen ihm gleich Äolsharfen das selige Evangelium von der allbezwingenden, alleinenden Liebesmacht, die den stumpfen und tauben Sterblichen allein hellhörig zu machen imstande ist, das beseligende, herzerschauernde Evangelium von der alles Geschaffene umfassenden Liebe zur gött-

---

[1]) Zwölfte Vigilie. Ähnliche Stellen über die unverstandenen Stimmen der Natur auch im „Meister Floh", im „Klein Zaches", im „Fremden Kind" und anderen Werken des Dichters.

lichen Allnatur. In ihrer Geistersprache wispern diese Natur-
stimmen dem Dichter das gleiche zu, was die mystischen
Chöre in der Gralsburg auf Monsalvat dem reinen Toren
zujubeln:

Selig in Liebe!

Nichts anderes lehrt „das große Wort" der Upanischaden
als höchste Denkerweisheit:

TAT TVAM ASI
„Das bist du!"

Das rauschen die Büsche und Bäume, das plätschern die
Wasser, das jauchzen die Vöglein! ...

Es ist die schönste und tiefsinnigste Geistersprache, von
der uns solche Dichterzeugnisse künden, in ihrer Wirkungs-
macht und Ausdrucksweise der Musik verwandt, die nach des
Dichters Wort ja allein von allen Künsten unmittelbar die
Seele ausspricht. Gegenüber einer solchen Geistersprache mit
ihrem süßen Wohllaut und ihrem tiefen Sinn für den, der mit
sehnendem Herzen und fühlender Seele sich ihr hinzugeben
und sie zu fassen vermag, will uns der gewaltsame Versuch,
das innere Wahrnehmen und Deuten dieser Geisterstimmen,
das beseligende Hören und visionäre Schauen des Mystikers
in einzelnen, abgerissenen Zauberglossen, in lesbaren, artiku-
lierten Lautgebilden einer unheiligen Menge wiederzugeben
und begreiflich zu machen, wie wir dies oft in unserer Untersuchung beobachteten, nur wie eine plumpe Entstellung, wie
die unschöne Entweihung und verstandesfrostige Verzerrung
eines heiligen Dichtergeheimnisses erscheinen.
Was PLATENS Faust nur dumpf und unklar als hohes
Glück ahnt, die Gabe, den „menschenähnlichen Lauten" in der
Natur einen tieferen Sinn abzugewinnen und diese erlauschten
Geheimnisse für das eigene seelische Erleben und Schauen,
für Wirken und Schaffen fruchtbar zu machen und zu nützen
— das empfindet GOETHES Faust, das empfindet GOETHE selbst
in jenem tiefergreifenden Gebet „Wald und Höhle" gerade als
sein köstlichstes Gottesgeschenk; wie FRANZISKUS von Assisi
sieht er überall in der allbelebten Natur seine Brüder:

Erhabner Geist, du gabst mir, gabst mir alles,
Warum ich bat. Du hast mir nicht umsonst
Dein Angesicht im Feuer zugewendet.
Gabst mir die herrliche Natur zum Königreich,
Kraft, sie zu fühlen, zu genießen. Nicht
Kalt staunenden Besuch erlaubst du nur,
Vergönnest mir, in ihre tiefe Brust
Wie in den Busen eines Freunds zu schauen.
Du führst die Reihe der Lebendigen
Vor mir vorbei und lehrst mich meine Brüder
Im stillen Busch, in Luft und Wasser kennen ...
Und steigt vor meinem Blick der reine Mond
Besänftigend herüber, schweben mir
Von Felsenwänden, aus dem feuchten Busch
Der Vorwelt silberne Gestalten auf
Und lindern der Betrachtung strenge Lust.

Berichtigungen und Nachträge.

Zu S. 9 ff.: Nach einer äthiopischen Quelle teilt Jesus seinen Jüngern selbst den großen Geheimnamen Gottes mit, s. LITTMANN, Festschrift für Andreas S. 80.

S. 32, Z. 1 v. o.: lies ROHDE.

S. 32, Z. 6 v. o.: lies statt $l\acute{\omega}$, $l\acute{\omega}$ vielmehr $l\acute{\omega}$, $l\acute{\omega}$.

Zu S. 42: Beim bloßen Wort *ghr̥tá-* flammt schon *Agni-* auf, Ṡat. I, 4, 1, 13. 19.

Zu S. 61: Man denke auch an den Loreleyfelsen bei St. Goar, der durch sein mehrfaches Echo berühmt ist. Die Wiederholungen in Gebeten (z. B. gr. $\check{\iota}\sigma o\nu$ $\check{\iota}\sigma o\nu$, $\tilde{\omega}$ $\varphi\iota\lambda\varepsilon$ $Z\varepsilon\tilde{\nu}$ oder $\pi\lambda\varepsilon\tilde{\iota}\sigma\tau o\nu$ $o\check{\upsilon}\lambda o\nu$ $o\check{\upsilon}\lambda o\nu$ $\check{\iota}\varepsilon\iota$ $\check{\iota}o\upsilon\lambda o\nu$ $\check{\iota}\varepsilon\iota$) sind ganz andrer Art: hier soll durch Wiederholung die Bitte nachdrücklicher geäußert werden.

Zu S. 63: Zu unsrer ersten Gruppe gehört auch der seltsame Ruf *tul-tul*, der beim nordischen Julfest ausgestoßen wurde. Man mag ferner an den griechischen $\sigma\upsilon\rho\iota\sigma\mu\acute{o}\varsigma$, $\pi o\pi\pi\upsilon\sigma\mu\acute{o}\varsigma$ und die $\grave{o}\lambda o\lambda\upsilon\gamma\acute{\eta}$ denken, vgl. dazu jetzt F. HEILER, Das Gebet², 1920, 48.

Zu S. 73: Zur Wirkung des Namens Jesu vgl. man ANGELUS SILESIUS, Cherubin. Wandersmann III, 27:

> Der ſüſſe JEſus Nahm' iſt Honig auf der Zung:
> Im Ohr ein Brautgeſang, im Herß ein Freudenſprung.

Zu S. 74: Im Gegensatz zu SWEDENBORGs Ansichten von der Himmelssprache verständigen sich die Engel nach DANTE ohne jede Worte oder Klänge miteinander: sie lesen ihre Gedanken, die im göttlichen Lichte gespiegelt sind, ohne weitere lautliche Mitteilung, s. dazu VOSSLERs anregenden Vortrag „Über das Verhältnis von Sprache und Religion", Neuere Spr., 1920, 28, 103, der mir erst nach der Drucklegung meiner Arbeit bekannt geworden ist.

S. 142, Z. 4 v. o.: lies *hlȳrnir* statt *hlȳrnir*.

Zu S. 164 ff.: Zur Ansicht vom Wort Gottes in der Natur möge hier noch der Ausspruch von Christian MORGENSTERN, Wir fanden einen Pfad, 1914, folgen: „Es ist wohl gerade in unserer aufgeregten Epoche mehr denn je nötig, den Blick ... von der Tageszeitung weg auf jene ewige Zeitung zu richten, deren Buchstaben die Sterne sind, deren Inhalt die Liebe und deren Verfasser Gott ist."

Seitenweiser.

(A. = Anmerkung, N. = Nachtrag.)

I. Sachverzeichnis.

II. Wörterverzeichnis.

1. Indogermanische Sprachen.

Italienisch.

Französisch.

Spanisch.

Rumänisch.

Irisch.
(air. u. mir. nicht ge-
schieden.)

Kymrisch.

sky 145
sol 144
sunnudagher 144
ved 148
växt 149
våg 147

Dänisch.

drolen 12
lu(g)n 146
sengehimmel 143
sundagh 144
vekst 149
øl 149
ør 141

Litauisch.

alùs 150
aźeras 103
bėras 15
dangùs 142, A. 3
dañktis 142, A. 3
dengiù 142, A. 3
ėźeras 103
kerėti 15
mẽlas, pl. *melaĩ* 93
pÿvas 150
vařdyti 38
źadėti 38

Preußisch.

alu 150
assaran 103
emmens 18
panno 148
piwis 150

Altbulgarisch
(Altkirchenslavisch).

ążъ 16
bajati 38
čary 13
črъta 13
dědъ 13
gadъ 15
imę 18
medvědъ 15
obajati 38
olъ 150
piti 150
pivo 150
polje 140
reką 48
vlъchъ 38
vlъnąti 38
vračь 38
vragъ 13
zmij 15

Russisch.

ворогъ 13
znamę (aruss.) 17, A. 5
озеро 103
роковой день 48
чертъ 13

Polnisch.

diachel 13
piwo 150
skrzabeł 13
wrog 13

Čechisch.

čert 13

Slovenisch.

malik 61

Serbisch.

narokъ 48
rokъ 48

Bulgarisch.

Narąćnici 48

Tocharisch.

rake, reke 48

2. Finnisch-ugrische Sprachen.

Finnisch.

kirjokansi 142
nime 18
olut 150
rūno 41

Lappisch.

nama 18

Estnisch.

hgot 64

Ungarisch.

megigézve 38
nev 18
ördög 13
Pilinko 68
Tilinko 68

Samojedisch.

nem 18

3. Semitische Sprachen.

4. Sonstige Sprachen.

Ayat Salem

Desafios da adoção da computação em nuvem